JN098128

よくわかる 自己株式の実務処理 Q&A

第5版

有田　賢臣
金子登志雄
高橋　昭彦
[著]

法務・会計・税務の急所と対策

取得
保有　処分
消却

中央経済社

第5版のはしがき

　令和2年度税制改正にて子会社株式簿価減額特例（当初、ソフトバンク税制と呼ばれていた制度）が導入されました。これにより、自己株式の取得に係る節税防止規定が二本立てになっています。

①自己株式として取得されることを予定して取得した株式に係るみなし配当への益金不算入制度の不適用……Q47

②子会社株式簿価減額特例（子会社からの配当及び子会社株式の譲渡を組み合わせた国際的な租税回避への対応）……Q48

　子会社株式簿価減額特例は国際税務と位置付けられておりますが、内国法人である子会社が自己株式を取得する場合でも、当該制度が適用される場合もありますので、掲載した適用判定フローチャートを参考に適用の有無や情報申告（別表八（三）の添付）の要否を判定いただければと思います。

　また、経営承継円滑化法の改正により、令和3年8月2日より所在不明株主の株式売却制度の特例が導入されています。これを機に、今まで手薄だった裁判所が絡む自己株式の取得の手続きについてQ&Aを加筆・追加しています。

• 相続人等に対する株式売渡請求に係る価格決定の申立て……Q21

• 譲渡承認請求者からの株式取得に係る価格決定の申立て……Q22

• 単元未満株式買取請求を受けた場合の価格決定の申立て……Q23

• 所在不明株主からの株式取得に係る売却許可の申立て……Q24

• 端数相当株式に係る売却許可の申立て……Q25

　改訂作業をしてみると、本書の内容が古くなっていることに気づかされました。第4版を発行してから約4年が経過しており、その間に消費税率は8％か

ら10%へ引き上げられ、平成は令和になり、コロナウイルス危機により押印義務の見直しが行われています。大きな改正はなくとも、申告書類のひな型が微妙に変わっていたり、数値例の前提が合わなくなっていたりします。令和元年改正会社法が自己株式の実務に影響を及ぼすことはないと思っていましたが、導入された株式報酬制度や株式交付制度に伴い分配可能額の計算規定が変更されていたりもします。些細なことではありますが、可能な限り最新の情報を提供できるよう努めました。

　本書が、自己株式の実務を行う皆様の一助となることを願っております。

　令和3年9月

有田　賢臣

は し が き

　平成13年10月施行の改正商法により金庫株（自己株式）が解禁され、それに伴う会計基準・税法の整備により現在の自己株式の実務の土台ができ上がりました。その後、平成18年５月に会社法が施行されて自己株式はさらに利用価値が高まりましたが、一方で、自己株式の取得の税務上の取扱いについては損益取引から資本取引へと大きく変貌いたしました。

　最近の改正内容については専門誌等で情報を得ていることと思いますが、平成13年当時の土台となる知識が曖昧なためか、改正点だけ解説されても知識が積み上ったという実感を持てない方が少なくないようです。ここでリセットして現在の自己株式の実務を一から押さえたいという思いを持たれている実務家も多いことでしょう。

　そのような思いでいた頃、中央経済社から本書の執筆について声をかけていただきましたが、かねてより法務・会計・税務各分野の専門家との連携がなければ、適切なサービスは提供しえないという思いでおりましたので、法務のスペシャリストである金子登志雄氏と税務のスペシャリストである高橋昭彦氏の協力を得て、本書を完成させました。

　内容面では、分配可能利益を算定するための計算表と、増資や吸収合併において自己株式を利用した場合の株主資本・のれんを算定するための計算表も掲載しておりますので、実務のツールとしてご活用ください。

　会社法施行後まだ１年を経過したばかりで、会計基準も税務も完全に整備されたとはいえず、本書の内容も十分とはいえないと思いますが、本書が自己株式の実務を行うためのわかりやすいマニュアルとして、皆様のお役に立てば、幸いです。

　なお、自己株式の実務では、株式の評価が重要です。特に、非上場株式の評

価については、理論が体系化されていないため実務も混乱中です。本書では、そこまで触れることができませんでしたが、私の関係する茂腹公認会計士事務所所長・茂腹敏明を中心に、来年春にも中央経済社から新著を出そうと準備中ですので、本書とともにご利用いただければと思います。

平成19年9月

著者代表　　公認会計士
　　　　　　有田　賢臣

目　　次

【会計・税務】

■凡　例

民　民法

会　会社法

会規　会社法施行規則

計規　会社計算規則

法法　法人税法

法令　法人税法施行令

法規　法人税法施行規則

法基通　法人税基本通達

所法　所得税法

所令　所得税法施行令

所規　所得税法施行規則

消法　消費税法

消令　消費税法施行令

相令　相続税法施行令

措法　租税特別措置法

措令　租税特別措置法施行令

措規　租税特別措置法施行規則

自己株式基準　自己株式及び準備金の額の減少等に関する会計基準

自己株式指針　自己株式及び準備金の額の減少等に関する会計基準の適用指針

企業結合基準　企業結合に係る会計基準

事業分離基準　事業分離等に関する会計基準

企業結合指針　企業結合会計基準及び事業分離等会計基準に関する適用指針

純資産の部基準　貸借対照表の純資産の部の表示に関する会計基準

純資産の部指針　貸借対照表の純資産の部の表示に関する会計基準等の適用指針

株主資本等変動計算書基準　株主資本等変動計算書に関する会計基準

株主資本等変動計算書指針　株主資本等変動計算書に関する会計基準の適用指針

ストック・オプション基準　ストック・オプション等に関する会計基準

1株当たり当期純利益基準　1株当たり当期純利益に関する会計基準

1株当たり当期純利益指針　1株当たり当期純利益に関する会計基準の適用指針

　例）法法61の2①一 → 法人税法第61条の2第1項第1号

第1章

自己株式の
見方・考え方・捉え方

1 自己株式も一種の種類株式？

　平成19年7月1日付で、ある上場会社が完全親会社となる株式交換が実行されました。マスコミで話題になることもなく、無事にその日を経過しましたが、いまだに登記がされた様子はありません。

　こんなことが許されてよいのでしょうか。実は株式交換の対価の全部が自己株式だったのです。対価が自己株式であれば、完全親会社の発行済株式の総数が変化しませんし、資本金の額も増やさないのが通常です。完全子会社の株主に異動が生じただけですから（完全子会社の資産・負債を承継していませんから）、「○○を株式交換」などという登記も必要とされていません。

　これは令和元年改正の会社法で施行された「株式で支払う企業買収」ともいえる株式交付でも同様で、買収側（株式交付親会社）の自己株式が対価として利用されています。また、同時に施行された上場会社の取締役を対象に認められた金銭を介在させずに株式を報酬（職務執行の対価）として直接給付する制度も、主に自己株式が利用されることでしょう。新株式では資本金への計上という問題が残るからです。

　かつて、ある中小企業が親会社から1億円の出資を得ました。しかし、有価証券通知書さえ財務局に提出せず（当時は提出が必要でした。）、登記もされず、密かに実行されました。これも自己株式だからできたことです。

　会社法が平成18年5月に施行され、多種類の種類株式が認められ、自己株式の交付も新株式の発行と同列の地位を与えられました。吸収合併等の組織再編においても、もはや自己株式を合併新株の「代用」として用いるなどという表現自体が不適切です。合併等対価の柔軟化に伴い、自己株式は新株式の補完的地位から独立いたしました。

　会社法のもとでは、自己株式は独立した株式であり、一種の種類株式と捉えたほうが適切であり、その活用法の研究が急務です。自己株式について、よく知ることが重要です。

2 自己株式とは何か

　いうまでもなく、自己株式とは、株式会社が有する自己の株式です（会113④）。株式の内容自体は一般の株式と相違しませんが、発行会社自身が保有しているという1点でさまざまな制約が存在します。

　なお、債権の場合は、債権と債務が同一人に帰した場合は、当然に消滅いたしますが（民520参照）、株式の場合は会社の解散や株式の消却がなされない限り、消滅することはありません。これは株式が企業所有権（共有持分）の一種であり、容易に消滅を認めるのは適当でないためだと思われます。

3 自己株式と株主権

　株式も企業所有権の一種ですから、所有権の権能である使用・収益・処分という3つの権能があります。株主権でいいますと、共益権、自益権、譲渡等の処分権ということになります（一般に株主権という場合は会社に対する権利として共益権と自益権のみをいいますが、本書では処分権も含めて使います）。

　共益権は、株主総会における議決権や取締役等の行為に対する監督是正権など企業所有者の一人として会社の運命を決定できる権利のことですが、自己株式の間は、この権利を行使できません。議決権については、会社法308条2項で規定していますが、監督是正権を中心とするその他の共益権についても同様だといえましょう。もし、自己株式にも共益権を認めれば、事実上、会社の執行機関が株主権を行使するのと同様になり、不適切です。

　自益権は、剰余金の配当請求権を中心とする会社から直接に経済的権利を受ける権利ですが、自己株式の間は、この権利を行使できません。剰余金の配当請求権の不存在については、会社法453条で規定していますが、その他にも株

主割当増資において、株式の割当てを受ける権利がないなどの規定が存在します（会202②）。

　特筆すべきは、商法時代には解釈で認められていた吸収合併等における自己割当てが会社法で禁止されたことです。甲が乙を吸収合併するのに際し、乙の株主に甲が存在しても、合併存続会社の甲は乙の株主である自己に合併対価を割り当てられません（会749①三）。自己割当ては自己株式の「発行」となる原始取得ですから、禁止されても仕方ありません。

　同様に自己割当てとなる株式の無償割当てもできませんが、株式分割や株式併合については自己株式も対象になります（会186②）。これは、株式分割や株式併合自体が持株比率を変更してはならない制度だからでしょう（会180・183）。

　株式の処分権については、自己株式にも認められています。そうでなければ消却させる以外に方法がなくなります。ただし、会社自身が所有者ということは、会社以外の株主の共有状態にあるともいえますから、新株式の発行と同様に、既存株主の保護のため、株主総会の決議や取締役会の決議が必要とされています（会199以下）。株式を流通状態に置き、議決権や自益権の制約を解除する行為ですから、新株の発行と同一の規律を課したものです。

4　自己株式の取得

　自己株式の取得が許容される場合については、会社法155条に列挙されています。上場会社など規模の大きい会社にあっては、市場での買取りを別にすると単元未満株式の買取請求による取得が多いようです（会192）。未上場小規模会社にあっては、株主たる役員や従業員が退職する際に会社が引き取るケースが多いことでしょう（会160）。

　しかし、今後は、種類株式の権利行使の結果としての自己株式が増えます。というのは、商法時代の転換株式は、A種類株式1株がB種類株式1株に変身

するだけで、発行済株式の総数に変化が生じないケースが一般でしたが、会社法のもとでは、A種類株式とB種類株式を交換させるという構成になったためです。すなわち、A種類株式は自己株式になり、発行済株式の総数の増大を招きます。

また、最低資本金制度の廃止や債務超過会社との組織再編が認められましたから、中小企業での合併等が急増しています。関連会社との合併が多いため、合併消滅会社が合併存続会社の株式を保有していることも多く、これが吸収合併によって承継取得されるケースが増えています。合併消滅会社の財産であったため、この承継取得は自然です（原始取得との差です）。

株主との合意による取得は、剰余金の分配可能額の範囲という制約はありますが（会461）、定時株主総会の議決である必要はなくなりました。剰余金の配当さえ、臨時株主総会の決議でできるためです（会453以下）。

取得決議の原則的方法に関しては、募集株式の発行の裏側と考えてよいと思います（会156以下）。例えば、株主割当ての募集株式の発行は、「株主の皆様、1株いくらで募集しますのでご出資ください」ということですが、自己株式の取得の場合は、「株主の皆様、1株いくらで自己株式の取得を募集しますので、ご応募ください」というわけです。第三者割当増資と特定人からの自己の株式の取得も、表裏の関係にあります。

5 自己株式の保有と資産性

自己株式の取得が一定の条件で全面的に解禁されたのは、平成13年10月施行の改正商法ですが、その改正を金庫株改正ということがあるとおり、自己株式の保有には期間制限を含め何らの制約がありません。金庫に長期間保管してもよいわけです。

ただし、同時に個別財務諸表においても自己株式の資産性が否定され、純資産の部の控除項目として取得価額が計上されることになりました。一種の自己

資本の払戻しと扱われたためでしょう。したがって、大量に自己株式を有償で取得すると、現金等の資産が減少し、純資産額も減少するということになります。

6
<h1>自己株式の処分と会計</h1>

1）自己株式の処分と資本金

　以上のとおり、新株式の発行と同様に自己株式の処分も認められていますが、受け取る側からすれば、紙幣を新札でもらうか、旧札でもらうかというのと同様に価値の差はありません。

　そこで、株主を募集する場合の会社法第199条第1項では、「株式会社は、その発行する株式又はその処分する自己株式を引き受ける者の募集をしようとするときは、その都度、募集株式（当該募集に応じてこれらの株式の引受けの申込みをした者に対して割り当てる株式をいう。以下この節において同じ。）について次に掲げる事項を定めなければならない。」と定め、新株式の発行と自己株式の処分を同一条文に置いております。

　ここで、ぜひ覚えていただきたいのは、「株式の発行」という場合は新株式のことであり、会社からみて「株式の処分」という場合は自己株式を指していることです（後記しますが「株式の交付」は両方を含んだ概念です）。

　会社法第199条第1項第5号に「株式を発行するときは、増加する資本金及び資本準備金に関する事項」とあり、第445条第1項には「株式会社の資本金の額は、この法律に別段の定めがある場合を除き、設立又は株式の発行に際して株主となる者が当該株式会社に対して払込み又は給付をした財産の額とする。」とありますが、新株式の発行でなければ資本金の増加はありません。

　このように、自己株式の処分では資本金は増加しませんが、組織再編による

対価として交付された場合は資本金を増加できるため、「この法律に別段の定めがある場合（会社法445条5項参照）」に該当し、例外となります。

2）日割配当の可否

　吸収合併等の新株式の発行の際に、商法時代と同様に、日割配当を定める例が多いようですが、会社法のもとでの配当は株主の有する株式の数に応じて平等に割り当てることしか許されておりません（会454③）。日割配当は禁じられています。これも、新株式を発行された者と自己株式を処分された者に差をつけてはならないためでしょう。

3）新株式の発行と自己株式の処分の併存

　新株式の発行と同様の方法で自己株式を処分すると、資本金と資本準備金は変化しませんが、資本性科目のその他資本剰余金に増減が生じます。自己株式処分差益がその他資本剰余金の増加であり、自己株式処分差損がその他資本剰余金の減少です。

　ここまではよいのですが、新株式の発行と同時に自己株式を処分し、1つの募集株式の交付とした場合には、株式の発行割合と自己株式の処分割合に分けて、「払込総額のうち新株式発行分が○○円だからこれを資本金と資本準備金に振り分け、自己株式処分差益は、その他資本剰余金に○○円」とするのが原則です。ただし、自己株式処分差損が生じるときは、「自己株式処分差損としてその他資本剰余金が○○円の減少」とはいたしません。1つの株式募集行為で、資本金・資本準備金がプラス○○円で、その他資本剰余金はマイナス○○円とする計上は不適切だという考え方から、出資された財産の全額を株主資本へ計上するに際し、優先的に自己株式の帳簿価額に振り分け、残りを資本金と資本準備金にします（計規14①参照）。新株式発行分の一部が自己株式処分差損の補填に利用されるわけです。このあたりは、理論の一貫性よりも、健全な社会常識を優先させた結果と思われます。

　なお、この計算法、すなわち、新株式に対応する分も自己株式処分に対応する分（自己株式の帳簿価額を控除後）もともにプラスである場合は、それぞれを優先し、一方がマイナスの場合は、通算して計算する方法は解釈が難解だとされる株式交換に関する会社計算規則第39条2項ただし書や株式交付に関する同第39条の2第2項ただし書で役立ちます。これらの場合は、組織再編でも債権者保護手続を要しない場合として、募集株式の発行等の場合と共通するためです。両者の差は、自己株式処分に対応する分がプラスの際に資本金や資本準備金にも計上することができるかどうかです。

ご参考：募集によらない株式の交付

　「募集」株式というなら「募集によらない」株式の発行や自己株式の処分があってもよいはずです。計算規則13条2項に規定されている取得請求権付株式・取得条項付株式・全部取得条項付種類株式の対価として株式が交付される場合、株式無償割当てをする場合、新株予約権の行使があった場合、組織再編として実行される場合などが該当します。

　募集によらない株式の交付は、当然ながら募集の決議が不要です。取得請求権付株式の取得請求や新株予約権の行使があれば、約定に従って株式を交付するのであって、改めて株式の交付決議などを行う必要はありません。なお、募集によらない株式の交付だからといって資本金が増加しないとは限りません。新株予約権の行使がその例の1つです。

7　自己株式と新株予約権

　新株予約権とは、「株式会社に対して行使することにより当該株式会社の株式の交付を受けることができる権利」です（会2二十一）。この定義規定に「株式の交付」とあり「株式の発行」とされていませんから、「新株」予約権にもかかわらず、その行使によって自己株式を交付できます。この場合は、会社法199条以下の募集株式の発行等の場合ではありませんから、株主総会決議も取締役会決議も必要とせず、自己株式を交付できます。もっとも、新株予約権の発行決議において、事前に自己株式の交付を決議済みだともいえます。

　会社の側からは、自己株式を流通に置く方法としては、株主総会や取締役会決議が不要だという意味で、楽な方法といえましょう。ただし、新株予約権の行使では新株予約権の個数が減少した点で登記が必要です。

8　自己株式と種類株式

　自己株式は、権利の内容において、流通段階の株式と何ら異なるものではありませんが、議決権や剰余金配当請求権が行使できないとされる結果、いわば完全無議決権で配当劣後の内容を持った種類株式のようです。ただし、社外に放出することによって、いつでも議決権等を復活させることができますから、所有者である会社は、これを経営戦略として用いることができます。

　例えば、発行済株式の総数を増やしたくない場合の株式募集、株式交換等の組織再編、新株予約権の行使がそうですし、種類株式である取得請求権付株式や取得条項付株式の対価として交付することも可能です。

　議決権制限付取得条項付株式の対価として確保しておけば、発行済株式の総数を増やさずに、会社乗っ取りの防衛策としても使えます。

9 自己株式と組織再編の会計

　吸収合併等の対価として自己株式が交付された場合の会計処理は非常に複雑です。しかし、基本は「株式」（新株式を含む）の交付の対価相当分の全額が株主資本に計上され、その中から対価とされた自己株式の帳簿価額分に優先的に振り分けられ、残りが株主資本の各項目（資本金・資本準備金・その他資本剰余金。株主資本への計上額がマイナスのときは、その他利益剰余金）に配分されるというものです（計規35参照）。

　吸収合併等では、募集株式の発行等と相違し、自己株式処分割合を意識しません。合併対価の全部が自己株式であっても、吸収合併によって資本金を増加できます。これは、吸収合併等では、通常、株主総会の特別決議で決議され、債権者保護手続もなされますから、資本金の額の減少も資本剰余金の資本組入れも全部を含んだ手続と同視され、対価の全部が新株式でも受入額の全額をその他資本剰余金に計上でき、対価の全部が自己株式でも自己株式の帳簿価額を控除した払込資本の全額を資本金に計上できるのだと思われます（ただし、債権者保護手続がなされない株式交換や株式交付では、資産・負債を承継しないことを含め、やや特殊な会計処理がなされます（計規39②ただし書・39の2②ただし書、6の最後の部分参照）。

10 自己株式の消却

　自己株式は、いつでも取締役会の決議で（取締役会設置会社を前提）、消却できます（会178）。消却とは、株式を絶対的に消滅させることですから（「償却」ではありません）、株券廃棄や株主名簿からの削除も必要だと解されています。

消却すると、その他資本剰余金が減少します（計規24③）。商法時代は、その他資本剰余金から減少するのか、その他利益剰余金から減少するのかを決議せよとされていましたが、会社法のもとでは会社計算規則で、「その他資本剰余金から」とされましたので、その点は決議不要になりました。

　もっとも、一般の中小企業では、その他資本剰余金が計上されている例は少ないといえます。この場合は、その他資本剰余金がマイナス額になります。資本性の勘定科目にマイナスが許容されるのかという疑問がありますが、暫定処置として認められるということであって、確定決算の貸借対照表に計上されることは許されません（最終的には，負のその他資本剰余金は，その他利益剰余金に振り替えられます。）。

　次に、商法時代は、消却した株数につき発行可能株式総数も自動的に減少すると解されていました。そうでないと、その分をまた新株式の発行にあてることができ、発行可能株式総数を拡大したのと同じだからです。しかし、会社法においては、発行可能株式総数は定款変更の決議なくして変更できないとされました。会社法における定款至上主義の１つの現れです。よって、その自己株式消却分の株数につき、再度、新株式を発行することができます。

　ところで、将来到来する日に存在する自己株式全部を消却したくても、その日にならないと自己株式の「数」が判明しないことがあります。例えば、株式交換で完全子会社になる会社において、株式交換に反対の株主が買取請求を行使しますと、効力発生日に自己株式になります（会786⑥）。これを消却しないと、親会社の株式を割り当てられ、子会社が親会社の株式を保有する事態になり、相当の時期に処分しなければなりません（会135③）。効力発生日までに、単元未満株式の買取請求がなされることもあります。

　そこで、このような場合でも、あらかじめ自己株式の消却決議をしておけば、効力発生日において消却することができるかが問題になりましたが（武井一浩ほか「株式交換における反対株主の株式買取請求権と子会社への親会社株式の割当て」商事法務1812号84頁）、東京法務局は、平成20年以前に、これを肯定する見解を表明しています。

11　ま　と　め

　以上、自己株式につき概観してまいりましたが、取得が原則として禁止され、保有後も遅滞なく処分せよとされていた日陰者であった自己株式も、いまや種類株式同等の独自の株式と捉える時代です。商品在庫をいつ、いかなる方法で売り出すかというのと同様に、適正在庫の自己株式を機動的な資本政策として活用すべき時代に入ったのではないでしょうか。

第 2 章

自己株式の基本を
マスターする

1　自己株式取引の主語と述語

　自己株式の解説では、主語がわからなくなりがちです。

　自己株式取引に登場するのは、1）発行会社　2）個人株主　3）法人株主の3者です。個人株主と法人株主を区別するのは、会計・税務の取扱いが異なるからです。そして、取引は以下のパターンに分かれます。矢印は株式の移動の方向を示します。

| ① | 個人株主 | ⇒ | 発行会社 |
| ② | 法人株主 | ⇒ | 発行会社 |

　これらの取引は、「発行会社が自己株式を取得する」又は「株主が自己株式を譲渡する」と表現されます。主語が省略されることもよくあります。

　一方、

| ③ | 発行会社 | ⇒ | 個人株主 |
| ④ | 発行会社 | ⇒ | 法人株主 |

　これらの取引は、「発行会社が自己株式を処分する」又は「株主が自己株式を引き受ける」と表現されます。主語が省略されることもよくあります。

　また、「自己株式を保有する／消却する」という表現も出てきますが、これは発行会社内部での状態や処理を示しますので取引の相手方は登場しません。

2 「取得」の基本

　自己株式を取得できる場合は、会社法155条に限定列挙されています（Q-2参照）。ここでは、閉鎖会社において多く利用されると思われる『特定の株主との合意による自己株式の取得』について説明しています。発行会社は1種類の株式を発行しており、時価で自己株式を取得することを想定しています。

＝法務のポイント＝

　特定の株主との合意により自己株式を取得するには、原則として株主総会の特別決議が必要です。他の株主に売主追加請求権が認められるため、予定していなかった株主からの取得を余儀なくされる場合があります。

　自己株式の取得によって、資本金や発行済株式の総数が変動しないため登記の必要はありません。自己株式の取得自体も登記事項ではありません。

＝会計のポイント＝

　付随費用を含まない対価の額をもって、自己株式の取得原価とします。期末に保有する自己株式は、貸借対照表の純資産の部に株主資本の控除項目として表示します。

＝税務のポイント＝

　発行会社には課税関係は生じません。一方株主には、みなし配当課税と株式譲渡損益課税が行われます。また、特に同族会社においては、自己株式の取得価格を決定する際に、税務上の時価を考慮する必要があります。

手続：自己株式の取得（特定株主からの合意取得）

◆概要

最低所要日数	1 日＋α
決議要件	株主総会特別決議
登記事項	なし

◆法定手続に沿った実務の流れ

手　順	期　限	必要資料
☐ 事前の検討 　☐ 分配可能額の算定 　☐ 財務諸表への影響 　☐ 税務判断への影響 　☐ 株主の課税関係		
☐ 株主への通知（会160②）	原則として株主総会の2 週間前まで	通知書
☐ 株主の売主追加請求（会160③）	原則として株主総会の5 日前まで	売主追加請求書
☐ 株主総会特別決議（会156①・309②二） 　（取得できる自己株式の範囲の決定決議）		株主総会議事録
☐ 取締役会決議又は取締役の決定（会157） 　（自己株式の取得価格等の決定決議）	取得期間中（1 年以内）	取締役会議事録
☐ 特定の株主への通知又は公告（会158）		通知書
☐ 譲渡しの申込み（会159①）		株式の譲渡申込書
☐ 申込期日（会159②）		
☐ 株主名簿の書換え（会132①二）		
☐ 対価の支払と源泉徴収	対価支払月の翌月10日まで	
☐ 期中の会計処理		
☐ 支払調書の作成・株主への交付、税務署への提出 　☐ 株主の住所・氏名の告知	対価受取日まで	
☐ みなし配当課税が行われない場合の支払調書 　　→税務署への提出のみ	申込期日の属する年の翌年1 月31日	交付金銭等の支払調書及び合計表
☐ みなし配当課税が行われる場合の支払調書 　　→株主への交付・税務署への提出	対価支払日から1 ヶ月以内	配当等とみなす金額に関する支払調書及び合計表
☐ 期末の会計処理 　☐ 純資産の部の表示 　☐ 株主資本等変動計算書 　☐ 1 株当たりの当期純利益への影響		
☐ 税務申告書の作成 　☐ 資本金等の額と利益積立金額の減少 　☐ 別表四と別表五（一）の調整	決算日より2 ヶ月以内	法人税申告書

2-1 発行会社の実務

STEP 1 事前の検討

(1) 分配可能額の算定

　自己株式を取得する場合には、取得総額が分配可能額の範囲内であるかを検討する必要があります。自己株式取得の対価である金銭等の帳簿価額の総額は、分配可能額を超えることはできません（会461①）。

(2) 財務諸表への影響

　自己株式の取得は、株主への会社財産の払戻しです。会計処理上は、取得対価となる財産の金額が減少し、株主資本のマイナス項目である自己株式の帳簿価額が増加します。その結果、総資産と株主資本の金額が減少し、株主資本比率（株主資本÷総資産）は低下します。

(3) 税務判断への影響

　自己株式にかかわる取引を行うことにより、発行済株式数・自己株式の数・議決権の総数・税務上の資本金等の額に影響を及ぼします。持株割合基準・自己株式を除いた持株割合基準・議決権割合基準・資本金等基準を判断基準としている税務処理があるため、税務処理への影響を確認しておく必要があります。

　自己株式の取得についてまとめると以下のとおりです。

発行済株式数	―	持株割合基準	△
自己株式の数	↑	自己株式を除いた持株割合基準	○
議決権の総数	↓	議決権割合基準	○
資本金等の額	↓	資本金等基準	○

↑：増加　↓：減少　　　　　○：影響あり　△：場合により影響あり
―：変化なし　　　　　　　　－：影響なし

⑷　株主の課税関係

　株式を発行会社に譲渡した株主には、みなし配当課税と株式譲渡損益課税が行われます。発行会社が自己株式を取得する場合には、株主（売主）のみなし配当金額や株式譲渡損益額を算定し、株主の税負担を把握したうえで、自己株式の取得を実行する必要があります。自己株式の取得価格を決定する際に、税務上の時価を考慮する必要があります。

　なお、法人株主については、グループ法人税制の適用有無について検討する必要があります。

【グループ法人税制の適用判定フローチャート】

スタート

| 平成22年4月1日以後に行う自己株式の取得ですか？ |

↓ YES　　　　　　　　　　　　→ No

| 内国法人（発行会社）と内国法人（法人株主）との間で行う自己株式の取得ですか？ |

↓ YES　　　　　　　　　　　　→ No

| 発行会社と法人株主との間に「完全支配関係」がありますか？ |

↓ YES　　　　　　　　　　　　→ No

| グループ法人税制の適用はありません |

＜法人株主＞
　法人株主の平成22年4月1日以後開始事業年度に行われる自己株式の取得である場合には、みなし配当金額が全額益金不算入となります。

↓

| 平成22年10月1日以後に行う自己株式の取得ですか？ |

↓ YES

＜法人株主＞
　有価証券譲渡損益相当額を資本金等の増減で処理します。

STEP 2　株主への通知（会160②）

　合意による自己株式の取得は、原則として株主総会の普通決議が必要です（会156）。しかし、『特定の株主との合意による取得』では、株主総会の特別決議が必要となります（会160①・309②二かっこ書）。

　『特定の株主との合意による取得』とは、株主総会において「株主Aから自己株式を取得する」と自己株式の売主を定めてしまう方法です。

　この場合には、原則として他の株主（株主A以外の株主）に売主追加請求権が認められます（会160③・164）。売主追加請求権とは、売主に自己を加えたものを株主総会の議案とするように請求できる権利です。各株主に売却機会を平等に与えるために配慮されたものです。

　会社は、売主追加請求権の実効性を担保するため、原則として株主総会の2週間前（1週間前の場合あり）までに、株主に売主追加請求ができる旨を通知する必要があります（会160②、会規28）。

　当該通知書とは別に株主総会の招集通知も送付する必要がありますが、1つの通知書にまとめてしまうことが可能です。以下に示す通知書は、株主総会の招集通知と兼ねたものではありません。

通 知 書

（会社法第160条第2項の通知書）

令和　　年　　月　　日

〇〇〇〇　様

本店　〇〇県〇〇市　　丁目　　番地
商号　株式会社〇〇〇〇
代表取締役　〇〇〇〇

　会社法第160条第2項の規定に基づき、自己株式の取得に関する事項を下記のとおり、ご通知申し上げます。なお、本件に関し会社法第160条第3項の規定に基づき、他の株主様から、本件を議案とする株主総会会日の5日前までに

書面をもって売主として追加申出があったときは、株主様からの取得も追加することと致したいと存じます。

1. 商　号　株式会社○○○○
2. 自己株式の取得に関する事項
   ① 取得する株式の数　　　　　　　　　　　　普通株式　　　　　　株
   ② 取得と引換えに交付する金銭の総額　　　　　金　　　　　　円
   ③ 取得期間　　　令和　年　月　日から令和　年　月　日までの期間
   ④ 取引の相手方（売主）　　株主A（氏名）　東京都千代田区○○○
   　　　　　　　　　　　　　　株主B（氏名）　神奈川県横浜市○○○
3. 売主追加請求権
   　上記のとおり決議する予定ですので、株主様は上記の売主に自己を加えたものを、株主総会の議案とすることを請求することができます。
4. 請求期限　　令和　年　月　日

以上

STEP 3　株主の売主追加請求（会160③）

　通知を受けた株主は、売主（候補）に自己を加えたものを株主総会の議案とするように請求できます（会160③）。これを売主追加請求権といいますが、売主候補者として株主総会で決議されませんと、自己株式の取得条件の通知相手にもなれず売主になれません。この権利は株主総会議案に追加を求めるものですから、議案提案権の一種といわれています。議案提案権（会304）は、本来、総会議場でいつでも行使できますが、売主追加請求権は例外的に請求期限が規定されています。

　この請求は、株主総会の議案に対する請求であり、株式の譲渡しの申込みとは異なります。株主はこの請求をしても、具体的に取締役会で決まった取得価格などを見たうえで、実際に譲渡しの申込みをするか否かを決められます。

　請求期限は、原則として株主総会の日の5日前です。ただし、定款でこれを下回る期間を定めることも可能です（会規29）。

売主追加請求書

（会社法第160条第3項の請求書）

令和　　年　　月　　日

株式会社○○○○　御中

（請求人）

住所：　○○県○○市　　丁目　　番地

氏名：　○○○○　　㊞

　貴社の令和　　年　　月　　日の株主総会において、会社法第156条第1項の規定により自己株式を取得する旨、会社法第158条による通知を特定の株主に対して行う旨の決議に際し、私を譲渡しの通知をする特定の株主に加えたものを株主総会の議案としていただきたく、ここに請求いたします。

以上

STEP 4　取得できる自己株式の範囲の決定決議（会156）

　『特定の株主との合意による自己株式の取得』では、株主総会の特別決議が必要です（会156①・309②二）。定時総会だけでなく臨時総会でも決議できます。

　株主総会では、あらかじめ取得できる自己株式の範囲を定め、取得価格等の具体的な事項は取締役会に授権します。株主総会における決議事項は、25頁の議事録のとおりです（会156①参照）。

　株式を取得することができる期間は1年以内とされています（会156①ただし書）。取得する株式の数に制限はありません。

臨時株主総会議事録

1．日　　時：令和　　年　　月　　日　　　午前　　時　　分開会

2．場　　所：当会社本店会議室

3．出席者：発行済株式の総数　　　　　　　　　　　　　　　　　　　株

　　　　　　　この議決権を有する総株主数　　　　　　　　　　　　名

　　　　　　　この議決権の総数　　　　　　　　　　　　　　　　　個

　　　　　　　本日出席株主数（委任状出席を含む）　　　　　　　　名

　　　　　　　この議決権の個数　　　　　　　　　　　　　　　　　個

4．議　　長：代表取締役　　○○○○

5．出席役員：取締役　　○○○○、○○○○、○○○○

　　　　　　　監査役　　○○○○

6．目的事項並びに議事の経過の要領及び結果

　　議長は、開会を宣し、上記のとおり定足数にたる株主の出席があったので、本総会は適法に成立した旨を述べ、審議を開始した。

議　案　　自己株式の取得に関する件

　　議長は、下記のとおり特定の株主から自己株式を取得したい旨を述べ会社法第160条第3項による請求者はなく、本議案について議決権を有しないのは株主A及び株主Bである旨付言した。議長がその賛否を議場に諮ったところ、満場一致をもって可決確定した。

記

①　取得する株式の数　　　　　　　　　　普通株式　　　　　　株

②　取得と引換えに交付する金銭の総額　　　　　金　　　　　　円

③　取得期間　令和　　年　　月　　日から令和　　年　　月　　日までの期間

④　取引の相手方（売主）　　株主A（氏名）　東京都千代田区○○○

　　　　　　　　　　　　　　株主B（氏名）　神奈川県横浜市○○○

7．閉　　会：午前　　時　　分

　　以上、本議事録を作成し、議長が議事録作成者として次に記名押印する。

　　　　　議事録作成者　　代表取締役　　○○○○　　㊞

取締役会議事録

1．日　時：令和　　年　　月　　日　　　午前　　時　　分開会
2．場　所：当会社本店会議室
3．出席者：取締役総数　　　名　　出席取締役数　　　名
4．議事の経過の要領及び結果
　議長は、開会を宣し、上記のとおり定足数にたる取締役の出席があったので、本取締役会は適法に成立した旨を述べ、審議を開始した。

議　案　自己株式の取得に関する件
　議長は、下記のとおり特定の株主から自己株式を取得したい旨を述べ本件が、当会社と取締役Aとの利益相反取引となる旨並びに取締役Aは、本件について特別の利害関係を有するため議決に加わることができない旨、付言した。議長はその可否を議場に諮ったところ、満場一致をもって可決確定した。

記

① 取得する株式の種類及び数　　　　　　普通株式　　　　　株
② 1株当たりの取得価格　　　　　　　1株につき金　　　　円
③ 取得と引換えに交付する金銭の総額　　　　　金　　　　　円
④ 株式譲渡の申込期日　　　　　　　　　　令和　　年　　月　　日
⑤ 取引の相手方（売主）　　株主A（氏名）　東京都千代田区○○○
　　　　　　　　　　　　　株主B（氏名）　神奈川県横浜市○○○

5．閉　会：議長は午前　　時　　分、閉会を宣言した。
　以上の決議を明確にするため、本議事録を作成し、出席取締役全員が次に記名押印する。

　　　　　　令和　　年　　月　　日
　　　　　　　株式会社○○○○　取締役会
　　　　　　　　　　議長取締役　○○○○　　㊞
　　　　　　　　　　出席取締役　○○○○　　㊞
　　　　　　　　　　出席取締役　○○○○　　㊞

STEP 5　自己株式の取得価格等の決定決議（会157）

　株主総会の授権決議を受け、取締役会において具体的な事項を定めなければなりません（会157①②）。非取締役会設置会社は取締役の決定により定めます（会348）。取締役の決定は、取締役が 2 人以上いる場合には、定款で別段の定めをおかない限り、取締役の過半数により決定します。

　取締役会における決議事項は、26頁の議事録のとおりです（会157①参照）。取得の条件は、 1 回の決議ごとに均等に定める必要があります（会157③）。

STEP 6　特定の株主への通知又は公告（会158）

　会社は株主に対し、取締役会における決議事項（自己株式の取得価格等に関する事項）を通知しなければなりません（会158①・160⑤）。

　公開会社の場合、この通知は公告をもって代えることができますが（会158②）、特定の株主に公告することは、一般的ではありません。

通 知 書

（会社法第158条第 1 項の通知書）

　　　　　　　　　　　　　　　　　　　令和　　年　　月　　日

○○○○　様

　　　　　　　　　　　　　本店　○○県○○市　　丁目　　番地
　　　　　　　　　　　　　商号　株式会社○○○○
　　　　　　　　　　　　　　　代表取締役　○○○○

　当会社は、下記の要領で、当会社の発行する株式を取得することにいたしましたのでご通知申し上げます。

記

1．商　号　株式会社○○○○
2．自己株式の取得価格等に関する事項
　　①　取得する株式の種類及び数　　　　　　　　普通株式　　　　　株

② 1株当たりの取得価格　　　　　　　1株につき金　　　　円
③ 取得と引換えに交付する金銭の総額　　　　金　　　　　　円
④ 株式譲渡の申込期日　　　　　　　令和　　年　　月　　日

以上

STEP 7　譲渡しの申込み（会159①）

　取締役会の決議事項（自己株式の取得価格等に関する事項）の通知を受けた株主が、株式の譲渡しの申込みをしようとするときは、会社に対して、申込みをする株式の種類及び数を明らかにしなければなりません（会159①）。

　STEP 6 の通知は特定の株主だけに行いますので（会160①）、通知を受けなかった株主は、会社に対し譲渡しの申込みをすることができません。

株式の譲渡申込書

（会社法第159条第1項の申込書）

令和　　年　月　　日

株式会社○○○○　御中

（申込人）

住所：　○○県○○市　　丁目　　番地

氏名：　○○○○　　㊞

　申込期日を令和　　年　　月　　日とする貴社株式の譲渡しにつき、会社法の規定に基づき、下記のとおり申し込みます。

記

1. 譲り渡そうとする株式の種類及び数　　　　普通株式　　　　株

以上

STEP 8　自己株式の取得の効力の発生（会159②）

　申込期日において、会社が申し込まれた株式の譲受けを承諾したものとみなされ、自己株式取得の効力が生じます。効力発生に伴い、発行会社への株券の引渡し、株主への対価の支払いを行います。

STEP 9　株主名簿の書換え（会132①二）

　株式が譲渡された場合、原則として譲渡した者と譲受人が共同で株式会社に対し株主名簿の書換えを請求することができます（会133・134、会規22）。

　しかし、会社が自己株式を取得した場合には、会社自体がその事実を知っていますので、株主からの請求なくして、会社が株主名簿を書き換えなければなりません（会132①二）。

STEP 10　対価の支払いと源泉徴収

　株主に支払われる自己株式の取得対価は、税務上、株式譲受けの対価（資本の払戻額）とみなし配当の支払対価（利益の払戻額）に区分されます。みなし配当が生じる場合には、適格現物分配に該当する場合を除き、発行会社は自己株式の取得対価を支払う際に、みなし配当金額の20.42％（所得税及び復興特別所得税20.42％＋住民税０％）に相当する金額を源泉徴収し（所法182二・213①一）、その徴収の日の属する月の翌月10日までに納付しなければなりません（所法181①・212①）。

　ただし、大口株主（自己株式取得の効力発生日の前日において３％以上の株式を有する個人株主）以外に支払われる上場株式の配当に係る源泉徴収税率は次頁のとおりです。

　税務上の株式譲受けの対価とみなし配当の支払対価の算定方法については、後述の「２-２　法人株主の実務」を参照ください。

【上場株式（大口株主を除く）の配当に対する源泉徴収税率】

		平成26年1月～
個人株主 （大口株主を除く）	源泉徴収税率：所得税及び復興特別所得税	15.315%
	特別徴収税率：住民税	5％
法人株主	源泉徴収税率：所得税及び復興特別所得税	15.315%
	特別徴収税率：住民税	0％

STEP 11　期中の会計処理

　金銭を対価として自己株式を取得した場合には、対価を支払うべき日に、付随費用を含まない対価の額をもって取得原価とします（自己株式指針5）。

　付随費用については、通常の有価証券の取得と異なり財務費用と考えて損益計算書の営業外費用に計上します。この考え方は、自己株式の取得・消却・処分時を通じて統一されており、新株発行費用を株主資本から減額していない処理との整合性を保っています（自己株式基準14・50～54）。

＜会計上の仕訳＞

| （借方）自　己　株　式 | 100 | （貸方）現　　預　　金 | 98 |
| 　　　　支 払 手 数 料 | 10 | 　　　　預　　り　　金 | 12 |

　　　　　※みなし配当金額に対する源泉徴収額を預り金で処理している。

STEP 12　支払調書の作成・株主への交付、税務署への提出

(1)　住所・氏名等の告知義務

　株主（個人・法人ともに）は、自己株式の譲渡代金を受け取る時までに、株主の氏名又は名称、住所及び個人番号又は法人番号を発行会社に告知する必要があります。また、住民票の写し・登記事項証明書等を発行会社に提示しなければなりません。発行会社は、告知された氏名等と住民票等の内容が同じであることを確認し、確認に関する帳簿を作成しなければなりません（所法224の3③、所令342～345）。

(2)　個人番号の提供を受ける際の本人確認

　個人番号の提供を受ける際は、成りすましを防止するため、厳格な本人確認

が義務付けられています。

　本人確認には、記載された個人番号が正しい番号であることの確認（番号確認）及び手続を行っている者が番号の正しい持ち主であることの確認（身元確認）が必要とされています。具体的には、原則として、①個人番号カード（番号確認と身元確認）、②通知カード（番号確認）と運転免許証（身元確認）、③個人番号が記載された住民票の写し（番号確認）と運転免許証（身元確認）などで本人確認を行うこととされています。

⑶　みなし配当課税が行われない場合の支払調書

　みなし配当課税が行われない場合には、居住者又は恒久的施設を有する非居住者である株主に対して自己株式の取得対価を支払う発行会社は、自己株式の取得対価の支払いが確定した日（申込期日）の属する年の翌年1月31日までに、「交付金銭等の支払調書」と合計表を納税地の所轄税務署長に提出する必要があります（所法225①十、所規90の3①）。

令 和　　　　年 分　　交 付 金 銭 等 の 支 払 調 書							
交付を受ける者	住 所 又 は居　　　所						○個人番号又は法人番号欄に個人番号（12桁）を記載する場合には、右詰で記載します。
	氏　　　名			個 人 番 号			
交付する金銭及び金銭以外の資産の価額					1 株 又 は 出 資1 口 当 た り の配 当 等 と み なさ れ る 金 額	1 株 又 は 出 資1 口 当 た り の交付金銭等の額	
金　　　銭	1 株 又 は 出 資 1 口 当 た り の 額			計			
	金 銭 以 外 の 資 産 の 価 額						
	株式又は出資	その他の資産					
円 銭	円 銭	円 銭		円 銭	円 銭	円 銭	
交付確定又は交付年月日		株式の数又は出資の口数			交 付 金 銭 等 の 額		
年 月 日				千 株(口)		千 円	
(摘要)							
交付者	所 在 地						
	名　　　称		(電話)		法 人 番 号		
整 理 欄		①			②		

令和　　年分　交付金銭等の支払調書合計表

処理事項	通信日付印	検収	整理簿登載
	※ ・ ・	※	※

		整理番号	
	所在地	調書の提出区分（新規=1、追加=2、訂正=3、無効=4）	提出媒体	本店一括 有・無
提出者	電話（　　－　　－　　）		
	法人番号	作成担当者	
	フリガナ 名称		
		作成税理士署名	税理士番号（　　　　）
	フリガナ 代表者氏名	電話（　　－　　－　　）	
税務署長　殿		交付確定又は交付年月日	・ ・

区　分	調書の枚数	交付金銭等の額	摘　要
居住者分	枚	円	
非居住者分			
合　計			

○　提出媒体欄には、コードを記載してください。（電子＝14、FD＝15、MO＝16、CD＝17、DVD＝18、書面＝30、その他＝99）
（注）　平成27年分以前の合計表を作成する場合には、「法人番号」欄に何も記載しないでください。

（用紙　日本産業規格　A4）

(4)　みなし配当課税が行われる場合の支払調書

　みなし配当課税が行われる場合には、発行会社は自己株式の取得対価の支払いが確定した日（申込期日）から1月以内に、「配当等とみなす金額に関する支払調書（支払通知書）」と合計表を納税地の所轄税務署長に提出する必要があります（所法225①二・八、所規83①三）。同時に、株主にも「配当等とみなす金額に関する支払調書（支払通知書）」を交付する必要があります（法令23④、所法225②二、所規92①）。

　ただし、株主に対する自己株式の取得対価の額が1万5千円以下であるときは、「配当等とみなす金額に関する支払調書（支払通知書）」の税務署への提出は不要です（所規83②三）。

令和　年分　配当等とみなす金額に関する支払調書(支払通知書)

支払を受ける者	住所(居所)又は所在地					
	氏名又は名称			個人番号又は法人番号		

○ 個人番号又は法人番号「欄に個人番号(12桁)を記載する場合には、右詰で記載します。

交付する金銭及び金銭以外の資産の価額				1株又は出資1口当たり又は本から成かの金	出資の額等の総額別の部分金	1株又は出資1口当たりの配当等とみなされる金額
1株又は出資1口当たりの額						
金　銭	金銭以外の資産の価額		計			
	株式又は出資	その他の資産				
円　銭	円　銭	円　銭	円　銭	円　銭		円　銭

支払確定又は支払年月日	株式の数又は出資の口数	配当とみなされる金額の総額	通知外国税相当額	源泉徴収税額
年　月　日	千　株(口)	千　円	千　円	千　円

(摘要)

支払者	所在地		法人番号	
	名称	(電話)		
支払の取扱者	所在地		法人番号	
	名称	(電話)		

整理欄	①	②

362

令和　年分　配当等とみなす金額に関する支払調書合計表

	処理事項	通信日付印	検収	整理簿登載

税務署受付印

令和　年　月　日提出	提出者	所在地	電話(　− 　− 　)	整理番号		
		法人番号[注]		調書の提出区分(新規=1, 追加=2, 訂正=3, 無効=4)	提出媒体	本店一括 有・無
		フリガナ 名称		作成担当者		
税務署長殿		フリガナ 代表者氏名		作成税理士署名	税理士番号 電話(　− 　− 　)	
				支払確定年月日	(第　回)	

区　分		みなし配当の総額(支払調書提出省略分を含む。)				たのうち、支払調書を提出するものの合計			
		株主数又は株数又は出資の口数(出資者数)	配当とみなされる金額	源泉徴収税額		株主数(出資者数)	株数又は出資の口数	配当とみなされる金額	源泉徴収税額
居住者又は内国法人に支払うもの	一般分	人		円		人		円	円
	非課税分								
非居住者又は外国法人に支払うもの	課税分	一般分							
		軽減分							
	非課税又は免税分								
計		旧　株(口) 新				旧　株(口) 新			
摘　要		1株(1口)当たりのみなされる金額 円							

○　提出媒体欄には、コードを記載してください。(電子=14, FD=15, MO=16, CD=17, DVD=18, 書面=30, その他=99)
(注)　平成27年分以前の合計表を作成する場合には、「法人番号」欄に何も記載しないでください。

(用紙　日本産業規格　A4)

STEP 13 期末の会計処理

(1) 純資産の部の表示

　期末に保有する自己株式は、貸借対照表の純資産の部に株主資本の控除項目として表示します（計規76②五、自己株式基準8）。

```
（個別貸借対照表）
　純資産の部
　　株主資本
　　　資本金　　　　　　　　　　　　1,000
　　　利益剰余金
　　　その他利益剰余金
　　　　繰越利益剰余金　　　　　　　1,600
　　　　利益剰余金合計　　　　　　　1,600
　　　自己株式　　　　　　　　　　　▲100
　　　　　株主資本合計　　　　　　　　　　　2,500
```

(2) 株主資本等変動計算書

　自己株式の取得により、自己株式の金額に変動が生じますので、株主資本等変動計算書にその変動を反映させる必要があります。

株主資本等変動計算書

自　令和　　年　　月　　日
至　令和　　年　　月　　日

	株主資本								純資産合計
	資本金	利益準備金	利益剰余金			利益剰余金合計	自己株式	株主資本合計	
			その他利益剰余金						
			××積立金	繰越利益剰余金					
当期首残高	1,000	省略	0	0	1,500	1,500	0	2,500	省略	2,500
当期変動額						0		0		0
当期純利益					100	100		100		100
自己株式の取得						0	△100	△100		△100
当期変動額合計	0		0	0	100	100	△100	0		0
当期末残高	1,000		0	0	1,600	1,600	△100	2,500		2,500

株主資本等変動計算書に関する注記（計規105参照）

① 当該事業年度の末日における発行済株式の数：普通株式○○○株

② 当該事業年度の末日における自己株式の数 ：普通株式 ○○株

③ 当該事業年度中に行った剰余金の配当 ：該当なし

④ 当該事業年度の末日後に行った剰余金の配当：該当なし

⑤ 重要な変動事由：令和○年○月○日に自己株式○○株を現金100にて取得している。

(3) 1株当たりの当期純利益への影響

　自己株式の取得は、1株当たりの当期純利益に影響を与えます。1株当たりの当期純利益は、当期純利益を期中平均株式数で除して計算します（1株当たり当期純利益基準12）。この期中平均株式数は、期中平均自己株式数を控除して計算することになります（同基準17・50）。

STEP 14　税務申告書の作成

　会計上は自己株式の取得対価の全額を自己株式の増加として処理するのに対し、税務上は自己株式の取得対価を資本の払戻額と利益の払戻額に区分して、資本金等の額及び利益積立金額を減少させるため、申告調整が必要となります。

＜会計上の仕訳＞

| （借方）自 己 株 式 | 100 | （貸方）現 預 金 | 98 |
| 支 払 手 数 料 | 10 | 預 り 金 | 12 |

※預り金12は、源泉徴収税額（みなし配当金額60×源泉徴収税率20.42%、1円未満端数切捨て）。

＜税務上の仕訳＞

（借方）資 本 金 等	40	（貸方）現 預 金	98
利 益 積 立 金	60	預 り 金	12
支 払 手 数 料	10		

＜申告調整仕訳＞

　　　（借方）資　本　金　等　　　40　　　（貸方）資本金等（自己株式）　100

　　　　　　　利　益　積　立　金　　　60

よって、

　　　（借方）利　益　積　立　金　　　60　　　（貸方）資　本　金　等　　　60

⑴　資本金等の額と利益積立金額の減少

　初めに、資本の払戻額（取得資本金額）を計算します。取得資本金額は、自己株式取得直前の１株当たり資本金等の額に取得した自己株式の数を乗じることにより計算します。ただし、計算した金額が自己株式の取得対価を超える場合には、自己株式の取得対価を取得資本金額とします（法令８①二十）。取得資本金額だけ、資本金等の額が減少します。

　次に利益の払戻額を計算します。利益の払戻額は、自己株式の取得対価から取得資本金額を控除することにより計算します（法令９①十四）。利益の払戻額だけ、利益積立金額が減少します。

　具体的には、次の表を用いることにより取得資本金額と利益積立金額の減少額を計算することができます。

【表】取得資本金額と利益積立金額の減少額

項　　目		金　　額	時点	メ　モ
資本金等の額	1		直前	
発行済株式総数	2		直前	直前の自己株式保有数を除く
取得した自己株式の株式数	3		―	
(1)≦ 0 YES なら 0 、 NO なら(1)÷(2)×(3)	4		―	端数処理の規定なし
自己株式の取得対価の合計額	5		―	対価が金銭以外の資産である場合には、当該資産の時価相当額
取得資本金額（資本金等の額の減少額） 　　　　　　(5)≦(4) 　　　　YES なら(5)、 NO なら(4)	6		―	
利益積立金額の減少額 　　　　(5)－(6)	7		―	

【時点欄の見方】

◆いつの時点の金額を入力すべきかを示しています。

　　直前：自己株式取得の効力発生時点（申込期日）の直前

(2)　別表四と別表五(一)の調整

　別表四の加算・減算処理は、会計上の利益と税務上の所得との差を調整するものであり、損益取引に係る申告調整のみがその対象です。

　自己株式の取得を資本取引と扱うことになったため、別表四の調整項目ではなくなりました。しかし、みなし配当に伴う留保利益の減少を表現する必要がありますので、通常の配当（通常の配当も資本等取引です）と同様に、当期利益又は当期欠損の額［１］の配当欄にみなし配当金額を記載します。

別表一「剰余金・利益の配当の金額」欄にも、みなし配当額を反映する。

別表四

区　　分		総　額	処　　分	
			留　保	社外流出
		①	②	③
当期利益又は当期欠損の額	1	100	40	配　当　　60
				その他
加　算				
減　算				
所得金額又は欠損金額		48		

　別表五(一)の調整においては、自己株式は税務上の資本金等の額の控除項目であり、資本金等の額を構成する項目であるという意味では、会計上の資本金と同列に扱うべきです。つまり、会計上の自己株式の残高を出発点として申告調整がなされるべきであることがポイントです。このポイントさえ押さえれば、後は、申告調整仕訳を単純に反映させるだけで申告調整が完了します。

別表五(一) I　　**利益積立金額の計算に関する明細書**

区　　分		期首現在利益積立金額	当期の増減		差引翌期首現在利益積立金額 ①－②＋③
			減	増	
		①	②	③	④
利益準備金	1				
積立金	2				
資本金等	3		②60		▲60
繰越欠損金（損は赤）	26	1,500		100	1,600
差引合計額	31	1,500	60	100	1,540

別表五(一)Ⅱ		資本金等の額の計算に関する明細書			
区　　分		期首現在資本金等の額	当期の増減		差引翌期首現在資本金等の額①－②＋③
			減	増	
		①	②	③	④
資本金又は出資金	32	1,000			1,000
資本準備金	33				
自己株式			①100		▲100
利益積立金				②60	60
差引合計額	36	1,000	100	60	960

※①自己株式の会計上の帳簿価額100の増加を記載する。自己株式は資本金等の控除項目であるため減少欄に記載する。
※②申告調整仕訳を反映させる。

　結果として、税務上の仕訳のとおり、資本金等の金額が40減少していることをご確認ください。

　なお、法人税の申告書作成ソフトが、上記の自己株式取得の処理（みなし配当金額の別表四への入力処理）に対応していない場合があるため注意が必要です。筆者らが検証した範囲では、別表五(一)Ⅰ　利益積立金額の計算に関する明細書の「繰越欠損金26」②③の金額が正しく計算されないソフトウエアがいくつか見受けられました。

　その場合には、別表五(一)について金額を上書き修正する必要があります。

(3)　別表二の記載

　同族会社の判定上、発行済株式数及び株主等から自己株式が除外されています。このため別表二の記載上、自己株式を除く必要があります（法法2十）。

別表二

期末現在の発行済株式の総数又は出資の総額	1	内
⒆と㉑の上位3順位の株式数又は出資の金額	2	
株式数等による判定 $\frac{(2)}{(1)}$	3	％

内書に自己株式数を記載し、本書に自己株式数を含む発行済株式総数を記載する。

分母の数は発行済株式総数から自己株式数を控除した数とする。

判定基準となる株主等の株式数等の明細						
順位		判定基準となる株主（社員）及び同族関係者		判定基準となる株主等	株式数又は出資の金額等	
					被支配会社でない法人株主等	
株式数等	議決権数	住所又は所在地	氏名又は法人名		株式数又は	議決権の数
						20
1				本 人		

判定基準となる株主等に自己株式を含めない。

2-2　法人株主の実務

1）譲渡時の会計処理

　通常の有価証券の譲渡と同様の処理となります。ただし、みなし配当が生じる場合には、源泉徴収額を法人税等などの科目で処理する必要があります。

＜会計上の仕訳＞

（借方）	現　預　金	88	（貸方）	有　価　証　券	80
	法　人　税　等	12		有価証券売却益	20

※自己株式の譲渡対価が100に対し、移動平均法等により算定した譲渡原価が80という前提。
※法人税等12は、源泉徴収税額（みなし配当金額60×源泉徴収税率20.42%）。

2）譲渡時の税務処理

　税務上は、自己株式の譲渡対価を株式の譲渡収入額とみなし配当金額に区分して処理する必要があります。ただし、みなし配当が生じる場合には、発行会社から「配当等とみなす金額に関する支払調書（支払通知書）」が交付されるため、株主がみなし配当金額を計算する必要はないものと思われます。

　例外的に、みなし配当課税が行われない場合については、**Q-38**を参照ください。

＜税務上の仕訳＞

（借方）	現　預　金	88	（貸方）	有　価　証　券	80
	法　人　税　等	12		受　取　配　当　金	60
	有価証券売却損	40			

※自己株式の譲渡対価が100（内、みなし配当金額が60）に対し、移動平均法等により算定した譲渡原価が80という前提。
※株式の譲渡収入40＝自己株式譲渡対価100－みなし配当金額60
※有価証券売却損40＝譲渡収入40－譲渡原価80

＜申告調整仕訳＞

　（借方）有価証券売却益　　　　20　（貸方）受　取　配　当　金　　　　60

　　　　　有価証券売却損　　　　40

(1)　みなし配当金額の計算

　初めに、譲渡した自己株式に対応する資本金等の金額（以下、「資本金等相当額」）を計算します。資本金等相当額は、自己株式取得直前における発行会社の1株当たり資本金等の額に、各株主が譲渡した自己株式の数を乗じることにより計算します（法令23①六、同一号「発行済株式等」の定義参照）。

　次にみなし配当金額を計算します。みなし配当金額は、自己株式の譲渡対価が資本金等相当額を上回る場合における自己株式の譲渡対価と資本金等相当額の差額として計算します（法法24①五）。

(2)　有価証券譲渡損益の計算

　自己株式の譲渡対価からみなし配当金額を控除した金額を譲渡収入とします（法法61の2①一）。譲渡原価は、通常の有価証券の譲渡と同様に、移動平均法等により算定します（法法61の2①二）。譲渡収入から譲渡原価を控除することにより有価証券譲渡損益を計算します。

　具体的には、次の表を用いることによりみなし配当金額と有価証券譲渡損益を計算することができます。

【表】みなし配当金額と有価証券譲渡損益

項　　　目		金　　額	時点	メ　モ
資本金等の額	1		直前	発行会社の資本金等の額
発行済株式総数	2		直前	発行会社の発行済株式総数（直前の自己株式保有数を除く）
譲渡した自己株式の株式数	3		―	各株主の譲渡株式数

(1)≦ 0 YES なら 0 、 NO なら(1)÷(2)×(3)	4		—	端数処理の規定なし
自己株式の譲渡対価の合計額	5		—	各株主の譲渡対価の額（対価が金銭以外の資産である場合には、当該資産の時価相当額）
みなし配当金額 　　　　　　(4)≦(5) YES なら(5)−(4)、 NO なら 0	6		—	
有価証券の譲渡収入の額 　　　　　　(5)−(6)	7		—	
有価証券の譲渡原価の額	8		—	各株主において、移動平均法等により算定した自己株式の譲渡原価
有価証券譲渡損益 　　　　　　(7)−(8)	9		—	

【時点欄の見方】
◆いつの時点の金額を入力すべきかを示しています。
　　直前：自己株式取得の効力発生時点（申込期日）の直前

《グループ法人税制の適用要件を満たす場合》

　有価証券譲渡損益相当額を資本金等の増減で処理します（法法61の 2 ⑰、法令 8 ①二十二）。税務上の仕訳は以下のようになります（41頁の仕訳参照）。

＜税務上の仕訳＞

（借方）現　預　金	88	（貸方）有　価　証　券	80
法　人　税　等	12	受　取　配　当　金	60
資　本　金　等	40		

＜申告調整仕訳＞

（借方）有価証券売却益	20	（貸方）受　取　配　当　金	60
資　本　金　等	40		

(3)　別表六(一)の調整

みなし配当に対する源泉所得税の金額の所得税額控除は、通常の剰余金の配

当に対する所得税額と異なります。剰余金の配当については、その元本の所有期間に対応する所得税額だけが控除されます。

しかし、みなし配当に対する源泉所得税はその全額が控除されます（法法68①、法令140の2①二）。

別表六(一)では、通常の剰余金の配当と異なり、その他[5]欄にみなし配当金額及び所得税額を記載します。

| 別表六(一) I | 所得税額の控除に関する明細書 |

区　　分		収入金額	①について課される所得税額	②のうち控除を受ける所得税額
		①	②	③
公社債及び預貯金の利子、合同運用信託の収益の分配	1			
剰余金の配当、利益の配当、剰余金の分配及び金銭の分配（みなし配当等を除く。）	2			
集団投資信託（合同運用信託を除く。）の収益の分配	3			
割引債の償還差益	4			
その他	5	60	12	12
計	6			

その他に係る控除を受ける所得税額の明細					
支払者の氏名又は法人名	支払者の住所又は所在地	支払を受けた年月日	収入金額	控除を受ける所得税額	参　　考
			20	21	
×××	×××	×××	60	12	みなし配当

(4)　別表八の調整

申告調整仕訳のとおり、有価証券譲渡損益とみなし配当金額を考慮すると、申告調整による所得金額への影響はありません。

　ただし、みなし配当については、適格現物分配に該当する場合を除き、受取配当等の益金不算入（法法23）の計算を別表八において行います。

《グループ法人税制の適用要件を満たす場合》
　法人株主が保有する発行会社株式は完全子法人株式等に該当し、みなし配当金額の全額が益金不算入となります（法法23①）。

【受取配当等の益金不算入額】

	益金不算入割合	負債利子の控除
完全子法人株式等	100%	控除しない
関連法人株式等	100%	控除する
その他の株式等	50%	控除しない
非支配目的株式等	20%	控除しない

　なお、完全子法人株式は「配当等の額の計算期間を通じて完全支配関係がある」ことが要件となっています（法法23⑤）。しかし、みなし配当金額の益金不算入額を計算する場合には、みなし配当事由（自己株式の取得）の効力発生日の前日に完全支配関係（**Q-81**）があれば、完全子法人株式に該当するものとされています（法令22の2①、法基通3-1-9）。

| 2-3 | # 個人株主の実務
（譲渡時の会計・税務処理） |

　個人株主も法人株主と同じく、税務上、自己株式の譲渡対価を株式の譲渡収入額とみなし配当金額に区分して処理する必要があります。みなし配当が生じる場合には、発行会社から「配当等とみなす金額に関する支払調書（支払通知書）」が交付されるため、株主がみなし配当金額を計算する必要はない点も法人株主と同様です。

　例外的に、みなし配当課税が行われない場合については、**Q-38**を参照くだ

さい。みなし配当課税が行われない取引の範囲が法人株主とは異なりますので注意が必要です。

(1) 配当所得の計算

初めに、譲渡した自己株式に対応する資本金等の金額（以下、「資本金等相当額」）を計算します。資本金等相当額は、自己株式取得直前における発行会社の１株当たり資本金等の額に、各株主が譲渡した自己株式の数を乗じることにより計算します（所令61②六、同一号「発行済株式等」の定義参照）。

次にみなし配当金額を計算します。みなし配当金額は、自己株式の譲渡対価が資本金等相当額を上回る場合における自己株式の譲渡対価と資本金等相当額の差額として計算します（所法25①五）。

みなし配当金額は、配当所得として申告する必要があり、総合課税の対象とされます。

配当所得には申告不要制度があります。非上場株式に係る配当の場合、１銘柄につき１回の配当金額に12を乗じて、配当計算期間の月数で除して計算した金額が10万円以下である配当について申告するか、申告せずに源泉徴収のみで済ませるかの選択ができます（措法８の５①一）。みなし配当の場合は、この配当計算期間を12ヶ月として計算します（措令４の３④）。したがって、みなし配当金額が10万円以下であれば、申告せずに源泉徴収のみで済ませることができます。

(2) 譲渡所得等の計算

自己株式の譲渡対価からみなし配当金額を控除した金額をもって譲渡所得等（譲渡所得又は事業所得・雑所得）に係る収入とします（措法37の10③五）。取得費・譲渡費用は、通常の有価証券の譲渡と同様に計算します。

株式の譲渡益は、譲渡所得等として申告する必要があり、分離課税の対象とされます。非上場株式の譲渡損は、他の非上場株式の譲渡益とのみ通算でき、他の所得と損益通算することはできません（措法37の10①）。

税率は、譲渡益の金額に関係なく、所得税及び復興特別所得税15.315％、住

民税 5 ％となります（措法37の10①、地方税法附則35の 2 ①・⑤）。

(3)　配当控除の適用

みなし配当金額を配当所得として申告した場合には、配当控除の適用があります（所法92）。

(4)　源泉徴収税額の控除

みなし配当金額に対する源泉徴収税額は、確定申告にて計算された所得税の納付額から控除されます（所法120①五）。控除し切れなかった源泉徴収税額がある場合には、還付を受けることができます（所法138）。

3 「消却」の基本

自己株式の消却とは、会社が保有する自己株式のうち、特定の株式を消滅させる会社の行為です。

自己株式の消却は、発行会社内部での処理であり、取引相手（株主）は登場しません。また、手続等にバリエーションがなく、ここで説明する基本以外の枝葉となる論点はほとんどありません。

平成18年度税制改正以前においては、自己株式の消却には資本積立金を減少させる効果がありました。しかし、現在は発行済株式の総数を減少させる以外の効果はありません。会社法により、発行可能株式総数も減少しないこととなりました。自己株式の処分には、資本金の増加を伴わない資金調達を可能にするというメリットがありますので、いたずらに消却する必要はありません。

手続：自己株式の消却

◆概要

最低所要日数	1日＋α
決議要件	取締役会決議（取締役会非設置会社：取締役の決定）
登記事項	発行済株式の総数並びにその種類及び種類ごとの数

◆法定手続に沿った実務の流れ

手　順	期　限	必要資料
□ 事前の検討 　□ 財務諸表への影響 　□ 税務判断への影響		
□ 取締役会決議又は取締役の決定（会178） 　（自己株式の消却決議）		取締役会議事録
□ 株主名簿の書換え		
□ 株券の廃棄 　（株券を実際に発行している会社のみ）		
□ 登記手続（会915①）	効力発生日から2週間以内	取締役会議事録 委任状
□ 期中の会計処理		
□ 期末の会計処理 　□ その他資本剰余金の期末残高がマイナスの場合 　□ 期末に登記手続きが完了していない場合の注記 　□ 株主資本等変動計算書 　□ 1株当たり当期純利益への影響		
□ 税務申告書の作成	決算日より2ヶ月以内	法人税申告書

＝法務のポイント＝

　自己株式を消却するには、取締役会決議（又は取締役の決定）により、消却する自己株式の数を決定する必要があります。

　自己株式の消却によって、発行済株式の総数が減少するため登記の必要があります。自己株式の消却自体は登記事項ではありません。

＝会計のポイント＝

　消却する自己株式の帳簿価額をその他資本剰余金から減額します（計規24③）。

　自己株式消却の結果、その他資本剰余金の期末残高がマイナスとなっている

場合には、その他資本剰余金のマイナス残高をゼロに戻し、その他利益剰余金に振り替えます。

＝税務のポイント＝

発行会社には課税関係は生じません。また、自己株式の消却について、税務上は何らの処理も行いません。ただし、会計上は自己株式消却損をその他資本剰余金（又はその他利益剰余金）のマイナスとして処理するため、申告調整が必要となります。

STEP 1　事前の検討

(1)　財務諸表への影響

自己株式を消却した場合には、消却した自己株式の帳簿価額だけ、その他資本剰余金（又は利益剰余金）が減少します。結果として、株主資本の内訳が変更されるだけであり、総資産や株主資本の金額は増減しません。

＜自己株式消却前＞		＜自己株式消却直後＞	
株主資本		株主資本	
資本金	1,000	資本金	1,000
		資本剰余金	
		その他資本剰余金	▲50
利益剰余金		利益剰余金	
その他利益剰余金		その他利益剰余金	
繰越利益剰余金	1,600	繰越利益剰余金	1,600
自己株式	▲100	自己株式	▲50
株主資本合計	2,500	株主資本合計	2,500

(2)　税務判断への影響

自己株式にかかわる取引を行うことにより、発行済株式数・自己株式の数・議決権の総数・税務上の資本金等の額に影響を及ぼします。持株割合基準・自

己株式を除いた持株割合基準・議決権割合基準・資本金等基準を判断基準としている税務処理があるため、税務処理への影響を確認しておく必要があります。自己株式の消却についてまとめると以下のとおりです。

発行済株式数	↓	持株割合基準	○
自己株式の数	↓	自己株式を除いた持株割合基準	―
議決権の総数	―	議決権割合基準	―
資本金等の額	―	資本金等基準	―

↑：増加　↓：減少　　　　　　○：影響あり
―：変化なし　　　　　　　　　―：影響なし

STEP 2　自己株式の消却決議（会178）

　自己株式を消却するには、取締役会決議が必要です（会178）。取締役会のない会社は取締役の決定が必要となります（会348②）。

取締役会議事録（議案部分のみ記載）

　議　案　自己株式の消却に関する件
　　議長は、下記のとおり自己株式を消却したい旨を述べ、議場に諮ったところ、満場一致をもって可決確定した。

記
消却する株式の種類及び数　　　　　　　　　　普通株式　　　　　株

STEP 3　株主名簿の書換え

　自己株式の消却は、会社の内部処理ですので、会社が当然に株主名簿の書換えを行う必要があります。株主名簿への書換え自体が消却の一内容といえます。

STEP 4　株券の廃棄

　会社が株券を発行している場合、消却した自己株式に係る株券を廃棄する（もしくは、無効の印を株券に押したり、穴をあけるなどして、株券として使えない状態にする）必要があります。これも消却の一内容といえます。

　株式失効手続（株主名簿の書換え及び株券の廃棄）が完了してはじめて、自己株式消却の効力が生じます。登記申請時に株式失効手続が完了したことについて確認されることはありませんが、株券発行会社では株式と株券は一体のものと考えられていますので、株式失効手続により株式（株券を含む）を絶対的に消滅させておく必要があります。

STEP 5　登記手続（会915①）

　自己株式の消却により発行済株式の総数が減少します。発行済株式の総数は登記事項であるため（会911③九）、登記が必要となります。なお、自己株式の消却により、発行可能株式総数は減少しません。この点は、旧商法時代の登記実務と相違しますが、会社法のもとでは定款を変更しない限り、発行可能株式総数は変更するものではないとされています。

CHECK

- □ 登記のための準備書類：①取締役会議事録（1 部）、②委任状（1 部）
- □ 登記に要する費用：登録免許税 3 万円（＋司法書士報酬）
- □ 登記すべき期間：自己株式消却の効力発生日後 2 週間以内
- □ 登記すべき場所：本店の所在地を管轄する法務局

```
                        委 任 状


(代理人の表示)
     東京都千代田区神田神保町    丁目    番地
     司法書士    ○○○○（電話      −      −      ）


  私は、上記の者を代理人と定め、下記に関する一切の権限を委任します。

                        記
1．当会社の次の登記申請に関する件
  自己株式の消却

1．原本還付請求及び受領の件
1．登記申請の取下げ、登録免許税又は手数料の還付又は再使用証明の手続及
  びその受領に関する件


令和    年    月    日
               ○○県○○市    丁目    番地
               株式会社○○○○
               代表取締役  ○○○○    ㊞
```

STEP 6　期中の会計処理

　消却する自己株式の帳簿価額をその他資本剰余金から減額します。仕訳は、取締役会決議日ではなく、株式失効手続完了日に計上します（計規24③、自己株式基準11・46）。

　保有している自己株式の一部を消却する場合には、会計方針（有価証券の評価方法－移動平均法又は総平均法）に基づいて、株式の種類ごとに1単位当たりの帳簿価額を算出する必要があります（自己株式基準13・48～49）。

　付随費用は財務費用と考えて、営業外費用に計上します（自己株式基準14・50～54）。

＜会計上の仕訳＞

|（借方）その他資本剰余金|50|（貸方）自　己　株　式|50|
|支　払　手　数　料|5|現　　預　　金|5|

STEP 7　期末の会計処理

(1)　その他資本剰余金の期末残高がマイナスの場合

　会計上、その他資本剰余金の残高が期末にマイナスであることは認められません。自己株式消却の結果、その他資本剰余金の期末残高がマイナスとなっている場合には、会計期間末において、その他資本剰余金のマイナス残高をゼロに戻し、その他利益剰余金に振り替えます（計規27③・29③、自己株式基準12・44・45）。この剰余金の処分は、会計上当然に必要とされる処理であるため、株主総会の決議を経ずに行います（会452、計規153②一、会431）。

　なお、中間決算や臨時決算の決算日においても、その他資本剰余金の残高がマイナスである場合には、同様に処理します。年度決算においては、中間決算等による振替処理を取り消したうえで、その他資本剰余金の期末残高がマイナスであるか否かを判断することになります（自己株式基準42）。

＜会計上の仕訳＞

|（借方）繰越利益剰余金|50|（貸方）その他資本剰余金|50|

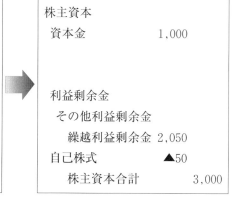

(2) 期末に登記手続が完了していない場合の注記

　自己株式消却の仕訳は、取締役会決議日ではなく、株式失効手続完了日に計上します（自己株式基準11）。取締役会決議後、株式失効手続完了前に期末日が到来した場合、消却した自己株式の帳簿価額・株式数に重要性があれば、当該自己株式の帳簿価額、種類及び株式数を個別株主資本等変動計算書に注記しなければなりません（自己株式基準22）。

(3) 株主資本等変動計算書

　自己株式の消却により、その他資本剰余金（その他利益剰余金）と自己株式の金額に変動が生じますので、株主資本等変動計算書にその変動を反映させる必要があります。

株主資本等変動計算書

自 令和　　年　　月　　日
至 令和　　年　　月　　日

	株主資本								純資産合計
	資本金	利益剰余金				自己株式	株主資本合計		
		利益準備金	その他の利益剰余金		利益剰余金合計				
			××積立金	繰越利益剰余金					
当期首残高	1,000	省略	0	0	1,600	1,600	△100	2,500	省略	2,500
当期変動額						0		0		0
当期純利益					500	500		500		500
自己株式の消却					△50	△50	50	0		0
当期変動額合計	0		0	0	450	450	50	500		500
当期末残高	1,000		0	0	2,050	2,050	△50	3,000		3,000

株主資本等変動計算書に関する注記（計規105参照）

① 当該事業年度の末日における発行済株式の数：普通株式○○○株
② 当該事業年度の末日における自己株式の数　：普通株式　○○株
③ 当該事業年度中に行った剰余金の配当　　　：該当なし
④ 当該事業年度の末日後に行った剰余金の配当：該当なし
⑤ 重要な変動事由：令和○年○月○日に自己株式○○株（帳簿価額50）を消却している。

⑷　1 株当たり当期純利益への影響

　　1 株当たり当期純利益は、発行済株式の総数から自己株式数を控除した株式数により算定します（1 株当たり当期純利益基準12・17・50）。自己株式を消却した場合、自己株式数が減少する一方で、発行済株式の総数も減少するため、消却前後において発行済株式の総数から自己株式数を控除した株式数に変動がありません。したがって、1 株当たり当期純利益への影響はありません。

　　1 株当たり当期純利益は、会計監査人設置会社もしくは公開会社のいずれかに該当する場合には注記が必要です（計規98）。

STEP 8　税務申告書の作成

　　会計上は自己株式消却損をその他資本剰余金（又はその他利益剰余金）のマイナスとして処理するのに対し、税務上は何らの処理も行われないため、申告調整が必要となります。

◆ケース 1（その他資本剰余金の期末残高がプラスの場合）

＜会計上の仕訳＞

　　　　（借方）その他資本剰余金　　　50　　　　　（貸方）自　己　株　式　　　50

＜税務上の仕訳＞

　　　　　　　　仕訳なし

＜申告調整仕訳＞

　　　　（借方）資　本　金　等　　　50　　　　　（貸方）資　本　金　等　　　50
　　　　　　　（自　己　株　式）　　　　　　　　　　　　（その他資本剰余金）

よって、

　　　　　　　　仕訳なし（借方と貸方が同じ科目であるため相殺されてしまう）

別表五(一)Ⅱ		資本金等の額の計算に関する明細書			
区　　　分		期首現在資本金等の額	当期の増減		差引翌期首現在資本金等の額 ①－②＋③
			減	増	
		①	②	③	④
資本金又は出資金	32	1,000	円	円	円 1,000
資本準備金	33				
その他資本剰余金		200	①50		150
自己株式		▲100		①50	▲50
利益積立金		60			60
差引合計額	36	1,160	50	50	1,160

※①自己株式の会計上の帳簿価額50の減少と、その他資本剰余金の会計上の帳簿価額50の減少を記載する。
※②申告調整仕訳なし。

◆ケース2（その他資本剰余金の期末残高がマイナスの場合）

＜会計上の仕訳＞

　　　（借方）その他資本剰余金　　50　　　（貸方）自　己　株　式　　50

　　　（借方）繰越利益剰余金　　50　　　（貸方）その他資本剰余金　　50

＜税務上の仕訳＞

　　　　　仕訳なし

＜申告調整仕訳＞

　　　（借方）資本金等（自己株式）50　　　（貸方）利　益　積　立　金　　50

別表五(一)Ⅰ		利益積立金額の計算に関する明細書			
区　　　分		期首現在利益積立金額	当期の増減		差引翌期首現在利益積立金額 ①－②＋③
			減	増	
		①	②	③	④
利益準備金	1				
積立金	2				
資本金等	3	▲60		②50	▲10

繰越欠損金（損は赤）	26	1,600	①50	500	2,050
差引合計額	31	1,540	50	550	2,040

| 別表五(一)Ⅱ | 資本金等の額の計算に関する明細書 |

区　　分		期首現在資本金等の額	当期の増減		差引翌期首現在資本金等の額 ①-②+③
			減	増	
		①	②	③	④
資本金又は出資金	32	1,000	円	円	円 1,000
資本準備金	33				
自己株式		▲100		①50	▲50
利益積立金		60	②50		10
差引合計額	36	960	50	50	960

※①自己株式の会計上の帳簿価額50の減少と、繰越利益剰余金の会計上の帳簿価額50の減少を記載する。
※②申告調整仕訳を反映させる。

4 「処分」の基本

　自己株式の処分は、新株発行と同様に株主から資金を調達する手段であり、新株を発行するか、旧株を再利用するかの違いにすぎません。そこで、新株発行と同じ手続（以下、株式の募集手続という。）が要求されます。株式の募集手続は、公開会社か閉鎖会社か、株主割当てか第三者割当てかにより異なります。

この本では、自己株式の処分を以下のように整理しています。ここでは、基本と位置づけた部分について説明しています。

=法務のポイント=

閉鎖会社の第三者割当てによる株式の募集手続では、原則として、株主総会の特別決議により募集事項を決定する必要があります。また、総数引受契約を締結する場合において、募集株式が譲渡制限株式であるときは、株主総会の特別決議（取締役会設置会社にあっては、取締役会の決議）により総数引受契約を承認する必要があります。

新株発行と異なり、自己株式の処分によって、資本金や発行済株式の総数は増加しないため登記の必要はありません。

=会計のポイント=

処分する自己株式の帳簿価額と払込金額の差額について、その他資本剰余金を増減させます。

自己株式処分の結果、その他資本剰余金の期末残高がマイナスとなっている場合には、その他資本剰余金のマイナス残高をゼロに戻し、その他利益剰余金に振り替えます。

=税務のポイント=

発行会社に課税関係は生じません。株主も自己株式を時価で処分する限りにおいて課税関係は生じません。特に同族会社においては、自己株式の処分価格を決定する際に、税務上の時価を考慮する必要があります。

手続：自己株式の処分（第三者割当＆閉鎖会社）

◆概要

最低所要日数	1 日 ＋ α
決議要件	株主総会特別決議（及び取締役会決議）
登記事項	なし

◆法定手続に沿った実務の流れ

手　　順	期　　限	必要資料
□ 事前の検討 　□ 財務諸表への影響 　□ 税務判断への影響		
□ 株主総会特別決議（会199②・205②・309②五） 　（募集事項の決定及び総数引受契約の承認決議）		株主総会議事録
または 　　□ 株主総会特別決議（会200①・309②五） 　　　（募集事項の決定を取締役会に委任する決議） 　　□ 取締役会決議（募集事項の決定決議）	株主総会の委任決議日から1年間	株主総会議事録 取締役会議事録
［総数引受の場合は不要］ □ 申込みをしようとする者への募集事項等の通知（会203①）（募集株式の割当手続における通知）	払込期日（もしくは払込期間の初日）の前日まで	通知書
［総数引受の場合は不要］ □ 募集株式引受けの申込み（会203②）	申込期間中	募集株式の引受け申込書
［総数引受の場合は不要］ □ 取締役会決議又は株主総会特別決議（会204①②・309②五）（募集株式の割当決議）	払込期日（払込期間の初日）の前日まで	取締役会議事録又は株主総会議事録
［総数引受の場合は不要］ □ 申込者への割当株式数の通知（会204③）	払込期日（払込期間の初日）の前日まで	割当通知書
□ 払込期日（会199①四） 　募集株式の引受人による出資の履行（会208①②・209①）		
□ 株主名簿の書換え（会132①三）		
□ 期中の会計処理		
□ 期末の会計処理 　□ その他資本剰余金の期末残高がマイナスの場合 　□ 株主資本等変動計算書 　□ 1株当たり当期純利益への影響		
□ 税務申告書の作成	決算日より2ヶ月以内	法人税申告書

4-1　発行会社の実務

STEP 1　事前の検討

(1)　財務諸表への影響

　自己株式を処分した場合、処分した自己株式の帳簿価額と払込金額の差額について、その他資本剰余金（又は利益剰余金）が増減します。金銭出資では、払込金額だけ財産が増えるため、総資産及び株主資本の金額が増加します。

　下記は自己株式50を30で処分し処分差損20が生じた場合です。

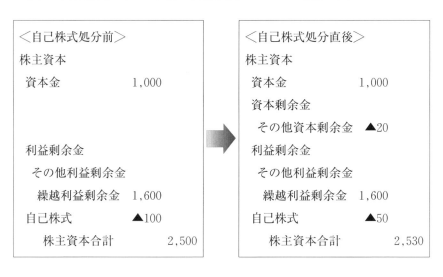

```
<自己株式処分前>                        <自己株式処分直後>
株主資本                                 株主資本
  資本金           1,000                   資本金           1,000
                                          資本剰余金
                                            その他資本剰余金  ▲20
  利益剰余金                               利益剰余金
    その他利益剰余金                         その他利益剰余金
    繰越利益剰余金  1,600                    繰越利益剰余金  1,600
  自己株式         ▲100                    自己株式         ▲50
    株主資本合計    2,500                     株主資本合計    2,530
```

(2)　税務判断への影響

　自己株式にかかわる取引を行うことにより、発行済株式数・自己株式の数・議決権の総数・税務上の資本金等の額に影響を及ぼします。持株割合基準・自己株式を除いた持株割合基準・議決権割合基準・資本金等基準を判断基準としている税務処理があるため、税務処理への影響を確認しておく必要があります。自己株式の処分についてまとめると以下のとおりです。

発行済株式数	―	持株割合基準	△
自己株式の数	↓	自己株式を除いた持株割合基準	○
議決権の総数	↑	議決権割合基準	○
資本金等の額	↑	資本金等基準	○

↑：増加　↓：減少　　　　　　　○：影響あり　△：場合により影響あり
―：変化なし　　　　　　　　　　―：影響なし

STEP 2-1 　募集事項の決定（会199）及び総数引受契約の承認（会205②）

　閉鎖会社の第三者割当てによる募集手続において、募集事項を決定するには、株主総会の特別決議が必要です（会199②・309②五）。なお、種類株式発行会社においては、処分する種類株式が譲渡制限株式の場合には、当該種類株式の種類株主総会特別決議も必要です（会199④・324②二）。

　また、閉鎖会社が総数引受契約を締結する場合、その契約に関する承認決議が必要となります。取締役会を設置していない会社では、株主総会特別決議にて承認します。以下の議案は募集事項の決定決議と同時に承認したケースを想定しています。一方、取締役会設置会社では、取締役会決議による承認が求められているため、別途、取締役会議事録の作成が必要です。決議機関について、定款に別段の定めを置くこともできます（会205②・309②五）。

臨時株主総会議事録　（議案部分のみ記載）

第1号議案　自己株式の処分に関する件
　議長は、下記のとおり自己株式を処分したい旨を述べ、議場に諮ったところ、満場一致をもって可決確定した。

記

① 募集株式の数　　　　　　　　　　　普通株式　　　　100株

② 募集株式の払込金額(*1)　　　　　1株につき金　　　　　円

③ 払込期日(*2)　　　　　　　　　　　令和　　年　　月　　日

④ 割当方法(*3)

　　処分する自己株式を次の者に割り当て、総数引受契約によって行う。

　　山田太郎　　　引受株式数 100株

⑤ 払込みの取扱い場所(*4)

　　所在地：　○○県○○市　　丁目　　番地

　　名　称：　　　　銀行　　　　支店

　　口　座：普通預金○○○○○○○　当社名義

第2号議案　総数引受契約の承認に関する件

　議長は、前号議案に係る別紙総数引受契約の承認につき、議場に諮ったところ、満場一致をもって承認可決した。

(*1)払込金額に代えて、払込金額の算定方法を定めることもできる。

(*2)払込期日に代えて、払込期間を定めることもできる。

(*3)実務では、株式引受人と話がついてから募集手続を行う。したがって、株式引受を勧誘する相手を定め、その後に申込と割当を行うという面倒な手続は想定し難い。一般的には、株式引受人と総数引受契約を締結し、募集事項決定時に割当てまで行う。

(*4)払込みの取扱い場所は、代表取締役の決定事項であるため、記載しなくても足りる。

【参考】

総数引受契約書の書式例は、以下の通りです。

募集株式総数引受契約書

（会社法第205条の契約書）

　　　　　　　　　　　　　　　　　　　令和　　年　月　　日

（甲）株式引受人

　　住所：○○県○○市　　丁目　　番地

　　氏名：山田太郎

（乙）本店：○○県○○市　　丁目　　番地

　　商号：株式会社○○○○

　　　　代表取締役　　○○○○

　上記甲は、乙に対し下記内容で募集株式総数引受契約の締結を申し込み、乙はこれを承諾した。

記

① 　募集株式の数　　　　普通株式　100株
② 　募集株式の払込金額　1株につき金　　円
③ 　払込期日　　　　　　令和　年　　月　　日
④ 　増加する資本金及び資本準備金に関する事項
　　増加する資本金　　　1株につき金　　円
　　増加する資本準備金　1株につき金　　円
⑤ 　払込みの取扱い場所
　　所在地：○○県○○市　　丁目　　番地
　　名称：○○銀行○○支店
　　口座：普通預金○○○○○○○　当社名義

STEP 2-2　募集事項の決定の委任（会200）

　株主総会で募集事項を決議する場合には、自己株式の処分を行うごとに株主総会を開催しなければなりません。そのような方法に代えて、自己株式の処分を機動的に行うために、株主総会の特別決議により募集事項の決定を当該決議の日から1年間、取締役又は取締役会に委任することができます（会200①・③、309②五）。

臨時株主総会議事録（議案部分のみ記載）

議　案　募集株式の発行等について募集事項の決定を取締役会へ委任する件
　議長は、募集株式の発行等について、その募集事項の決定を会社法第200条第1項に基づき、下記の要領により取締役会に委任したい旨を述べ、議場に諮ったところ、満場一致をもって可決確定した。

記

① 　募集株式の数の上限　　　　　　　　　　普通株式　　　　　株

② 払込金額の下限	1株につき金	円

※募集事項の決定決議に係る取締役会議事録は、STEP 2-1 にある株主総会議事録を参照のこと。

STEP 3　申込みをしようとする者への募集事項等の通知(会203①)
＝総数引受契約(会205)を締結する場合は、この手続は不要です。＝

株式引受の勧誘相手に対して通知します。会社法施行前に求められていた株式申込証による通知は不要ですが、当該通知書に申込書（66頁参照）を同封するのが一般的です。

通知書

（会社法第203条第1項の通知書）

令和　　年　　月　　日

○○○○　様

本店　○○県○○市　　丁目　　番地
商号　株式会社○○○○
代表取締役　○○○○

　会社法第203条に基づき、募集株式の引受けの申込みに関する事項を下記のとおり、ご通知申し上げます。

1．商　号　株式会社○○○○
2．募集事項
　　① 募集株式の数　　　　　　　　普通株式　　　　　株
　　② 募集株式の払込金額　　　　　1株につき金　　　　円
　　③ 払込期日　　　　　　　　　　令和　　年　　月　　日
3．申込期間(*1)　令和　　年　　月　　日まで
4．払込みの取扱い場所
　　所在地：　○○県○○市　　丁目　　番地
　　名　称：　　　銀行　　　支店
　　口　座：普通預金○○○○○○○　当社名義

5．その他の事項

① 発行可能株式総数　　　　　株

② 当会社の株式を譲渡するには取締役会の承認を要します。(＊2)

③ 当会社は、種類株式発行会社ではありません。(＊3)

④ 当会社には単元株式数についての定款の定めはありません。(＊4)

⑤ その他会社法施行規則第41条第 5 号以下に関する事項はありません。(＊5、＊6)

以上

(＊1)申込期間は法定通知事項ではない。事務処理の便宜のために通知する。

(＊2)発行する全部の株式の内容として会社法107条 1 項各号に掲げる事項（株式譲渡制限、取得請求権、取得条項のいずれか）を定款に定めているときは、その株式の内容を通知する（会規41二）。

(＊3)種類株式発行会社は、すでに種類株式を発行しているか否かに係らず、定款に定める各種類株式の内容（会社法108条 3 項により、内容を発行時に確定することを定款で定めている場合には、内容の要綱）を通知する（会規41三）。

(＊4)単元株式数を定めているときは、単元株式数を通知する（会規41四）。

(＊5)その他の定款の定めの内容は次のとおり（会規41五）。

会139①	株式譲渡承認機関に関する別段の定め
会140⑤	株式譲渡請求を承認しない場合の指定買取人に関する別段の定め
会145一	株式譲渡請求承認決議の結果の通知について、承認したとみなされる通知期限の短縮に関する別段の定め
会145二	会社又は指定買取人による買取通知について、承認したとみなされる通知期限の短縮に関する別段の定め
会164①	特定株主から自己株式を合意取得する際に、他の株主に売主追加請求権を付与しない旨の定め
会167③	取得請求権付株式の取得対価として交付する他の種類株式に端数が生じた場合に関する別段の定め
会168①	取得条項付株式の取得事由を会社が別に定める日が到来することとしている場合における当該日を定める機関に関する別段の定め
会169②	取得条項付株式の一部を取得する場合における取得する株式の決定方法に関する別段の定め
会174	相続人等に対して株式の売渡しを請求することができる旨の定め
会347	種類株主総会における取締役又は監査役の選任に関する定め

会規26一・二	供託を証する書面の交付について、承認したとみなされる交付期限の短縮に関する別段の定め

(*6)株主名簿管理人に関する定款の定め、申込みをしようとする者からの通知請求事項も必要に応じて通知する（会規41六・七）。

STEP 4　募集株式引受けの申込み（会203②）

　　　　　　＝総数引受契約（会205）を締結する場合は、この手続は不要です。＝

　株式の申込みは、①申込者の氏名（名称）・住所、②引受株式数を記載した書面を会社に交付することにより行われます（会203②）。

募集株式の引受け申込書

（会社法第203条第2項の申込書）

令和　　年　　月　　日

株式会社〇〇〇〇　　御中

（申込人）

住所：　〇〇県〇〇市　　丁目　　番地

氏名：　〇〇〇〇　　㊞

　払込期日を令和　　年　　月　　日とする貴社の募集株式の交付につき、会社法の規定に基づき、下記のとおり株式の引受けを申し込みます。

記

1．引き受けようとする募集株式の数　　　　　普通株式　　　　株

以上

STEP 5　募集株式の割当決議（会204①②・309②五）

　　　　　　＝総数引受契約（会205）を締結する場合は、この手続は不要です。＝

申込者に株式を割り当てるには、次の機関による決議が必要です。決議機関

について、定款に別段の定めを置くこともできます。

募集株式が譲渡制限のない株式	代表取締役
募集株式が譲渡制限株式	
取締役会設置会社	取締役会決議
取締役会非設置会社	株主総会特別決議

取締役会議事録（議案部分のみ記載）

　議　案　募集株式の割当ての件
　　議長は、令和　　年　　月　　日開催の株主総会において決議された自己株式の処分について、令和　　年　　月　　日までにされた申込みに対し下記のとおり割当てをしたい旨を述べたところ、満場一致をもってこれを承認可決した。

記

割当てを受ける申込人の住所・氏名と割り当てる株式の種類と数

申込人の住所・氏名	割り当てる株式の種類と数
○○県○○市　　丁目　　番地 　　山田太郎	普通株式　　　　　株
（以下、略）	

STEP 6 　申込者への割当株式数の通知（会204③）

　　　　　　　　＝総数引受契約（会205）を締結する場合は、この手続は不要です。＝
　申込者に対し、払込期日（払込期間を定めた場合は払込期間の初日）の前日までに割当株式数を通知します。

割当通知書

（会社法第204条第3項の通知書）

令和　　年　　月　　日

〇〇〇〇　様

本店　〇〇県〇〇市　　丁目　　番地
商号　株式会社〇〇〇〇
代表取締役　〇〇〇〇　㊞

　払込期日を令和　　年　　月　　日とする当社の募集株式の発行につき、会社法の規定に基づき、下記のとおり株式を割り当てます。

記

1．割り当てる募集株式の数　　　　　　　　普通株式　　　　　　株

以上

STEP 7　出資の履行と効力発生

　募集株式の引受人は払込期日又は払込期間内に、払込金額の全額について金銭の払込みを行う必要があります（会208①）。募集株式の引受人は払込期日又は払込期間中における出資履行日に募集株式の株主となります（会209①）。

　株券を実際に発行している会社は、自己株式処分の効力（出資の効力）発生後遅滞なく、自己株式に係る株券を交付しなければなりません。

　なお、総数引受契約の承認が必要であるにも係わらず、払込期日又は払込期間内に、総数引受契約の承認決議が行われない場合には、自己株式処分の効力は生じないものと考えられます。

STEP 8　株主名簿の書換え

　会社が自己株式を処分した場合には、会社自体がその事実を知っていますので、株主からの請求なくして、会社が株主名簿を書き換えなければなりません

（会132①三）。

STEP 9　期中の会計処理

　処分する自己株式の帳簿価額と払込金額の差額について、その他資本剰余金を増減させます（計規14②一、自己株式基準 9・10）。個別貸借対照表上のその他資本剰余金は、従来、減資差益や自己株式処分差益など、その内訳を示す科目で表示されていました。しかし、株主資本等変動計算書により当期の変動状況が把握できるようになったことから、その他資本剰余金の内訳を表示しない取扱いに変更されています（純資産の部基準34）。

　保有している自己株式の一部を処分する場合には、会計方針（有価証券の評価方法－移動平均法又は総平均法）に基づいて、株式の種類ごとに 1 単位当たりの帳簿価額を算出する必要があります（自己株式基準13）。

　株式交付費(新株発行・自己株式処分に係る費用)は原則、支出時に営業外費用として処理されます。ただし、企業規模拡大のための資金調達に係る費用については繰延資産に計上できます。その場合には、株式交付時から 3 年以内のその効果の及ぶ期間にわたって、定額法で償却します。なお、繰延資産は従来、年数按分で償却していましたが月数按分で償却することとなりました（繰延資産の会計処理に関する当面の取扱い 3 (1)）。

　仕訳は、払込期日又は払込期間中における出資履行日に計上します（自己株式指針 5 ）。

＜会計上の仕訳＞

	(借方)				数	(貸方)				数
	(借方)現　預　金				30	(貸方)自　己　株　式				50
	その他資本剰余金				20					
	株 式 交 付 費				5	現　預　金				5

　払込期日(払込期間を定めた場合は払込期間の初日)より前に払込みが行われた場合には、自己株式申込証拠金で処理しておきます。

＜会計上の仕訳＞

i　払い込まれた日

（借方）現　預　金　　　30　　　　（貸方）自己株式申込証拠金　30

ii　払込期日（払込期間を定めた場合は払込期間の初日）

（借方）自己株式申込証拠金　30　　　　（貸方）自　己　株　式　　　50

　　　　その他資本剰余金　　20

　なお、自己株式の処分と同時に新株発行を行う場合には、増減する株主資本の内訳について、別途考慮すべき点があります（**Q-67**参照）。

　また、財貨の取得の対価として自社の株式を用いる取引（新株発行・自己株式処分どちらも該当）は、ストック・オプション等会計基準の適用対象にもなっていますが、金銭出資の場合には、とりたてて考慮すべき点はありません（ストック・オプション基準15参照）。

STEP 10　期末の会計処理

(1)　その他資本剰余金の期末残高がマイナスの場合

　会計上、その他資本剰余金の残高が期末にマイナスであることは認められません。自己株式処分の結果、その他資本剰余金の期末残高がマイナスとなっている場合には、その他資本剰余金のマイナス残高をゼロに戻し、その他利益剰余金に振り替えます（計規27③・29③、自己株式基準12・40〜43）。

　なお、中間決算や臨時決算の決算日においても、その他資本剰余金の残高がマイナスである場合には、その他利益剰余金に振り替えることになります。年度決算においては、中間決算等による振替処理を取り消したうえで、その他資本剰余金の期末残高がマイナスであるか否かを判断することになります（自己株式基準42）。

＜会計上の仕訳＞

（借方）繰越利益剰余金　　　20　　　　（貸方）その他資本剰余金　　20

```
＜振替前＞                              ＜振替後＞
株主資本                               株主資本
 資本金          1,000                  資本金          1,000
 資本剰余金
  その他資本剰余金  ▲20
 利益剰余金                              利益剰余金
  その他利益剰余金                         その他利益剰余金
   繰越利益剰余金  2,100                    繰越利益剰余金  2,080
 自己株式         ▲50                   自己株式         ▲50
   株主資本合計    3,030                    株主資本合計    3,030
```

(2) 株主資本等変動計算書

　自己株式の処分により、その他資本剰余金（その他利益剰余金）と自己株式の金額に変動が生じますので、株主資本等変動計算書にその変動を反映させる必要があります。

株主資本等変動計算書

自　令和　　年　　月　　日
至　令和　　年　　月　　日

	株主資本							純資産合計
			利益剰余金					
				その他の利益剰余金				
	資本金	利益準備金	××積立金	繰越利益剰余金	利益剰余金合計	自己株式	株主資本合計	
当期首残高	1,000	省略	0	0	1,600	1,600	△100	2,500	省略	2,500
当期変動額						0		0	0
当期純利益				500	500		500	500
自己株式の処分				△20	△20	50	30	30
当期変動額合計	0		0	0	480	480	50	530	530
当期末残高	1,000		0	0	2,080	2,080	△50	3,030	3,030

72

株主資本等変動計算書に関する注記（計規105参照）

① 当該事業年度の末日における発行済株式の数：普通株式○○○株

② 当該事業年度の末日における自己株式の数　：普通株式　○○株

③ 当該事業年度中に行った剰余金の配当　　　：該当なし

④ 当該事業年度の末日後に行った剰余金の配当：該当なし

⑤ 重要な変動事由：令和○年○月○日に自己株式○○株（帳簿価額50）を
　　　　　　　　　処分し、現金30の払込みを受けている。

(3) 1株当たり当期純利益への影響

　1株当たり当期純利益は、発行済株式の総数から自己株式数を控除した株式数により算定します（1株当たり当期純利益基準12・17・50）。自己株式を処分した場合、自己株式数が減少する一方で、発行済株式の総数に変動がないため、処分により発行済株式の総数から自己株式数を控除した株式数が増加します。したがって、1株当たり当期純利益は減少します。

　1株当たり当期純利益は、会計監査人設置会社もしくは公開会社のいずれかに該当する場合には注記が必要です（計規98）。

STEP 11　税務申告書の作成

　会計上は自己株式処分差損益についてその他資本剰余金（又はその他利益剰余金）の減少又は増加として処理するのに対し、税務上は払込金額について資本金等の額を増加させるため、申告調整が必要となります。

　自己株式処分の費用は税務上、繰延資産（法令14①四）に該当するので随意償却が認められます。したがって、株式交付費について申告調整が必要となることは少ないものと思われます。

◆ケース1（その他資本剰余金の期末残高がプラスの場合）

＜会計上の仕訳＞

（借方）現　預　金　　　30　　　（貸方）自　己　株　式　　　50

　　　　その他資本剰余金　20

＜税務上の仕訳＞

　　（借方）現　　預　　金　　　30　　　（貸方）資　本　金　等　　　30

＜申告調整仕訳＞

　　（借方）資　本　金　等　　　50　　　（貸方）資　本　金　等　　　20
　　　　　　（自　己　株　式）　　　　　　　　　（その他資本剰余金）

　　　　　　　　　　　　　　　　　　　　　　　資　本　金　等　　　30

よって、

　　　　　　仕訳なし（借方と貸方が同じ科目であるため相殺されてしまう）

別表五(一)Ⅱ		資本金等の額の計算に関する明細書			
区　　　分		期首現在資本金等の額	当期の増減		差引翌期首現在資本金等の額①－②＋③
			減	増	
		①	②	③	④
資本金又は出資金	32	1,000	円	円	円 1,000
資本準備金	33				
その他資本剰余金		200	①20		180
自己株式		▲100		①50	▲50
利益積立金		60			60
差引合計額	36	1,160	20	50	1,190

※①自己株式の会計上の帳簿価額50の減少と、その他資本剰余金の会計上の帳簿価額20の減少を記載する。
※②申告調整仕訳なし。

◆ケース2（その他資本剰余金の期末残高がマイナスの場合）

＜会計上の仕訳＞

　　　（借方）現　　預　　金　　　30　　　（貸方）自　己　株　式　　　50
　　　　　　　その他資本剰余金　　20

　　　（借方）繰越利益剰余金　　　20　　　（貸方）その他資本剰余金　　20

＜税務上の仕訳＞

(借方) 現　預　金　　30　　　(貸方) 資　本　金　等　　30

＜申告調整仕訳＞

(借方) 資　本　金　等　　50　　　(貸方) 利　益　積　立　金　　20
　　　　(自　己　株　式)

　　　　　　　　　　　　　　　　　　　　　資　本　金　等　　30

よって、

(借方) 資　本　金　等　　20　　　(貸方) 利　益　積　立　金　　20

別表五(一) I		利益積立金額の計算に関する明細書			
区　分		期首現在 利益積立金額	当期の増減		差引翌期首現在 利益積立金額 ①－②＋③
			減	増	
		①	②	③	④
利益準備金	1				
積立金	2				
資本金等	3	▲60		②20	▲40
繰越欠損金 (損は赤)	26	1,600	①20	500	2,080
差引合計額	31	1,540	20	520	2,040

別表五(一) II		資本金等の額の計算に関する明細書			
区　分		期首現在 資本金等の額	当期の増減		差引翌期首現在 資本金等の額 ①－②＋③
			減	増	
		①	②	③	④
資本金又は出資金	32	円 1,000	円	円	円 1,000
資本準備金	33				
自己株式		▲100		①50	▲50
利益積立金		60	②20		40
差引合計額	36	960	20	50	990

※①自己株式の会計上の帳簿価額50の減少と、繰越利益剰余金の会計上の帳簿価額20の減少を記載する。
※②申告調整仕訳を反映させる。

4-2　法人株主の実務

1)　出資時の会計処理

　払込金額（金銭の払込額）に付随費用を加算した額を有価証券の取得価額とします。金融資産の発生は約定日に認識するとされていますが（金融商品会計基準7）、個別取引ではなく、制度的手続に基づく有価証券の取得であることから、仕訳は、払込期日または払込期間中における出資履行日に計上します。

＜会計上の仕訳＞

　　　（借方）投 資 有 価 証 券　　　　30　　　　（貸方）現　　預　　金　　　　30

2)　出資時の税務処理

　払込金額に付随費用を加算した額を有価証券の取得価額とします（法令119①二）。したがって申告調整は不要です。

　なお、自己株式を時価で取得する限り、株主間で経済的利益の移転が生じないため、取引当事者でない株主も含め、株主に受贈益課税等の課税関係が生じることはありません。

＜税務上の仕訳＞

　　　（借方）投 資 有 価 証 券　　　　30　　　　（貸方）現　　預　　金　　　　30

＜申告調整仕訳＞

　　　　　　仕訳なし

4-3 個人株主の実務
（出資時の会計・税務処理）

　払込金額に付随費用を加算した額を有価証券の取得価額とします（所令109①一）。

　なお、自己株式を時価で取得する限り、株主間で経済的利益の移転が生じないため、取引当事者でない株主も含め、株主に受贈益課税等の課税関係が生じることはありません。

第3章

自己株式の実務
Q&A

1 「取得」の Q&A

Q-1　譲渡制限株式を発行会社に譲渡する場合に、会社の承認手続は必要ですか？

A　譲渡制限株式の株主は、その株式を他人に譲渡するときは、発行会社にその譲渡承認を請求する必要があります。

しかし、発行会社に譲渡する場合には、譲渡承認の請求手続は不要です（会136かっこ書）。

Q-2　株式会社は、どのような場合に自社の発行した株式を取得することができますか？

A　自己株式を取得できる場合は、会社法155条に限定列挙されています。同条には、発行会社と株主の合意による取得が定められているため、かなり自由に自己株式を取得できるようになりました。

しかし、多くの場合は分配可能額の範囲内でしか自己株式を取得できないなどの財源規制が設けられています。分配可能額の規制は、原則として会社法461条にまとめられ、統一されています。

財源規制違反があった場合には、分配をした金銭等の帳簿価額相当額を支払う義務を一定の者に負わせる規定があります（会462）。このような一般的な規定がふさわしくないものについては、別途異なる形での財源規制が設けられているか、あるいは財源規制が課されていません。

自己株式を取得できる場合をまとめると次のようになります。

根拠規定	自己株式の取得が可能な場合	手続規定
会155一	取得条項付株式の取得	会168～170
会155二	譲渡制限株式の譲渡非承認による取得	会140・141・144
会155三	株主との合意による取得	会156～165
会155四	取得請求権付株式の取得	会166・167
会155五	全部取得条項付種類株式の取得	会171～173の2
会155六	相続人等に対する売渡しの請求	会174～177
会155七	単元未満株式の買取り	会192・193
会155八	所在不明株主の株式の買取り	会197③④
会155九	端数株式の買取り	会234・235
会155十	他の会社の事業の全部譲受け	会467②参照
会155十一	合併による承継	会795③参照
会155十二	吸収分割による承継	会795③参照
会規27一	無償取得	手続規定なし
会規27二	剰余金の配当等による取得	手続規定なし
会規27三	他の法人が行う組織変更・合併・株式交換・取得条項付株式の取得・全部取得条項付種類株式の取得の対価としての取得	手続規定なし
会規27四	他の法人が行う新株予約権等の取得の対価としての取得	手続規定なし
会規27五	反対株主の株式買取請求権（※）	会116・182の4・469・785・797・806
会規27六	合併消滅法人等（会社を除く）からの承継取得	手続規定なし
会規27七	他の法人(会社及び外国会社を除く)の事業の全部譲受け	手続規定なし
会規27八	目的達成のために自己株式の取得が必要不可欠な場合	手続既定なし

※平成26年会社法により、①株式併合により端数が生じる場合の反対株主の株式買取請求制度の創設（会182の4）、②買取請求時の株券提出の義務付け及び買取請求手続中の株主名簿の名義書換禁止、③簡易組織再編時に買取請求を不可とする措置等が講じられています。

Q-3 分配可能額の規制（財源規制）について教えてください。

A 会社法では、自己株式の有償取得を資本の払戻しであると考えて、財源規制を設けています。会社法における財源規制は原則として配当等の制限として統一的に規制されました（会461）。この規定に違反した場

合には、取締役等が連帯して特殊な責任を負うこととしています（会462）。

　このような責任を課すことがふさわしくない取得請求権付株式や取得条項付株式の取得については、別途財源規制が設けられています。

　なお、自己株式の取得が可能な場合と財源規制との関係は、次表のとおりです。財源規制の根拠は債権者の保護のためですし、また、会社単独の恣意的決定が不可能な場合にまで規制の対象とするのは行き過ぎですから、それらの場合は規制の対象から除外されています。

根拠規定	自己株式の取得が可能な場合	財源規制	規制の内容等
会155一	取得条項付株式の取得	会170⑤	会461の分配可能額を超えて自社の株式以外の対価を交付する場合は、取得の効力が生じない。
会155二	譲渡制限株式の譲渡非承認による取得	会461①一	会461により、分配可能額を超える自社の株式以外の対価を交付してはならない。超過した場合は、会462により、金銭等の交付を受けた者、業務執行者その他一定の者に、交付した金銭等の全額の支払い義務が生じる。
会155三	株主との合意による取得	会461① 二・三	
会155四	取得請求権付株式の取得	会166①ただし書	会461の分配可能額を超えて自社の株式以外の対価を交付する場合は、株主が取得を請求できない。
会155五	全部取得条項付種類株式の取得	会461①四	上記の会461、462の規制
会155六	相続人等に対する売渡しの請求	会461①五	
会155七	単元未満株式の買取り	財源規制なし	単元未満株主の投資回収の機会を確保するため、規制を設けない。
会155八	所在不明株主の株式の買取り	会461①六	上記の会461、462の規制
会155九	端数株式の買取り	会461①七	
会155十	他の会社の事業の全部譲受け	財源規制なし	合併と実質的に同じであるため、規制を設けない。
会155十一	合併による承継	財源規制なし	
会155十二	吸収分割による承継	財源規制なし	
会規27一	無償取得	財源規制なし	

会規27二	剰余金の配当等による取得	財源規制なし	
会規27三	他の法人が行う組織変更・合併・株式交換・取得条項付株式の取得・全部取得条項付種類株式の取得の対価としての取得	財源規制なし	
会規27四	他の法人が行う新株予約権等の取得の対価としての取得	財源規制なし	
会規27五	反対株主の株式買取請求権	会464①（組織再編を除く）（※）	職務執行者が、注意を怠らなかったことを証明した場合を除き、連帯して分配可能超過額を支払う義務が生じる。
会規27六	合併消滅法人等（会社を除く）からの承継取得	財源規制なし	
会規27七	他の法人（会社及び外国会社を除く）の事業の全部譲受け	財源規制なし	
会規27八	目的達成のために自己株式の取得が必要不可欠な場合	財源規制なし	債務者に他にみるべき資産がない場合における質権実行など。（商事法務1867号48頁参照）

※ 平成26年会社法により新設された「株式併合により端数が生じる場合の反対株主の株式買取請求」についても財源規制が課されます。

Q-4 発行会社が自己株式を取得する場合の会社法に規定する「合意による取得」とは何ですか。

A 会社法155条3号、同156条1項における「合意による取得」とは、実際に発行会社が自己株式を取得する場面で、発行会社と株主との間で合意が成立して取得する場合をいいます。発行会社が、自己が発行した株式の質権者・譲渡担保権者となっていた場合、この質権・譲渡担保権の実行により株式を発行会社に帰属させる行為も、合意による取得に該当します（会規27八に該当する場合を除く）。

これらの場合の取得には、156条以下（会社法第2編第2章第4節第2款）の手続により自己株式を取得する必要があります（第2章「取得」の基本参照）。

　合意の範囲を広く捉え「定款又は株主総会の決議に従う」とするものを合意の範囲に含めると、取得請求権付株式・取得条項付株式・全部取得条項付種類株式など、すべての株式の取得形態が「合意による取得」に含まれてしまいます。しかし、この156条以下の規定による合意は、取得請求権付株式・取得条項付株式・全部取得条項付種類株式の取得を含みません。さらに、条文に「有償で取得」とあるため、無償による取得も含みません。

　なお、旧商法210条では、「買受」という用語が使われてきましたが、質権等の実行や、交換などの取引までを含むことを明らかにするため、会社法では「有償で取得」という用語を使用しています。

Q-5 発行会社が株主との合意により、無償で自己株式を取得した場合と、有償で取得した場合は、取得手続は同じですか。

　発行会社が株主との合意により自己株式を取得する方法として、有償取得と無償取得があります。

1　有償取得の場合

　会社法155条3号の取得（合意による取得）は、有償により株主との合意が成立して取得するものに限られます。有償取得の場合は、株主間の平等や債権者保護を考えて、厳格な手続が用意されています（「取得」の基本参照）。具体的には、株主総会の決議や取締役会の決議、株主に対する通知などの手続です。

2　無償取得の場合

　株主との合意により無償で自己株式を取得した場合には、会社法155条3号、同156条以下（会社法第2編第2章第4節第2款）の規定の適用はありません。無償取得は、会社法155条13号、会社規27条1号に規定されています。この場合は、何らの会社法上の手続なく自己株式を取得することができます。

　無償で取得する場合は、特定の株主のみが投下資本を回収することにはならず、既存株主さらに債権者を害することにもならないため、特別な手続を不要としているのです。

Q-6 発行会社が自己の株式を合意取得する際に交付する対価はどのようなものでもよいのでしょうか。

A 会社法156条1項2号では、「株式を取得するのと引換えに交付する金銭等」とされていますので、経済的な価値があるものが、自己の株式の取得の対価になります。

しかし、自己の株式を合意取得する対価として、新株を発行したり、すでに所有している自己株式を交付することはできません。これは同号かっこ書で、引換えに交付する金銭等の財産からは、発行会社の株式、社債及び新株予約権が除外されているためです（「株式等」の定義について会107②二ホ参照）。

このため、種類株式発行会社が取得条項付株式の取得の対価として他の種類の株式を交付する場合のように（会108②六ロ）、他の種類株式を交付することはできません。

なぜこのような制限が設けられているのでしょうか。自己株式の処分は、資本金・準備金の増加を伴わない点を別にすると新株の発行と異ならないため、会社法では、新株の発行とまとめて株式の募集手続として整理しています（会199）。自己の株式の取得対価に他の種類の株式を交付できない理由は、募集手続と自己の株式の取得手続が整合的に整理できないためといわれています。

社債や新株予約権についても同様に、その募集行為と自己の株式の取得行為との手続的整合性が保てないためと考えられます。

Q-7　自己株式の1株あたり取得価格は、必ずしも割り切れる金額である必要はありませんか？

A　必ずしも割り切れる金額である必要はありません。

実務では、事前に特定の株主から取得価格の合意を得た上で、自己株式取得の手続きを進めることが多いと思われます。例えば、特定の株主が保有する57株について200万円で取得する合意が得られた場合、取締役会等で決議する自己株式の1株あたり取得価格は35,087.7193…円となり割り切れません。

自己株式の1株あたり取得価格は、その算定方法を定めても良いため（会157①二）、このような場合は「1株あたりの取得価格　200万円を57で除した額」と決議します。

Q-8　自己の株式の合意取得の場合の、株式の譲渡しの申込みの期日について教えてください。

A　自己の株式の合意取得の場合には、株主総会の授権決議を経て（会156①）、取得価格等を取締役会の決議（取締役会非設置会社の場合は取締役の決定）により定めます（会157②）。

この取締役会決議において株式の譲渡しの申込期日を定めます（会157①四）。申込期日までの最低期間、最長期間等は、会社法上特に定められていませんが、株主総会において決議した「株式を取得することができる期間」を超えることはできません（会156①三参照）。

この申込期日において、自己株式の売買が成立します（会159②）。

Q-9 発行会社が決定した取得総数よりも株主からの売却希望総数が上回った場合には、どうなりますか？

A 　自己株式を株主との合意により取得する場合には、株主から譲渡しの申込みを受けます（会159①）。

　株主が申込みをした株式の総数（申込総数といいます）が、発行会社が決定した取得する株式の数（取得総数といいます）を上回ることがあります。この場合には、発行会社は次の算式により計算した株式の譲受けを承諾したものとみなされます（会159②）。これは、株主間の平等に考慮した規定です。

> 各株主から譲り受ける株式数＝各株主の申込株式数×取得総数÷申込総数
> （1株未満の端数がある場合には、切り捨てます）

Q-10 発行会社が決定した取得総数よりも株主からの売却希望総数が下回った場合には、どうなりますか？

A 　譲渡しの申込みがされた自己株式を取得して、取得手続を終了させることができます。

　「株式を取得することができる期間」内であれば、株主総会で定めた条件の範囲内で、取締役会（取締役会非設置会社の場合は取締役の決定）で再度新しい条件を定めることも可能です。

　この場合には、当初の条件で発行会社に株式を譲渡した株主と新しい条件で株式を譲渡した株主との間で、異なる金額となることもありえます。

Q-11　自己株式取得の効力発生日はいつになりますか？

A　株主から他の株主への株式譲渡の効力発生日は、株券発行会社以外の会社では、契約で定めた日だと思われますが、株券発行会社では、株券交付日だとされています（会128①）。

しかし、それは一般の個々の取引の場合であり、発行会社が当事者となる場合には、自己株式の処分あるいは取得として株主総会の決議等が必要となりますから、自己株式の処分の場合、期日を定めたときは「期日」に、期間を定めたときは「出資履行日」に、取得の場合には「申込期日」に効力が生じるものとされています（会209①・159②）。

したがって、発行会社への株券の引渡しは、自己株式取得の効力が発生した後の履行の問題だと思われます。

なお、反対株主からの買取請求に伴う自己株式の取得の効力発生日は、従来は制度ごとにバラバラに規定されていましたが、平成26年会社法では、その行為の効力発生日に統一されると共に（会117⑥・182の5⑥・786⑥など）、請求株主に株券の提出義務が課されました（会116⑥・182の4⑤・785⑥など）。

Q-12　自己株式を取得する際に、発行会社と株主との間で株式譲渡契約書を作成する必要はありますか？

A　株式の発行や自己株式の処分の際に株式譲渡契約を締結しないのと同様に、作成する必要はありません。

自己株式の取得は、複数の株主から株式の譲渡しの申込みを受けた場合でも、申込期日において一括的にその効力が生じるものとされています。また、申し込まれた株式数が取得する株式数を超える場合には、申し込まれた株式数に応じて按分して株式を取得することになります（会159②）。

実務では、株主から株式譲渡契約書の作成を求められることもあると思われ

88

ますが、それは確認の意味に過ぎず、その株式譲渡契約書に記載された約定日や譲渡する株式の数は、自己株式取得の効力発生日や各株主から取得する株式の数とは何ら関係ありません。

Q-13 合意による取得の場合の、株主総会の授権決議について教えてください。

A この授権決議は原則として、株主総会の普通決議で決議します。しかし、すべての株主に譲渡しの通知をするのではなく、特定の株主にのみ譲渡しの通知をし、その者からのみ取得する場合には、特別決議が必要です（会309②二かっこ書）。

Q-14 株主総会で株式を発行会社に売却しようとする株主は、授権決議をする際に議決権がありますか。

A 1 原則
自己の株式を合意により発行会社が取得する場合には（会155三）、株主総会の決議が必要です（会156①）。原則として株式を売却しようと考えている株主も、自己の株式の売却が議案になっていない限り、この株主総会で議決権を行使することができます。

2 特定の株主に通知する場合

株主総会において、特定の株主に取得価格等の決定事項の通知をする旨の決議をする場合は、この「特定の株主」は議決権を行使することができません（会160①④）。これは、この特定の株主自身を当事者とする議題についての決議だからです。また、売主追加請求権を行使した株主も（会160③）、この特定の株主に含まれることになりますので、同様に議決権を行使できません。複数株主から自己株式を取得する場合においても、1つの自己株式取得議案として

決議すべきであり、株主Aから自己株式を取得する議案に対して、株主Bが議決権を行使するというケースは想定されません。

　ただし、特定の株主以外の株主全員が、この株主総会において議決権を行使することができなくなる場合は、特定の株主は議決権を行使することができます（会160④ただし書）。例えば、株主が1人しかいない場合などがこの例です。

Q-15　株主総会で決定する「特定の株主」は、複数でもよいのですか？

A　自己株式の合意取得をする相手となる「特定の株主」の人数に制限はありません。1名でも複数名でもかまいません。第2章「取得」の基本では2名の例を挙げていますので、ご覧ください。

Q-16　発行会社は株主に対して、売主追加請求をすることができる旨の通知をする必要がありますが、この期間を教えてください。

A　**1　売主追加請求権**

　特定の株主との間で合意による取得をする場合には、株主総会での授権決議において（会156①）、特定の株主に対してのみ取得価格等の通知をする旨の決議（特別決議）をすることができます（会160①）。

　この取得価格等の通知を受けた株主のみが、発行会社に対して自己株式の譲渡しの申込みができることになり、それ以外の株主は、自己株式の譲渡ができません。

　そこで、会社法は、会社法160条1項の決議をするときは、事前に株主が自己も取得価格を通知する特定の株主に加えるように発行会社に請求できることとしました（売主追加請求権、会160③）。

2　発行会社からの通知

　発行会社は、株主に対しこの売主追加請求権を行使できる旨、通知をする必要があります（会160②）。

　この通知期間は、原則として株主総会の日の2週間前ですが、以下の場合には、それぞれに定める時となります（会規28）。

① 　株主総会の招集通知の発すべき時が株主総会の日の2週間を下回る期間（1週間以上の期間に限る）前である場合　招集通知を発すべき時

② 　株主総会の招集通知の発すべき時が株主総会の日の1週間を下回る期間前である場合　株主総会の日の1週間前

③ 　会社法300条の規定により、招集通知を発せずに株主総会を開催する場合　株主総会の日の1週間前

　この通知を受けた株主が売主追加請求権を行使する場合には、株主総会の日の5日前までに発行会社に対し請求しなければなりません。ただし、定款でこれを下回る期間を定めた場合には、その期間となります（会160③、会規29）。

　この場合の期間の計算は原則として初日不算入として計算します（民法140）。例えば、上記の2週間前とは、通知日と株主総会の日の間に2週間の期間があることをいい、4月1日に通知した場合は、4月16日以降に株主総会を開くことができます。

Q-17　売主追加請求をすることができる旨の通知が不要又は売主追加請求権がない場合とはどういう場合でしょうか。

Ⓐ
1　売主追加請求権の通知と請求

　発行会社が、自己の株式を特定の株主から取得しようとする場合には（会156・160等）、原則として全株主に対し売主追加請求権を行使できる旨の通知をする必要があります（会160②）。特定の株主以外の株主は、この通知に対し売主追加請求権の行使をすることができます（会160③）。

2　通知・請求ができない場合

ただし、この通知・請求は、以下の 4 つの場合には適用がありません。

根　拠	内　　　容	理　　　由
会161	市場価格のある株式を市場価格以下の価格で取得する場合	この場合、株主は市場での売却ができるため、通知・請求の規定は不要です。
会162	相続人等の一般承継人から取得する場合	発行会社にとって好ましくない一般承継人の排除を容易にするため、他の株主の追加を排除しています。ただし、発行会社が公開会社である場合、及び相続人等が、株主総会・種類株主総会において、議決権を行使した場合は、この規定の適用はありません。
会163	子会社から取得する場合	
会164	会160②③の規定を適用しない旨の定款の定めがある場合	事前の通知・請求を不要とする旨の定款の定めがある場合です。株式の発行後に定款変更してこの定めを設ける又は変更する場合（廃止する場合を除きます）は、全株主の同意が必要です。

Q-18　定款変更により、株主の売主追加請求権を排除してしまうことができますか？

A

1　売主追加請求権の排除（会164①）

発行会社が、合意により自己の株式を特定の株主から取得する場合には、他の株主に売主追加請求権が認められます（会160③）。

しかし、定款において売主追加請求権がない旨の定めがある場合には、この規定が優先し、会社法160条 2 項及び 3 項の規定は適用されません。

2　株式発行後の定款変更（会164②）

株式発行後に、売主追加請求権を排除する旨を定款に規定するには、株主の既得権への配慮が必要となります。そこで会社法は、次のようにこの定款変更の決議要件を加重しました。

(1)　種類株式発行会社以外

新たにこの規定を設け、又は変更する場合には、この規定を廃止する場合を除き総株主の同意が必要とされました。

⑵　種類株式発行会社

　新たにこの規定を設け、又は変更する場合には、この規定を廃止する場合を除きその種類の総株主の同意が必要とされました。

　したがって、通常の定款変更の要件である株主総会の特別決議と種類株主全員の同意の両方が必要です（会164・309②十一・466参照）。

3　定 款 例

> （自己株式の取得）
>
> 第×条　当会社は株主総会の決議によって特定の株主からその有する株式の全部又は一部を取得することができる。この場合に、当該特定の株主以外の株主は、会社法第160条第2項及び同条第3項の規定により、自己を売主に追加することを請求できないものとする。

Q-19　種類株式発行会社が自己の株式を合意取得する場合の注意点について教えてください。

　　1種類の株式しか発行していない会社と同様に、株主総会の授権決議が必要です（会156①）。この場合下記の点に注意が必要です。

1　決議内容

　株主総会及び取締役会（取締役会非設置会社の場合は取締役の決定）で取得する株式の数を決議する際には、株主総会では、株式の種類と種類ごとの数を決議し（会156①一）、取締役会では、そのうち今回取得する株式の種類と数を決議する必要があります（会157①一）。

2　通知する株主

　次の場合には全株主ではなく、取得する株式の種類の種類株主に通知することになります。したがって、他の種類の株主は、発行会社に対して譲渡の申込みをすることができません。

① 株主に取得価格等の取締役会の決議事項を通知する場合（会158①）

② 特定の株主から取得する場合の、売主追加請求権を行使できる旨の通知をする場合（会160②）

3　譲渡しの申込み

種類株式発行会社の場合には、株式の譲渡しの申込みをしようとする株主は、発行会社に対して、株式の種類及び数を明らかにしなければなりません（会159①）。

4　特定の株主からの取得に関する定款の定め

特定の株主から自己の株式を合意取得する場合には、原則として株主に売主追加請求権が生じますが、これを排除するための定款の定めをすることもできます（会164）。

種類株式発行会社の場合は、特定の種類の株式の取得について会社法160条2項及び3項の規定を適用しない旨、定款で定めます（会164①かっこ書）。

既発行の株式についてこの定款の定めを設け、又は変更（廃止を除く）する場合には、その種類株主全員の同意が必要です（会164②）。

種類株式発行会社が、ある種類の株式を取得しようとする場合でも、会社法156条1項に「株主総会の決議によって」としか規定されていませんので、当該種類の種類株主総会の決議は原則として不要です。ただし、種類株主総会の決議を必要とする旨の拒否権条項付種類株式が発行されている場合には、その種類株主総会の決議が必要であることはいうまでもありません（会323）。

Q-20 種類株式発行会社の場合、売主追加請求をすることができる旨の通知は、全株主に通知する必要があるのですか。

種類株式発行会社の場合には、自己株式として取得する株式の種類株主にのみ通知すればよいことになっています（会160②かっこ書）。

したがって、種類株式発行会社が、ある種類の株式を取得しようとする場合

には、他の種類の株主は、この通知を受けることができず、自己を特定の株主に追加する旨の請求をする権利（売主追加請求権）もありません。

Q-21 相続人・合併存続会社等の一般承継人から、自己の株式を取得する場合について教えてください。

Ⓐ　相続人等から、自己の株式を取得する代表的な方法として、合意取得（会156・160①・162）と、売渡請求権の行使（会174）があります。税法上は、相続又は遺贈により株式を取得した者が、発行会社に自己株式として譲渡した場合には、みなし配当がかからない特例措置（措法9の7）や、譲渡所得の計算上、取得費に相続税額相当額を加算する特例措置（措法39）があります（**Q-40**参照）。

1　合意取得

発行会社が、相続人等との合意により、任意で株式を取得する場合には、会社法156条の合意による取得の手続をとります。特定の株主から自己株式を取得するものとして、株主総会の特別決議が必要です（会160①・309②二）。

発行会社が公開会社でなく、かつ、その相続人等が株主総会において議決権を行使していない場合には、他の株主に売主追加請求権がなく、発行会社はその相続人等からのみ株式を取得することができます（会162）。

2　売渡請求権の行使

(1)　定款の定め

発行会社は、その会社の譲渡制限株式を取得した相続人等に対し、その株式を発行会社に売り渡すことを請求できる旨を定款に定めることができます（会174）。この規定は、公開会社であっても、譲渡制限株式が承継された場合には適用できます。譲渡制限の効力は、一般承継人には及びませんが、この規定により、強制的に株式を買い取ることができます。

【定款記載例】

> （相続人等に対する売渡しの請求）
> 第×条　当会社は、相続その他の一般承継により当会社の株式を取得した
> 者に対し、当該株式を当会社に売り渡すことを請求することができる。

　この定款の定めは、いつまでに設けなければならないという規定がありません。このため、相続後に定款を変更して、変更後の定款に基づき相続人に対して株式の売渡請求をすることも可能とされています。

⑵　**株主総会の特別決議**

　上記の定款の定めがある発行会社が、相続人等から自己の株式を取得しようとする場合には、その都度、株主総会の特別決議により、次の事項を定めます（会175①）。

①　売渡しの請求をする株式の数

②　上記の請求をする株式を有する者の氏名又は名称

　この株主総会では、②の株主は議決権を行使できません。ただし、これにより、全株主が議決権を行使できなくなる場合は、議決権を行使できます（会175②）。

　売渡請求権は、少数株主の相続等により、発行会社にとって好まぬ者が株主となることを防ぐために、定款に定める場合が想定されます。しかし、オーナー株主の相続時に、オーナー株式が売渡請求の対象になるということも理論的にはありえますので、定款に定める際は慎重な配慮が必要です。

⑶　**売渡しの請求**

　発行会社は、⑵の決議が行われた場合には、⑵②の株主に対し、⑵①の株式を売り渡すことを請求できます。この請求では、請求する株式の数を明らかにしなければなりません（会176①②）。

　発行会社は、この請求をいつでも撤回することができます。請求期限は、相続等一般承継があったことを知った日から 1 年間です（会176③）。

```
                                        令和    年    月    日

○○○○殿
                                        株式会社  ○○○○

                        売渡請求書

  当会社は、○○○○殿が、令和    年    月    日に相続により取得した、
当社の株式□□株を、当社に売り渡すことを請求いたします。
```

⑷　売買価格の決定

　発行会社と売渡請求をされた者（相続人等）との間で売買価格を協議します。協議が成立すれば、その合意額が売買価格となります（会177①）。協議が成立しないと判断した場合、発行会社又は相続人等は、⑶の請求日（売渡請求書が相続人等に到達した日）の翌日から20日以内に、裁判所に対して価格決定の申立てをすることができます（会177②）。この申立てには次のような書類を準備する必要があります。

①　発行会社の登記事項証明書、定款

②　相続人等の一般承継を示す資料（戸籍謄本等）

③　発行会社による売渡請求書

④　株価算定書

　裁判所は審問の期日を開き、関係者から陳述を聴かなければなりません（会870②三）。提出された株価算定書を踏まえ、鑑定人を選任して鑑定を行います。裁判所が定めた額をもって売買価格としますが（会177④）、多くは鑑定結果に基づいて和解により解決されています。

　発行会社と相続人等の双方が所定の期間内に、この申立てをしない場合には（協議が調った場合を除く）、売渡請求は効力を失います（会177⑤）。

Q-22　譲渡等承認請求者から、自己の株式を取得する場合について教えてください。

Ⓐ　　譲渡制限株式を他人に譲り渡そうとする株主又は譲渡制限株式を取得した者は、発行会社に対し、譲渡制限株式の譲渡等を承認するか否かの決定をすることを請求でき、併せて、これを承認しない場合には発行会社又は指定買取人が当該株式を買い取ることも請求できます。譲渡制限株式の株主は、売買に限らず、贈与や交換の場合にも譲渡等承認請求を行うことになります。譲渡等を承認しない場合、発行会社又は指定買取人は、一定額を供託した上で、譲渡等承認請求者に買い取る旨を通知することになります。

　なお、発行会社が買い取る（自己株式の取得となる）場合には、財源規制（Q-3参照）の対象となり、また、みなし配当に係る源泉所得税の納期限について特別な配慮が必要となります。

(1)　株主又は株式取得者による譲渡等承認請求

　譲渡制限株式の株主又は株式取得者による譲渡等承認請求は、次の事項を明らかにしてしなければなりません（会136・137①・138）。なお、株式取得者は、原則として、株主と共同して請求しなければなりません（会137②、会規24）。

　　イ　譲り渡そうとする（又は取得した）譲渡制限株式の数
　　ロ　譲り受ける者（又は株式取得者）の氏名又は名称
　　ハ　発行会社が譲渡承認をしない旨の決定をする場合において、発行会社又は指定買取人が対象株式を買い取ることを請求するときは、その旨

(2)　譲渡の承認の決定及び通知

　発行会社は、株主総会の普通決議（取締役会設置会社は取締役会決議）により、当該譲渡等の承認・不承認を決定します（会139①・309①）。譲渡等承認請求者に対し、当該決定の内容を通知しなければなりませんが（会139②）、請求日（譲渡承認請求書が会社に到達した日）の翌日から2週間以内に譲渡不承認通知書が譲渡等承認請求者に到達しなかった場合には、当該譲渡等は承認したものとみなされます（会145一）。

⑶　発行会社又は指定買取人による買取りの通知

　⑴ハの請求を受けた場合において、譲渡不承認の決定をしたときは、発行会社が自ら対象株式を買い取るか、指定買取人を指定する必要があります（会140①④）。

＜発行会社が自ら買い取る場合＞

　発行会社は、株主総会の特別決議により、対象株式を買い取る旨とその数を定めなければなりません（会140②・309②一）。譲渡等承認請求者は、この株主総会において議決権を行使できません（会140③）。発行会社は、譲渡等承認請求者に対し、これらの事項を通知しなければなりませんが（会141①）、通知日（譲渡不承認通知書が請求者に到達した日）の翌日から40日以内に買取通知書が譲渡等承認請求者に到達しなかった場合には、当該譲渡等は承認したものとみなされます（会145二）。

＜指定買取人を指定する場合＞

　発行会社は、株主総会の特別決議（取締役会設置会社は取締役会決議）により、指定買取人を指定しなければなりません（会140⑤・309②一）。指定買取人は、譲渡等承認請求者に対し、指定買取人として指定を受けた旨と買い取る数を通知しなければなりませんが（会142①）、通知日（譲渡不承認通知書が請求者に到達した日）の翌日から10日以内に買取通知書が譲渡等承認請求者に到達しなかった場合には、当該譲渡等は承認したものとみなされます（会145二）。

⑷　発行会社又は指定買取人による供託証明書の交付

　発行会社又は指定買取人が、⑶の買取りの通知をしようとするときは、1株当たり簿価純資産額（会規25）に買い取る対象株式の数を乗じて得た額を発行会社の本店所在地の供託所に供託し、かつ、当該供託を証する書面を譲渡等承認請求者に交付しなければなりません（会141②・142②）。

　⑶の買取りの通知と同じ期間内に、供託証明書が譲渡等承認請求者に到達しなかった場合には、当該譲渡等は承認したものとみなされます（会145三、会規26一・二）。

＜法務省　供託手続について＞

http://www.moj.go.jp/MINJI/minji07.html

⑸　譲渡等承認請求者による株券の供託

　対象株式が株券発行会社の株式である場合には、⑷の供託証明書の交付を受けた譲渡等承認請求者は、当該交付を受けた日から1週間以内に、対象株式に係る株券を発行会社の本店所在地の供託所に供託し、かつ、発行会社又は指定買取人に対し、遅滞なく、当該供託をした旨を通知しなければなりません（会141③・142③）。株券の供託が期間内にされなかった場合には、発行会社又は指定買取人は売買契約を解除できます（会141④・142④）。

⑹　譲渡等承認請求者による譲渡等承認の撤回

　譲渡等承認請求者は、⑶の買取りの通知を受けた後は、発行会社又は指定買取人の承諾を得た場合に限り、その請求を撤回できます（会143）。

⑺　売買価格の決定

　発行会社（指定買取人）と譲渡等承認請求者との間で売買価格を協議します（会144①⑦）。協議が成立すれば、その合意額が売買価格となります。協議が成立しないと判断した場合、発行会社（指定買取人）又は譲渡等承認請求者は、⑶の通知日（買取通知書が請求者に到達した日）の翌日から20日以内に、裁判所に対して価格決定の申立てをすることができます（会144②⑦）。この申立てには次のような書類を準備する必要があります。

①　発行会社の登記事項証明書、定款

②　譲渡等承認請求書

③　株式の譲渡を承認しない旨の通知書

④　発行会社又は指定買取人による買取通知書

⑤　代金供託証明書

⑥　株価算定書

　裁判所は審問の期日を開き、関係者から陳述を聴かなければなりません（会870②三）。提出された株価算定書を踏まえ、鑑定人を選任して鑑定を行います。裁判所が定めた額をもって売買価格としますが（会144④）、多くは鑑定結果に基づいて和解により解決されています。

　発行会社（指定買取人）と譲渡等承認請求者の双方が所定の期間内に、この

申立てをしない場合には（協議が調った場合を除く）、供託金額が売買価格となります（会144⑤）。

(8)　売買代金の支払い

　対象株式の売買価格が確定したときは、発行会社又は指定買取人は、供託した金銭に相当する額を限度として、売買代金の全部又は一部を支払ったものとみなされます（会144⑥⑦）。発行会社が買い取る場合には、自己株式の取得に該当することから、みなし配当に係る源泉徴収が必要となりますが、その納期限については、次のようになります。

①　供託金の額に係る部分

　　裁判所の決定により「売買価格が確定したとき」の属する月の翌月10日

②　供託金の額を超える部分の額（差額）に係る部分

　　当該差額を支払う日の属する月の翌月10日

＜東京国税局　文書回答事例＞

https://www.nta.go.jp/about/organization/tokyo/bunshokaito/
gensenshotoku/210428/01.htm

(9)　決定された売買価格が発行会社の分配可能額を超える場合

　財源規制に違反して自己株式が取得された場合には、当該行為自体の効力は無効とはせず（「立案担当者による新・会社法の解説」別冊商事法務 No. 295, 135頁参照）、当該行為により金銭等の交付を受けた者並びに当該行為に関する職務を行った業務執行者等は、発行会社に対し、連帯して、売買代金に相当する金銭を支払う義務を負うこととされています（会462①）。

　このような場合に譲渡等承認請求者が、発行会社又は指定買取人との売買契約を解除できると解すると、その解除により、当該譲渡等は承認したものとみなされることになります（会145三、会規26三、民540以下）。

【参考】売買価格決定までのスケジュール

手続	Q21 相続人等に対する売渡請求	Q22 讓渡不承認に伴う発行会社の買取り	Q22 讓渡不承認に伴う指定買取人の買取り
（承認請求）	相続その他の一般承継	讓渡等承認請求　会136・会137①	讓渡等承認請求　会136・会137①
（承認決定）〔1年以内／2週間以内〕	株主総会特別決議（売渡請求の決定）　会175①	株主総会普通決議又は取締役会決議（讓渡承認の決定）　会139①	株主総会普通決議又は取締役会決議（讓渡承認の決定）　会139①
（通知等）	株式売渡請求　会176①	讓渡不承認決定通知　会139②・会145一	讓渡不承認決定通知　会139②・会145一
（決定）〔40日以内／10日以内〕	価格の協議〔20日以内〕　会177①	株主総会特別決議（取得株式数の決定）　会140②	株主総会特別決議又は取締役会決議（買取人の指定）　会140⑤
（買取通知）〔20日以内〕	裁判所に対する価格決定の申立て　会177②	株式買取通知、供託証明書交付　会141①②・会145二三	株式買取通知、供託証明書交付　会142①②・会145二三
（価格の協議）		価格の協議　会144①	価格の協議　会144①・会144①
（申立て）		裁判所に対する価格決定の申立て　会144②	裁判所に対する価格決定の申立て　会144②⑦・会144②⑦

Q-23 単元未満株式買取請求を受けた場合の買取価格決定プロセスについて教えてください。

 　発行会社が、株主より単元未満株式の買取請求を受けた場合、発行会社はその単元未満株式を買い取らなければなりません（会192）。

(1) 市場価格のある株式を買い取る場合

　市場価格（請求日の最終価格）で買い取ることになります（会193①一、会規36）。

(2) 市場価格のない株式を買い取る場合

　発行会社と単元未満株主との間で買取価格を協議します（会193①二）。協議が成立すれば、その合意額が買取価格となります。協議が成立しないと判断した場合、買取請求をした単元未満株主又は発行会社は、当該請求日から20日以内に、裁判所に対して価格決定の申立てをすることができます（会193②）。この申立てには次のような書類を準備する必要があります。

①　発行会社の登記事項証明書、定款

②　単元未満株式買取請求書

③　株価算定書

　裁判所は審問の期日を開き、関係者から陳述を聴かなければなりません（会870②二）。提出された株価算定書を踏まえ、鑑定人を選任して鑑定を行います。裁判所が定めた額をもって売買価格としますが（会193④）、多くは鑑定結果に基づいて和解により解決されています。

　発行会社と単元未満株主の双方が所定の期間内に、この申立てをしない場合には（協議が調った場合を除く）、1株当たり簿価純資産額（会141②、会規25）に単元未満株式の数を乗じた額をもって買取価格とします（会193⑤）。

Q-24 所在不明株主の株式売却制度について教えてください。

A

1 原則

　　会社が株主に対してする通知又は催告が 5 年以上継続して到達せず、かつ、配当金も 5 年間継続して受領がない場合、会社は一定の手続の下、その所在不明株主の株式を競売又は任意売却することにより、所在不明株主の株主としての地位を喪失させることができます（会197①）。

⑴ 株主に対する通知・催告

　会社が株主に対してする通知・催告は、株主名簿に記載されている当該株主の住所等の連絡先にあてて発すれば足りるものとされています（会126①）。

　その通知等は通常到達すべきであった時に到達したものとみなされ（会126②）、株主総会招集通知など発出すべき全ての法定通知に加え、任意の送付物も含まれると解するのが相当であるとされています（「所在不明株主の株式売却制度事務取扱指針」全国株懇連合会理事会　平成23年 8 月26日　参照）。これらの通知の全てが 5 年以上継続して 1 度も到達しないことが要件となります。

⑵ 売却方法

　競売による場合には、裁判所に対して競売手続の申立てを行うことになります。ただし、非上場会社では誰が株主になっても良いわけではなく、入札される可能性が低いわりに手間も費用もかかるため、一般的には任意売却によることになります。市場価格がある株式はその市場価格により、市場価格のない株式は裁判所の許可を得た上で売却することができます（会197②）。

⑶ 発行会社が自己株式取得をする場合

　発行会社は、任意売却する所在不明株主の株式の全部又は一部を買い取ることができます。この場合、次の事項を株主総会（取締役会設置会社においては取締役会）で決議しなければなりません（会197③④）。

①　買い取る株式の数

②　株式の買取りをするのと引換えに交付する金銭の総額

⑷　売却前の公告及び催告

　所在不明株主の株式を競売又は任意売却する場合、発行会社は一定事項を官報に公告し、かつ、株主及び登録株式質権者に格別に催告しなければなりません。公告期間は 3 ヶ月を下回ることはできないとされています（会198①、会規39）。

⑸　裁判所への売却許可申立て

　裁判所に対する売却許可の申立ては、発行会社が行います。取締役が 2 人以上あるときは、その全員の同意によってしなければなりません（会197②）。この申立てには次のような書類を準備する必要があります。

①　発行会社の登記事項証明書、定款、株主名簿

②　取締役全員の当該申立てに係る同意書（取締役が 2 人以上のとき）

③　株主に対する通知書・催告書及びその返戻封筒の写し

　※ 1 回目の通知を起算点として 5 年以上継続して到達しないことが要件であるため少なくとも 6 年分必要となります。

④　配当金通知書及びその返戻封筒の写し（③と同様に 6 年分）

　※配当をしていない事業年度が含まれる場合には、その事実を疎明するための資料（定時株主総会議事録など）を提出します。

⑤　会社法198条 1 項に係る公告の写し

⑥　会社法198条 1 項に係る催告書及びその返戻封筒の写し

⑦　発行会社が自己株式取得をする場合には、会社法197条 3 項の事項を決議した株主総会議事録（取締役会設置会社の場合は取締役会議事録）

⑧　発行会社以外が株式を買い取る場合には、買取書

⑨　株価算定書（公認会計士等の中立的な立場にある専門家が作成したもの）

　裁判所は、提出された株価算定書により、売却価格が相当であることを確認します。法律上、陳述の聴取や審問の期日の開催は要求されておらず、申立ての要件に係る証拠調べをして裁判をするのが一般的です。

⑹　売却代金の支払い

　発行会社は、所在不明株主であった従前の株主に株式売却代金を支払わなければなりません（会197①）。債権者である従前の株主は、発行会社の住所地に出向いて売却代金の交付を受けることになりますが（会196②③）、その従前の株主が現れない場合、債権の時効期間である10年間、会社は債務を負った状態が継続することになります（民166①）。

　なお、発行会社が自己株式を取得する場合は、みなし配当課税されます。買取りの日から1年を経過した日までに買取り代金の支払がされない場合には、その1年を経過した日において支払があったものとみなして源泉徴収し、翌月10日までに納税する必要があります（所法181②・212④）。上場会社が所在不明株主から株式を買い取った場合であっても、みなし配当課税されるので注意が必要です。市場内取引（ToSTNeT-3を含む）以外で自己株式を取得する場合には、上場株式を取得する場合でも、みなし配当が生じます。

＜東京国税局　文書回答事例＞

https://www.nta.go.jp/about/organization/tokyo/bunshokaito/gensen/29/02.htm

　なお、弁済者（発行会社）が債権者を確知することができない場合には、弁済者に過失があるときを除き、売却代金を供託して、その債務を免れることができます（民494）。

＜法務省　供託手続について＞

http://www.moj.go.jp/MINJI/minji07.html

2　特　　例

　上述のとおり、非上場会社が所在不明株主の株式を売却するには、裁判所に5年以上継続して通知が届かず、配当の受領もないことを疎明する資料を提出しなければなりません。株主数が比較的少ない中小企業においては、株主総会を開催するのに、わざわざ通知書を送付しなくても株主を招集できるといった事情もあり、M&A（自社株式の売却）等により所在不明株主を整理しなければならない状況に追い込まれてから対応を検討しても手遅れの状態です。

　そこで、迅速な事業承継を促進する観点から、令和3年度改正経営承継円滑

化法（令和3年8月2日施行）により、この「5年」を「1年」に短縮する特例が設けられました。この特例は、中小企業者（非上場の株式会社に限る）の代表者が年齢、健康状態その他の事情により、継続的かつ安定的に経営を行うことが困難であるため、当該中小企業者の事業活動の継続に支障が生じている場合であって、当該中小企業者の一部の株主の所在が不明であることにより、その経営を当該代表者以外の者に円滑に承継させることが困難であることについて都道府県知事の認定を受けることにより適用することができます（経営承継円滑化法12①一ホ）。

経営承継円滑化法の対象となる中小企業者の範囲

業種目	資本金	又は	従業員数
製造業その他	3億円以下		300人以下
製造業のうちゴム製品製造業 （自動車又は航空機用タイヤ及びチューブ製造業並びに工業用ベルト製造業を除く）	3億円以下		900人以下
卸売業	1億円以下		100人以下
小売業	5,000万円以下		50人以下
サービス業	5,000万円以下		100人以下
サービス業のうちソフトウエア業又は情報処理サービス業	3億円以下		300人以下
サービス業のうち旅館業	5,000万円以下		200人以下

　具体的には、①経営困難要件と②円滑承継困難要件の両方を満たす必要があります。以下のとおり、所在不明株主の議決権割合が10%以下である場合には、②円滑承継困難要件を満たしませんので、認定を受けることができません。
　要件の詳細は、中小企業庁ホームページに掲載されている「申請マニュアル」や「認定申請書（様式第6の4）」を参照ください。

経営困難要件	例えば、以下のような場合 □代表者が満60歳超である場合 □代表者の健康状態が悪く、日常業務に支障が生じている場合 □幹部社員の病気等により、安定的経営が困難となった場合 □外部環境の急変により突然業績が悪化し、安定的経営が困難となった場合
円滑承継困難要件	①　後継者及び事業承継スキームが決まっている場合 ①-1　後継者が株式譲渡により事業承継する場合（次の全て） □所在不明株主の議決権割合が10%超であること □後継者が要求する議決権割合が50%超であること □所在不明株主の存在により、後継者が要求する議決権割合が確保できないこと □所在不明株主からの株式買取りにより、後継者が要求する議決権割合が確保できること ①-2　後継者が事業譲渡や会社分割、新株発行等（株主総会特別決議に基づく手法）により事業承継する場合（次の全て） □所在不明株主の議決権割合が 1／3 超であること □所在不明株主からの株式買取りにより、所在不明株主の議決権割合が1/3以下になること
	②　後継者が決まっていない場合 ②-1　【原則】株主総会特別決議に基づく手法でスクイーズアウトを行うことが困難な場合（次の全て） □所在不明株主の議決権割合が 1／3 超であること □所在不明株主からの株式買取りにより、所在不明株主の議決権割合が1/3以下になること ②-2　【例外】特別支配株主の株式等売渡請求でスクイーズアウトを行うことが困難な場合（次の全て） □所在不明株主の議決権割合が10%超であること □代表者一族で保有している議決権割合が50%超であること □所在不明株主からの株式買取りにより、所在不明株主の議決権割合が10%以下になること □所在不明株主から買い取る議決権割合と代表者一族で保有している議決権割合の合計が90%以上であること □後継者の候補先の選定に向けて支援機関への具体的な相談を複数回していること

※後継者は、代表者の親族の場合（親族内承継）も、第三者の場合（第三者承継）も、いずれもあり得ます。
※誰が所在不明株主の株式を取得するかにより判定結果が変わらないようにするため、所在不明株主から自己株式取得をしたとしても、上記の判定上は議決権を有しているものとします。

＜中小企業庁　経営承継円滑化法による支援＞

https://www.chusho.meti.go.jp/zaimu/shoukei/shoukei_enkatsu.htm

　認定を受けた中小企業者は、会社法198条１項に定める公告及び催告に先立ち、一定事項を官報に公告し、かつ、株主及び登録株式質権者に格別に催告しなければなりません。公告期間（以下、「特例公告期間」）は３ヶ月を下回ることはできないとされています（経営承継円滑化法15②、経営承継円滑化法施行規則15条の２）。特例公告期間が満了するまでは、会社法198条１項に定める公告及び催告を行うことはできず、特例公告期間内に利害関係人が異議を述べた場合や催告が株主に到達した場合には、当該特例は適用できないとされています（経営承継円滑化法15③）。

　認定の有効期限は原則として認定を受けた日（認定書の日付）の翌日から起算して２年を経過する日となります。有効期限までに裁判所に対して必要な手続の申立てを行う必要があります。

手続の例：株式会社が所在不明株主から非上場株式を買い取る場合

現行制度（会社法）

特例（認定を受けた場合）

（所在不明株主に関する会社法の特例パンフレット　中小企業庁より）

Q-25 市場価格のない端数相当株式について、裁判所の許可を得て任意売却する方法を教えてください。

A

(1)　1 株に満たない端数が生じる事由

　　次に掲げる行為により 1 株に満たない端数の自社株式を交付する場合、発行会社は、その端数の合計数（その合計数に 1 に満たない端数がある場合は切り捨てる。）に相当する数の株式（以下、「端数相当株式」）を競売又は任意売却しなければなりません。売却により得た代金は、端数を有する株主にその割合に応じて分配することになります（会234①）。

①　取得条項付株式の取得（会234①一・170①）

②　全部取得条項付種類株式の取得（会234①二・173①）

③　株式無償割当（会234①三・185）

④　取得条項付新株予約権の取得（会234①四・185）

⑤　吸収合併（会234①五・749①二）

⑥　新設合併（会234①六・753①七）

⑦　株式交換（会234①七・768①三）

⑧　株式移転（会234①八・773①五）

⑨　株式交付（会234①九・774の3①三）

⑩　株式分割又は株式併合（会235）

(2)　売却方法

　発行会社は、端数を有する株主に代わって、その株主の財産を処分することになるため、適正な価額で端数相当株式を売却することが求められます。

　競売による場合、発行会社は端数相当株式を目的物として、裁判所に競売手続の申立てを行うことになります。裁判所は評価人を選任して売却基準価額を設定し、基準価額の 8 割の価額を最低売却価額として入札等により売却します。売却価額の正当性は担保されるものの、手続や費用の関係上、必ずしも株主にとって有利に売却できるわけではなく、一般的には任意売却によることになります。市場価格がある株式はその市場価格により、市場価格のない株式は裁判所の許可を得た上で売却することができます（会234②）。

⑶ 発行会社が自己株式取得をする場合

発行会社は、任意売却する端数相当株式の全部又は一部を買い取ることができます。この場合、次の事項を株主総会（取締役会設置会社においては取締役会）で決議しなければなりません（会234④⑤）。

① 買い取る株式の数

② 株式の買取りをするのと引換えに交付する金銭の総額

⑷ 裁判所への売却許可申立て

裁判所に対する売却許可の申立ては、発行会社が行います。取締役が2人以上あるときは、その全員の同意によってしなければなりません（会234②）。

司法書士等に依頼して「端数相当株式任意売却許可申立書」を作成してもらい、発行会社の本店の所在地を管轄する地方裁判所に提出します。この申立てには次のような書類を準備する必要があります。

① 発行会社の登記事項証明書、定款

② 取締役全員の当該申立てに係る同意書（取締役が2人以上のとき）

③ 端数相当株式が生じた行為を証する株主総会議事録（又は取締役会議事録）、公告の写し、事前・事後開示書類、端数相当株式目録

④ 発行会社が自己株式取得をする場合には、会社法234条4項の事項を決議した株主総会議事録（取締役会設置会社の場合は取締役会議事録）

⑤ 発行会社以外が株式を買い取る場合には、買取書

⑥ 株価算定書

【参考】制度比較～市場価格のない株式を自己株式取得する場合～

	Q23	Q24	Q25
	単元未満株式買取請求	所在不明株主からの買取り	端数相当株式の処分
条文	会192、193	会197	会234
手続き	・株主からの書面等による買取請求。買取請求は原則撤回不可（会192） ・発行会社は、自己株式取得が強制され、特に決議は求められていない。 ・株券と引換えに代金支払、代金支払時に自己株式取得の効力発生（会193⑥⑦）	（株主の手続きなし） ・発行会社は競売又は任意売却（買主が発行会社自身となる場合は自己株式取得）することができる（会197①②）。 ・株主総会普通決議又は取締役会決議（買取株式数・買取額の決定）（会197③④） ・代金交付（供託又は債権が時効により消滅するまで債務を負う）	（株主の手続きなし） ・発行会社は競売又は任意売却（買主が発行会社自身となる場合は自己株式取得）が強制される（会234①②）。 ・株主総会普通決議又は取締役会決議（買取株式数・買取額の決定）（会234④⑤） ・代金交付
価格決定プロセス	・協議による合意額で売買（会193①） ・合意に至らない場合には、買取請求後20日以内に裁判所へ価格決定の申立て（会193②） ・申立てがない時は、1株あたり純資産価格で売買（会193⑤）	（発行会社の単独行為なので、協議はない） ・買取額も含め、裁判所に売却許可の申立て（会197②） —	（発行会社の単独行為なので、協議はない） ・買取額も含め、裁判所に売却許可の申立て（会234②） —
自己株式取得の留意事項	・財源規制なし ・みなし配当課税なし	・財源規制あり ・みなし配当課税あり ・買取りの日から1年を経過した日までにその買取代金の支払がされない場合には、その1年を経過した日において支払があったものとみなして、源泉徴収を行う。	・財源規制あり ・みなし配当課税なし

Q-26 子会社から自己の株式を取得する場合について教えてください。

A ### 1 株主総会決議は不要

　　子会社から自己の株式を合意により取得する場合には、手続が簡便化されています（会163）。

　取締役会設置会社の場合には、子会社から自己の株式を取得する場合には、会社法156条の株主総会の決議の代わりに、取締役会の決議によることとされました。取締役会非設置会社の場合には、原則どおり株主総会の決議です（会163）。

　さらにこの場合には157条（取締役会での取得価格等の決定）、158条（株主に対する取締役会決議事項の通知等）、159条（譲渡しの申込み）、160条（特定の株主から取得する場合の特則）の規定の適用がありません。

　つまり、自己の株式を取得するためのあらかじめの決議については取締役会が必要ですが、その後具体的な取得については、取締役会決議を要しません。自己株式の取得についての業務を執行する者（代表取締役）が、具体的な売買株数や売買価格などの決定、取得手続を進めることができます。

　また、売主追加請求権が排除されているため、他の株主から自己株式を買い取るように要求されることもありません（会160③参照）。

2 取締役会の決議例

　上記の取締役会議事録の例は次のようになります。この決議は、あらかじめの授権決議にすぎません。実際の取得は業務執行者が行うことは1で説明したとおりです。詳しくは第2章「取得」の基本をご覧ください。

取締役会議事録（議案のみ）

第1号議案　当社の発行する株式を取得する件

　議長は、当会社の発行する株式を当社の子会社である○○○株式会社より下

記の要領により取得したい旨を述べ、議場に諮ったところ、満場一致をもって可決確定した。

記

①　取得する株式の数

　　　　　　　　株
②　取得の対価として交付する金銭等

　　現金を総額　　　　　　　　円の範囲で交付する
③　株式を取得することができる期間

　　令和　　年　　月　　日から令和　　年　　月　　日までの期間

なお、適格現物分配の制度を利用することにより、完全子会社が有する親会社株式を剰余金の配当（会規27二）として取得する場合には、上記の手続は不要となります（**Q-2** 参照）。

Q-27 株式市場取引により自己株式を取得する場合や公開買付けにより自己株式を取得する場合について教えてください。

A

1　定款の定め

　　自己の株式を、市場又は公開買付け（以下「市場取引等」といいます）により取得する場合には、会社法157条（取締役会による取得価格等の決定）、158条（株主に対する取締役会決議事項の通知）、159条（譲渡しの申込み）、160条（特定の株主から取得する場合の特則）の規定は適用されません（会165①）。

　　さらに、取締役会設置会社の場合には、市場取引等により自己株式を取得することを取締役会の決議によって定めることができる旨を定款で定めることができます（会165②）。この定款の規定を設けた場合には、取得できる自己株式の範囲を株主総会又は取締役会のいずれかで決定することができます（会165③）。

この規定は、あくまで市場で取得する場合の特例ですので、自己株式を市場で売却することはできません。

2　定　款　例

> （自己の株式の取得）
> 第×条　当会社は、会社法第165条第1項の規定により、取締役会の決議によって市場取引等により自己の株式を取得することができる。

Q-28 株主総会の決議をせずに、自己の株式を合意により取得できる場合とは、どのようなケースでしょうか。

A　株主との合意により自己の株式を取得する場合には、原則として株主総会決議が必要です（会156）。しかし、下記の場合には、株主総会に代わり、取締役会の決議により自己の株式の合意取得ができることになっています。

1　会計監査人設置会社で一定の要件を具備している場合

会計監査人設置会社（かつ、監査役会設置会社、監査等委員会設置会社又は指名委員会等設置会社であること）で取締役の任期が1年以内の会社は、取得できる自己株式の範囲を取締役会で決定できる旨を定款で定めることができます（会459①一）。

この定めにより、取締役会又は株主総会のいずれでも決議することができますが、さらに、株主総会の決議によっては定めない旨を定款で定めることも可能です（会460①）。

これらの定款の規定は、計算書類が適正であることにつき次の四つの信頼性確保要件のすべてを満たす場合のみ有効とされます（分配特則規定：会459②・460②、計規155）。

信頼性確保要件 (計規155)	下記の要件をすべて満たす場合 ①会計監査人の無限定適正意見 ②監査役会等の監査報告の内容として、会計監査人の監査の方法又は結果を相当でないと認める意見がないこと ③監査役会等の監査報告に、監査役会等と意見が異なる各監査役等によって、会計監査人の監査の方法又は結果を相当でないと認める意見が付記されていないこと ④通知期限までに監査報告内容の通知がないことにより、計算書類規則が、監査を受けたものとみなされたものではないこと

しかし、特定の株主からの取得の決定をする場合には、原則どおり株主総会で決議しなければならないため注意が必要です（会459①一）。

2 子会社からの取得

子会社からの取得の場合には、定款で定めずとも、株主総会ではなく取締役会の決議によります（会163）。

3 市場取引・公開買付け

市場取引・公開買付けの場合（以下「市場取引等」といいます）には、取締役会による取得価格等の決定、株主への通知・株主からの請求等、会社法157条から160条までの規定が適用されなくなります（会165①）。

さらに、取締役会設置会社は、取締役会で自己株式の取得を決議する旨の定款の定めがあるときは、取締役会又は株主総会のいずれでも決議が可能となります（会165②③）。

自己株式取得に関する決議 原則 株主総会の特別決議（会156①）		
例外1 会計監査人設置会社で一定の要件を満たす会社が定款の規定を設けた場合（会459①） 取締役会又は 株主総会(注)	**例外2** 子会社からの取得（会163） 取締役会	**例外3** 市場買付け・公開買付けの場合で、定款の定めがある場合（会165） 取締役会又は株主総会

(注)定款の規定により、株主総会の決議によっては定めない旨を定款で定めることもできます（会460①）

上記いずれの場合でも、取締役会のない会社が取締役の決定により定めることはできず、株主総会の決議が必要となります。

Q-29 種類株式発行会社について会社法上と税務上では意義が異なるそうですが、どういうことでしょうか。

A 自己株式を取得した場合、法人税法では、1種類の株式しか発行していない場合（法令8①二十イ）と、2以上の種類の株式を発行している場合（法令8①二十ロ）で、取扱いが異なります。

会社法上の種類株式発行会社（会2十三）は、定款で2以上の種類の株式を発行すると定めた会社をいい、実際に2種類以上の株式を発行しているかどうかを問いません。一方、法人税法上は、実際に2種類以上の株式を発行しているかどうかを基準として取扱いを変えていますので、注意が必要です。

Q-30 解散した会社は自己株式を取得できますか？

A 解散し、清算手続中の会社は自己株式を取得できません（会509①一）。ただし、自己株式を無償で取得する場合や、清算手続中の会社が保有する株式の発行会社が行う剰余金の配当や組織再編により自己株式の交付を受ける場合には、自己株式の取得が認められます（会509③、会規151）。

Q-31　分配可能額の算定について教えてください。

A　分配可能額の計算は、条文上大変複雑なものになっていますが、以下の計算表に基づいて計算すると、わかりやすいと思われます。金額を入力する際には、いつ時点の金額を入力すべきなのか、時点欄で確認しながら入力してください。

まずは、最終事業年度末日（直前期）の貸借対照表の剰余金の額を転記することからはじめます。

※本書では、最終事業年度がない場合の分配可能額の算定については省略しています。

【表1】分配可能額計算表

項　　目			金　　額	時点	メ　モ
貸借対照表科目から計算される額	その他資本剰余金	1		最終	会446一、計規149
	その他利益剰余金	2		最終	会446一、計規149
	計 (1)＋(2)	3		－	
	自己株式	4		効力	既に自己株式を保有している場合のみ入力。会461②三
	のれん等調整額 （表2 [14]）	5		－	のれん、繰延資産が最新のBSに計上されている場合→表2へ
	その他有価証券評価差額金（評価損の絶対値）	6		最新	評価損のみ入力。計規158二
	土地再評価差額金（評価損の絶対値）	7		最新	評価損のみ入力。計規158三
	出資不足額 （表3 [9]）	8		－	出資額が300万円に満たない場合→表3へ
	連結配当規制調整額 （表4 [17]）	9		－	連結配当規制を適用している場合→表4へ
	計 (3)－(4)－(5)－(6)－(7)－(8)－(9)	10		－	
	剰余金の科目振替による調整 （表5 [7]）	11		－	最終事業年度末日後に剰余金の振替を行った場合→表5へ
	剰余金の配当による調整 （表6 [8]）	12		－	最終事業年度末日後に剰余金の配当を行った場合→表6へ

最終事業年度末日後の行為	自己株式の消却・処分による調整 （表7［3］）	13		—	最終事業年度末日後に自己株式を消却・処分した場合→表7へ
	吸収型組織再編行為による調整 （（表8［5］）	14		—	最終事業年度末日後に吸収型組織再編を行った場合→表8へ
	臨時決算による調整 （表9［6］）	15		—	臨時決算を行った場合→表9へ
	事前交付型の株式報酬として処分した自己株式の没収	16		—	当該処理により増加した自己株式を分配可能利益に反映させないよう、(4)で控除しすぎた分を戻している。計規150①八
	分配可能額 (10)＋(11)－(12)－(13)＋(14)＋(15)＋(16)	17		—	

【時点欄の見方】
◆いつの時点の金額を入力すべきかを示しています。
　　最終：最終事業年度末日
　　最新：最後に株主総会等の承認を受けた決算書（臨時決算書を含む）の決算日
　　効力：財源規制行為の効力発生日

NOTE 最終事業年度（会2二十四）

　各事業年度に係る計算書類につき定時株主総会等の承認を受けた場合における当該各事業年度のうち最も遅い事業年度のことです。したがって、臨時決算を行っても、その臨時決算期間が最終事業年度になるわけではありません。

1　のれん等調整額【表2】

　貸借対照表に、のれん又は繰延資産が計上されている場合に限り、分配可能額から減算される金額を計算する必要があります。

【表2】のれん等調整額（計規158一）

項　　目		金　　額	時点	メ　　モ
のれん等	のれん	1	最新	
	繰延資産	2	最新	
	のれん÷2 (1)÷2	3	—	
	のれん等調整額 (2)＋(3)	4	—	
	資本金	5	最新	
	資本準備金	6	最新	
	利益準備金	7	最新	

資本金等	資本等金額 (5)＋(6)＋(7)	8	—	
	その他資本剰余金	9	最新	
	合計 (8)＋(9)	10	—	
減算額	(4)＞(8)かつ(4)≦(10) YES なら(4)−(8)、NO なら 0	11	—	
	(4)＞(10)かつ(3)≦(10) YES なら(4)−(8)、NO なら 0	12	—	
	(3)＞(10) YES なら(2)＋(9)、NO なら 0	13	—	
	分配可能額から減算する額 (11)＋(12)＋(13)	14	—	→表1の［5］へ

【時点欄の見方】

◆いつの時点の金額を入力すべきかを示しています。

　　最終：最終事業年度末日

　　最新：最後に株主総会等の承認を受けた決算書（臨時決算書を含む）の決算日

　　効力：財源規制行為の効力発生日

分配可能額から減算する額を図で示すと次のようになります。

① 　減算額がゼロとなる場合

　のれん等調整額≦資本等金額　　のケース（計規158一イ）

② 　上記[11]欄の説明

　のれん等調整額≦資本等金額＋その他資本剰余金　　のケース（計規158一ロ）

③　上記[12]欄の説明

のれん等調整額＞資本等金額＋その他資本剰余金

かつ　のれん÷2≦資本等金額＋その他資本剰余金　のケース（計規158一ハ(1)）

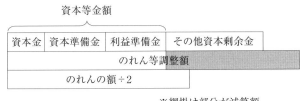

④　上記[13]欄の説明

のれん÷2＞資本等金額＋その他資本剰余金　のケース（計規158一ハ(2)）

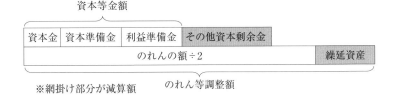

2　その他有価証券評価差額金・土地再評価差額金

　評価損益のうち、損益計算書に計上されず、その他利益剰余金に影響がないその他有価証券評価差額金と土地再評価差額金については、保守性の観点から、評価損のみを減算することとしています（計規158二・三）。評価損とは、その他有価証券評価差額金又は土地再評価差額金の残高がマイナスであるという意味です。例えば、A土地の評価差額金が100の評価益、B土地の評価差額が150の評価損であれば、土地再評価差額金にはマイナス50が計上されます。このネットの額50を分配可能額から減算することになるのであって、B土地の評価損150を減算するわけではありません。

　なお、繰延ヘッジ損益は、適正な期間損益対応のための調整勘定であるため、考慮されません。

3　出資不足額【表3】

　旧商法下では、株式会社は1,000万円、有限会社は300万円の最低資本金規制がありました。会社法では、最低資本金規制は廃止されましたが、この規定の債権者との関係で意味を有していた部分について、実質を維持しています。

　出資不足額を計算する際の資本金・資本準備金・利益準備金・株式引受権・新株予約権については、財源規制行為の効力発生日の金額を使うことになります。このため、期中で増資・減資等が行われた場合には、300万円不足額の計算に影響を与えることになり、注意が必要です。

　その他有価証券評価差額金、繰延ヘッジ損益、土地再評価差額金（以下、評価・換算差額等といいます。計規53）は、原則として、最新の貸借対照表の金額を使用します。これらの評価・換算差額等については、評価益（ネットの額）のみを考慮する点に注意してください（計規158六ニ）。

【表3】出資不足額（計規158六）

項　　　　目		金　　額	時点	メ　　モ
資本金	1		効力	
資本準備金	2		効力	
利益準備金	3		効力	
株式引受権・新株予約権	4		効力	
その他有価証券評価差額金（評価益）	5		最新	評価益のみ入力
繰延ヘッジ損益（評価益）	6		最新	評価益のみ入力
土地再評価差額金（評価益）	7		最新	評価益のみ入力
合計 (1)+(2)+(3)+(4)+(5)+(6)+(7)	8		―	
分配可能額から減算する額 (8)≤300万円 YES なら300万円−(8)、NO なら0	9		―	→表1の[8]へ

【時点欄の見方】
◆いつの時点の金額を入力すべきかを示しています。
　最終：最終事業年度末日
　最新：最後に株主総会等の承認を受けた決算書（臨時決算書を含む）の決算日
　効力：財源規制行為の効力発生日

4　連結配当規制調整額【表4】

連結配当規制は、連結計算書類を作成している会社が、選択適用することができる規定です（計規2③五十五・158四）。その選択は任意であり、継続適用する必要もありません。連結計算書類は、会計監査人設置会社のみが作成することができます（会444①）。

厳密な表現ではありませんが、単体ベースの分配可能額よりも連結ベースの分配可能額のほうが小さい場合に、その差額を分配可能額から減算することになります。

のれん等調整額を考慮しますが、ここでは最終事業年度末日の貸借対照表をもとに算定します。対して、【表2】で計算されるのれん等調整額は、臨時計算書を含む最新の貸借対照表をもとに算定しますので、計算結果の流用ができない場合があります。

なお、評価・換算差額については、評価損（ネットの額）のみを考慮する点に注意してください。

【表4】連結配当規制調整額

	項　　目		金　額	時点	メ　モ
単体決算	株主資本の額	1		最終	
	その他有価証券評価差額金(評価損)	2		最終	評価損（マイナス残）のみ入力
	土地再評価差額金（評価損）	3		最終	評価損（マイナス残）のみ入力
	のれん等調整額（のれん÷2＋繰延資産）	4		最終	表2［4］とは必ずしも一致しない（時点が違う）
	資本金＋資本剰余金＋利益準備金	5		最終	
	(4)と(5)のいずれか小さい額	6		－	
	計 (1)+(2)+(3)-(6)	7		－	計規158四イ
自己株式	最終事業年度末日後に子会社から取得した自己株式の子会社における取得直前帳簿価額	8		取得直前	
	(8)のうち持分相当額 (8)×子会社持株割合（　）%	9		－	計規158四ロ
連結決算	株主資本の額	10		最終	
	その他有価証券評価差額金（評価損）	11		最終	評価損（マイナス残）のみ入力

	土地再評価差額金（評価損）	12		最終	評価損（マイナス残）のみ入力
連結決算	のれん等調整額 （のれん÷2＋繰延資産）	13		最終	
	資本金＋資本剰余金	14		最終	
	⒀と⒁のいずれか小さい額	15		—	
	計 ⑽＋⑾＋⑿−⒂	16		—	計規158四ハ
	分配可能額から減算する額 (7)−(9)−(16) （マイナスの場合は0）	17		—	→表1の［9］へ

【時点欄の見方】

◆いつの時点の金額を入力すべきかを示しています。

　最終：最終事業年度末日

　最新：最後に株主総会等の承認を受けた決算書（臨時決算書を含む）の決算日

　効力：財源規制行為の効力発生日

5　剰余金の科目振替による調整【表5】

　最終事業年度末日後に、資本金・資本準備金・利益準備金を増減し、その他資本剰余金・その他利益剰余金の額に影響を与えた場合には、分配可能額の調整が必要です（会446三・四・七、計規150①一）。資本金・資本準備金の減少による欠損填補は、一旦、その他資本剰余金としてから、マイナスの利益剰余金を補てんすることとなるため、表5［1］欄・［2］欄に含まれます（会447①・448①・452、計規27①）。

【表5】剰余金の科目振替による調整

項　　目		金　　額	メ　モ
資本金のその他資本剰余金への振替	1		会446三
資本準備金のその他資本剰余金への振替	2		会446四
利益準備金のその他利益剰余金への振替	3		会446四
その他資本剰余金の資本金への振替	4		会446七、計規150①一
その他資本剰余金の資本準備金への振替	5		会446七、計規150①一
その他利益剰余金の利益準備金への振替	6		会446七、計規150①一
分配可能額に加算する額 (1)＋(2)＋(3)−(4)−(5)−(6)	7		→表1の[11]へ

6　剰余金の配当による調整【表6】

　最終事業年度末日後に、剰余金を配当した場合には、分配可能額の調整が必要です。現物配当した場合は、原則として配当財産を時価評価した後の帳簿価額をもって分配可能額の調整額を計算します。

＜土地（時価120、簿価100）を配当した場合の仕訳＞

（借方）土	地	120	（貸方）土	地	100
			土 地 評 価 益	20
（借方）繰越利益剰余金	120	（貸方）土	地	120

　ただし、以下に該当する現物配当の場合には、配当財産の時価評価前の帳簿価額をもって分配可能額の調整額を計算します（自己株式指針10）。

> ①　分割型の会社分割（按分型）
> ②　保有する子会社株式のすべてを株式数に応じて比例的に配当（按分型の配当）する場合
> ③　企業集団内の企業へ配当する場合
> ④　市場価格がないことなどにより公正な評価額を合理的に算定することが困難と認められる場合

　現物配当の場合、株主総会決議により株主に対して金銭分配請求権を付したり、基準株式数を設けて当該基準株式数に応じて配当することが可能です（会454④）。この金銭分配請求権を株主が行使したことにより支払われた金銭や、基準未満株式を有する株主に対して支払われた金銭（会456）についても分配可能額の調整額の算定において考慮する必要があります（会446六）。

【表6】剰余金の配当による調整

項　目		金　額	メ　モ
配当財産の帳簿価額の総額	1		現物配当は、評価替後の帳簿価額
上記のうち、金銭分配請求権を行使した株主に割当てた配当財産の帳簿価額	2		

差引 (1)−(2)	3		会446六イ
金銭分配請求権を行使した株主に支払った金銭の額	4		会446六ロ
基準未満株式の株主に支払った金銭の額	5		会446六ハ
剰余金の配当による資本準備金計上額	6		会446七、計規150①二
剰余金の配当による利益準備金計上額	7		会446七、計規150①二
分配可能額から減算する額 (3)+(4)+(5)+(6)+(7)	8		→表1の[12]へ

7　自己株式の消却・処分による調整【表7】

　最終事業年度末日後に、自己株式を消却又は処分した場合には、分配可能額の調整が必要です（会446二・五、461②四）。

【表7】　自己株式の消却・処分による調整

項　　目	金　額		メ　モ
消却した自己株式の帳簿価額	1		
処分した自己株式の帳簿価額	2		処分に伴い発行会社の株式を取得する場合を除く（計規158九・十）
分配可能額から減算する額 (1)+(2)	3		→表1の[13]へ

　自己株式に関する分配可能利益の規定は以下のように複雑です。

項目（＋は加算調整、−は減算調整）	根拠条文	時点・期間
＋　剰余金の額	会461②一	
＋　自己株式処分益	会446二	最終事業年度末日後
−　自己株式処分損	会446二	最終事業年度末日後
−　自己株式消却損	会446五	最終事業年度末日後
−　自己株式の帳簿価額	会461②三	財源規制行為の効力発生日
−　自己株式処分の対価額	会461②四	最終事業年度末日後
＋　自己株式取得に伴い、発行会社の別の種類の株式を交付する場合の処分対価額	計規158九	最新の決算日後
＋　特定募集による自己株式の処分対価額	計規158十	最終事業年度末日後

しかし、最終事業年度末日後に取得した自己株式の帳簿価額について分配可能額から減少させるのはもちろんですが、それ以外には、最終事業年度末日における自己株式の帳簿価額を分配可能利益から減少させているにすぎません。厳密には異なりますが(※)、そのようにイメージしていただいて問題ないと思います。

財源規制行為の効力発生日における自己株式の簿価（表1 [4]）	+	最終事業年度末日後に消却・処分した自己株式の簿価（表7 [1] [2]）	=	最終事業年度末日の自己株式簿価	+	最終事業年度末日後に取得した自己株式の簿価

※　吸収合併等の吸収型組織再編にて処分された自己株式の帳簿価額については、吸収型組織再編による資本剰余金の増減額（計規150①五イ）の算定要素となっているため（計規35②など）、吸収型組織再編に係る他の調整から独立して自己株式の帳簿価額だけを分配可能利益から減算することはできなくなっています。

　なぜ、規定が複雑なのか。それは、処分した自己株式の帳簿価額を自己株式の処分対価額に自己株式処分損益を加算することで求めるという方法をとっているからです。

　そして、この方法を採用した結果、自己株式の処分対価額が増加する一方で自己株式の帳簿価額は増減しない取引については、その取引に係る自己株式の処分対価額を最終事業年度末日後の自己株式の処分対価額（会461②四）から除外する必要が生じました。そのための規定が会社計算規則158条9号（自己株式取得に伴い、発行会社の別の種類の株式を交付する場合の処分対価額）と同10号（特定募集による自己株式の処分対価額）なのです。

最終事業年度末日後の自己株式の処分対価額（会461②四）	+	最終事業年度末日後の自己株式処分損益（会446二）	=	最終事業年度末日後に処分した自己株式の簿価（表7 [2]）

　処分した自己株式の帳簿価額を上記の方法で求める理由は、分配可能利益が会社法上の剰余金の額（貸借対照表の剰余金の計上額とは異なります。）を基

礎として算定されていることにあります。会社法上の剰余金の額の算定におい
て最終事業年度末日後の自己株式処分損益がすでに考慮されているため、会社
法上の剰余金の額からスタートして分配可能利益を求めるには、会社法上の剰
余金の額から自己株式処分の対価額を差し引くと規定するしかなかったのです。
このような複雑な規定にしてまで、分配可能利益と会社法上の剰余金の額をリ
ンクさせる必要があったのか疑問が残るところです。

8　吸収型組織再編行為による調整【表8】

　最終事業年度末日後に、吸収合併等の吸収型組織再編が行われた場合には、
分配可能額の調整が必要です。

【表8】吸収型組織再編行為による調整

項　目		金　額	メ　モ
吸収型再編に伴う資本剰余金の増減額	1		減少額はマイナス入力
吸収型再編に伴う利益剰余金の増減額	2		減少額はマイナス入力
吸収型再編に伴い処分した自己株式の帳簿価額	3		
無対価分割による剰余金減少額	4		減少額を絶対値で入力
分配可能額に加算する額 (1)+(2)+(3)−(4)	5		→表1の[14]へ

　吸収型組織再編に関する分配可能利益の規定も以下のように複雑です。

項目（＋は加算調整、−は減算調整）	根拠条文	時点・期間
＋　剰余金の額	会461②一	
−　吸収型再編による自己株式処分益	計規150①三	最終事業年度末日後
＋　吸収型再編による自己株式処分損	計規150①三	最終事業年度末日後
−　無対価分割による剰余金減少額	計規150①四	最終事業年度末日後
＋　吸収型再編による剰余金の増減額	計規150①五	最終事業年度末日後
＋　吸収再編による自己株式の処分対価額	計規158十	最終事業年度末日後

　しかし、吸収型組織再編により受入れた正味財産額のうち資本金・準備金を
構成しなかった金額を分配可能利益に加算しているに過ぎません。
　このことについて、吸収合併の設例を用いて説明します。

◆設例

合併会社：Ａ社／被合併会社：Ｂ社

Ｂ社の財産は現金100のみ

合併対価はＡ社が保有する自己株式（帳簿価額30）のみ

＜Ａ社の合併仕訳＞

（借方）現　　　　金	100	（貸方）資　　本　　金	40
		資 本 準 備 金	20
		その他資本剰余金	10
		自 己 株 式	30

　吸収合併に伴う株主資本の各項目の変動額は会社計算規則35条に規定されています。会社計算規則35条2項では、「株主資本等変動額」の範囲内で資本金・資本準備金・その他資本剰余金を増加すると規定しています。

　「株主資本等変動額」の計算には、パーチェス法や共通支配下の取引などの企業結合会計基準による会計処理が絡みますが、この設例では、現金100から自己株式の帳簿価額30を控除した70となります。Ａ社が、株主資本等変動額70の内訳として資本金を40、資本準備金を20、その他資本剰余金を10増加させたことを示すのが上記の合併仕訳です。

　では、分配可能額の増加額は、その他資本剰余金増加額10だけなのかというとそうではありません。受入れた正味財産100から分配不能とした額60（資本金増加額40と資本準備金増加額20の合計）を差し引いた40が分配可能額の増加額となるはずです。

　【表8】では、分配可能額の増加額40を、その他資本剰余金の増加額10と自己株式の帳簿価額30を足し合わせることで計算しているのです。

　なお、表8［4］欄は、平成20年会社計算規則にて追加された調整項目です。［1］～［3］欄では、存続会社・承継会社・株式交換完全親会社・株式交付親会社における剰余金の増減を調整していますが、［4］欄では、無対価分割に伴い

分割会社が減少させる剰余金の額を調整しています（商事法務 No.1828　13頁参照）。分割会社における無対価分割は、現物配当と同様の経済的効果があるため、分配可能利益からマイナスしているものと思われます。

9　臨時決算

事業年度の途中までに獲得した利益を、分配することができるようにするため、会社法により、新たに臨時決算制度が設けられました（会441）。

【表9】 臨時決算による調整

項 目			金 額	メ モ
最新の臨時決算期間	臨時損益計算書の当期純損益	1		当期純損失はマイナス入力
	自己株式の処分対価額	2		
	(2)のうち、吸収型再編・特定募集による自己株式処分の対価額	3		
	差引 (2)−(3)	4		
	出資不足額の填補責任履行により増加するその他資本剰余金の額	5		
	分配可能額に加算する額 (1)+(4)+(5)	6		→表1の[15]へ

NOTE　吸収型再編（計規2③三十七）

次の4つの行為をいいます。

① 吸収合併—消滅会社の権利義務を承継すること

② 吸収分割—分割会社の権利義務を承継すること

③ 株式交換—完全子会社株式を取得すること

④ 株式交付—子会社株式又は新株予約権等を譲受けること

これらの行為に際し、新株の交付に代えて自己株式を処分した場合、吸収型組織再編による自己株式の処分対価額（表9の[3]に入力する金額）は、処分した自己株式の帳簿価額になると思われます。

その理由は、「8　吸収型組織再編行為による調整」でも説明したように、受入れた正味財産から自己株式の帳簿価額を差し引いた金額の内、いくらを分配可能な金額とするかは存続会社等の決定に委ねられており、その部分の考慮は

会社計算規則150条１項５号で別途なされているからです。

───────────────────────────────────────

NOTE　特定募集（計規158五）

　全部取得条項付種類株式を取得したその日に、その取得株式（自己株式）の処分を行う行為を特定募集といいます。自己株式の処分対価として新株主から払い込まれた金銭（給付された現物資産）は、全部取得条項付種類株式の取得対価として旧株主に支払われるため会社の純資産は増加しません。

　特定募集による自己株式の処分対価額（表９の［３］に入力する金額）は、新株主の払込価額になると思われます。

＜特定募集の仕訳＞

◆全部取得条項付種類株式の取得

　　　（借方）自　己　株　式　　　100　　　　　（貸方）現　　　　　金　　　100

◆同時に行われる自己株式の処分

　　　（借方）現　　　　　金　　　100　　　　　（貸方）自　己　株　式　　　100

───────────────────────────────────────

NOTE　出資不足額の填補責任（計規21）

　会社計算規則21条では、出資不足額の填補責任が履行された場合には、その他資本剰余金を増加させると規定しています。次のケースにて出資不足額の填補責任が規定されています。

①　設立に際してなされる現物出資又は事後設立に係る拠出財産の価格が著しく不足する場合の発起人・設立時取締役の責任（会52）

②　新株の発行（自己株式の処分）に際して、取締役と通じて不公正な払込金額で株式を引受けたり、現物出資財産の価格が著しく不足する場合の募集株式の引受人の責任（会212）

③　新株予約権の発行に際して、取締役と通じて不公正な払込金額で新株予約権を引受けたり、現物出資財産の価格が著しく不足する場合の新株予約権を引き受けた者の責任（会285）

④　出資の履行を仮装した発起人・株式引受人・関与取締役の責任（会52

の 2 、102の 2 、213の 2 ）

⑤　　新株予約権に係る払込等を仮装した新株予約権者・関与取締役の責任
　　　（会286の 2 ）

　出資不足額の填補責任に関する分配可能利益の規定は、剰余金の計算で考慮
された金額（計規150①六）を会社計算規則158条 8 号イで相殺することで（※）、
最新の臨時決算期間中に増加したその他資本剰余金の額のみが分配可能利益を
増加させるよう規定されています。

　※臨時決算があった場合には、会社計算規則158条 8 号イにおける「最終事業年
　　度」が同条 1 号により最新の臨時決算期間と読み替えられる結果、最新の臨時決
　　算期間中に増加したその他資本剰余金の額のみが分配可能利益を増加させること
　　になります。

　臨時決算に関する分配可能利益の規定も以下のように複雑です。

項目（＋は加算調整、－は減算調整）	根拠条文	時点・期間
＋　臨時損益計算書の当期純利益	会461②ニ イ、計規156	全ての臨時決算期間中
＋　出資不足額の填補責任履行により増加するその他資本剰余金の額	計規150①六、158ハイ	全ての臨時決算期間中
＋　臨時決算期間中の自己株式処分対価	会461②ニロ	全ての臨時決算期間中
－　臨時損益決算書の当期純損失	会461②五、計規157	全ての臨時決算期間中
－　最新以外の臨時損益計算書の当期純利益	計規158五	全ての臨時決算期間中
－　最新以外の臨時決算期間中における出資不足額の填補責任履行により増加するその他資本剰余金の額	計規158五	最新以外の臨時決算期間中
－　最新以外の臨時決算期間中における自己株式処分対価	計規158五	最新以外の臨時決算期間中
＋　最新以外の臨時損益決算書の当期純損失	計規158五	最新以外の臨時決算期間中
＋　最新以外の臨時決算期間中における吸収再編・特定募集による自己株式の処分対価額	計規158五	最新以外の臨時決算期間中
－　臨時決算期間中の吸収再編・特定募集による自己株式の処分対価額	計規158七	全ての臨時決算期間中

しかし、［1］最新の臨時損益計算書における当期純損益、損益計算書を経由せずに純資産の増加をもたらした［2］自己株式の処分対価額及び［3］出資塡補責任の履行額を分配可能利益に加算しているにすぎません。

なぜ、規定が複雑なのか。それは、2回以上臨時決算を行った場合の調整を行っているからです。例えば、期首（4/1）から6/30までの臨時決算①と、期首（4/1）から8/31までの臨時決算②の2回の臨時決算を行ったとします。臨時決算①の当期純利益は10、臨時決算②の当期純利益は30です。分配可能利益に加算すべき金額は最新の臨時決算である臨時決算②の当期純利益は30ですが、会社法461条2項2号イ（臨時損益計算書の当期純利益）の金額は、すべての臨時決算における当期純利益を対象としているため40（臨時決算①の10と臨時決算②の30との合計）となります。そこで、会社計算規則158条5号にて最新以外の臨時決算である臨時決算①の当期純利益10を控除することにより、分配可能利益に加算すべき金額30を計算しているのです。

Q-32 自己株式の取得に伴い金銭以外の財産を交付した場合における発行会社の会計・税務について教えてください。

1 会計処理
(1) 企業集団内の法人株主から自己株式を取得する場合

企業集団内の法人株主から、金銭以外の財産を対価として自己株式を取得する場合、その自己株式の取得価額は、移転された資産及び負債の適正な帳簿価額により算定します（自己株式指針7、36）。したがって、取得の対価となる財の譲渡損益は生じません。

＜会計上の仕訳＞

（借方）			（貸方）		
自 己 株 式	85		土　　　地	85
支 払 手 数 料	10		現 預 金	10
未 収 入 金	12		預 り 金	12

※土地（簿価85、時価100）を対価として自己株式を取得。
※預り金12は、源泉徴収税額（みなし配当金額60×源泉徴収税率20.42%）。
※対価が土地の場合、どのように源泉徴収すべきかという点が問題となる（未収入金12を事後に回収するというのは、実務的には難しい場合がある。）。

(2)　その他の場合

(1)以外の場合は、時価を自己株式の取得価額とするのが原則です。交付した財産の時価と取得した自己株式の時価のうち、より高い信頼性をもって測定可能な時価を使います。

　自己株式に市場価格がある場合には、その価格を用いることになります。この場合の市場価格は、原則として自己株式取得の合意の日の時価によります。ただし、合意日と株式の受渡日の時価が大きく異ならなければ、受渡日の時価によることもできます。

　自己株式の取得原価と取得の対価となる財の帳簿価額との差額を譲渡損益に計上します（自己株式指針 9 ・38）。

　なお、(1)以外の場合には、財源規制（**Q- 3** 参照）についても注意が必要です。株主との合意による取得（会155三）では、株主に対して交付する金銭等の帳簿価額の総額が分配可能額を超えてはならないとの財源規制が課されていますが（会461①二・三）、「株主に対して交付する金銭等の帳簿価額」とは、当該交付金銭等の時価（評価替え後の帳簿価額）になります。財源規制に違反した自己株式の取得が行われた場合、金銭等の交付を受けた者、業務執行者その他一定の者は、当該交付金銭等の時価に相当する金銭を支払う義務を負います（会462）。

＜会計上の仕訳＞

（借方）自 己 株 式	100	（貸方）土　　　　地	85
		土 地 売 却 益	15
支 払 手 数 料	10	現　預　金	10
未 収 入 金	12	預　り　金	12

※土地（簿価85、時価100）を対価として自己株式を取得。
※預り金12は、源泉徴収税額（みなし配当金額60×源泉徴収税率20.42%）。

2　税務処理

　金銭以外の財産を対価とした自己株式の取得は、法人税法上「現物分配」として扱われます。現物分配とは、発行会社が株主に対し、剰余金の配当や自己株式の取得などにより金銭以外の資産を交付することをいいます（法法２十二の五の二）。

⑴　個人株主に現物分配する場合

　現物分配は、原則として交付財産の時価譲渡として処理します。個人株主への現物分配は適格現物分配に該当しないことから、この原則処理が適用されます。また、発行会社と個人株主との間に完全支配関係（**Q-81**）があるか否かにかかわらず、交付財産の譲渡損益が認識されます。その他の課税関係は、自己株式の取得に伴い金銭を交付する場合と同じです。詳しくは、第２章「取得」の基本を参照ください。

------基本処理（35頁）と比較してみてください。------

＜会計上の仕訳＞

（借方）自 己 株 式	100	（貸方）土　　　　　地	85
		土 地 売 却 益	15
支 払 手 数 料	10	現　預　金	10
未 収 入 金	12	預　り　金	12

＜税務上の仕訳＞

（借方）資 本 金 等	40	（貸方）土　　　　　地	85
利 益 積 立 金	60	土 地 売 却 益	15
支 払 手 数 料	10	現　預　金	10
未 収 入 金	12	預　り　金	12

＜申告調整仕訳＞

（借方）資 本 金 等	40	（貸方）資本金等(自己株式)	100
利 益 積 立 金	60		

よって、

（借方）利 益 積 立 金　　　60　　　（貸方）資 本 金 等　　　60

⑵　法人株主に現物分配する場合

　法人株主への現物分配は、適格現物分配と非適格現物分配のどちらに該当するかを判断する必要があります。

①　適格現物分配と非適格現物分配の区分

　適格要件のすべてを満たす現物分配を適格現物分配と判断し、それ以外を非適格現物分配と判断します。適格要件は次のとおりです（法法２十二の十五）。

［適格要件］

　□　発行会社が、内国法人であること。

　□　法人株主が内国法人であり、現物分配直前に、発行会社との間に完全支配関係（**Q-81**）があること。

　□　現物分配を受ける株主が、上記の要件を満たす法人株主のみであること。

　例えば、次のような資本関係にある企業集団において、S2社がS1社のみから自己株式を取得し、対価として金銭以外の財産を交付する場合には、適格現物分配に該当します。

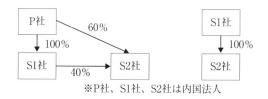

※P社、S1社、S2社は内国法人

なお、対価として金銭と金銭以外の財産を同時に交付する場合は、それぞれ別の取引として処理します。

② 適格現物分配における税務処理

交付財産を帳簿価額にて譲渡したものとして処理されます（法法62条の5③）。したがって、譲渡損益は生じません。資本金等の額と利益積立金額の減少額についても、交付財産の帳簿価額を基準として計算します（法令8①二十、9①十四）。

また、適格現物分配に係るみなし配当金額は、所得税法上の「配当等」に該当せず、源泉徴収をする必要がありません（所法24①かっこ書）。

【表】取得資本金額と利益積立金額の減少額

項　　　目		金　額	時点	メ　モ
資本金等の額	1		直前	
発行済株式総数	2		直前	直前の自己株式保有数を除く
取得した自己株式の株式数	3		－	
(1)≦0 YES なら 0、NO なら(1)÷(2)×(3)	4		－	端数処理の規定なし
自己株式の取得対価の合計額	5		－	適格現物分配の場合は、交付財産の交付直前帳簿価額
取得資本金額(資本金等の額の減少額) (5)≦(4) YES なら(5)、NO なら(4)	6		－	
利益積立金額の減少額 (5)－(6)	7		－	

【時点欄の見方】
◆いつの時点の金額を入力すべきかを示しています。
　直前：自己株式取得の効力発生時点（申込期日）の直前

＜税務上の仕訳＞

（借方）資　本　金　等	40	（貸方）土　　　　　地	85
利　益　積　立　金	45		
支　払　手　数　料	10	現　　預　　金	10

※利益積立金45＝自己株式の取得対価85（土地の簿価）－取得資本金額40
※適格現物分配のため、源泉徴収しない。

　会計上の仕訳と申告調整仕訳を示すと以下のとおりです。

＜会計上の仕訳＞

　　　（借方）自　己　株　式　　　85　　　（貸方）土　　　　　　地　　　85
　　　　　　　支 払 手 数 料　　　10　　　　　　　現　　預　　金　　　10
　　　　※「企業集団内の法人株主から自己株式を取得する場合（132頁）」に該当

＜申告調整仕訳＞

　　　（借方）資　本　金　等　　　40　　　（貸方）資本金等（自己株式）　85
　　　　　　　利 益 積 立 金　　　45

よって、

　　　（借方）利 益 積 立 金　　　45　　　（貸方）資　本　金　等　　　45

③　非適格現物分配における税務処理

a）　発行会社と法人株主との間に完全支配関係がない場合

　　　現物分配の原則処理が適用されます。現物分配の原則処理の詳細は、
　「(1) 個人株主に現物分配する場合」を参照ください。

b）　発行会社と法人株主との間に完全支配関係がある場合

　　　発行会社と法人株主との間に完全支配関係（**Q-81**）がある場合でも、
　当該法人株主に加えて個人株主や外国法人株主などにも現物分配を行った
　場合には、非適格現物分配に該当し、現物分配の原則処理が適用されます。

　　　ただし、発行会社と法人株主との間に完全支配関係があり、かつ、発行
　会社と法人株主の両方が内国法人である場合、グループ法人税制の適用要
　件を満たすため、交付財産が譲渡損益調整資産に該当するのであれば、譲
　渡損益を繰り延べます（法法61の13①）。

＜税務上の仕訳＞

（借方）資 本 金 等	40		（貸方）土　　　　地	85
利 益 積 立 金	60		土 地 売 却 益	15
譲 渡 損 益 調 整 損	15		譲 渡 損 益 調 整 勘 定	15
支 払 手 数 料	10		現　預　金	10
未 収 入 金	12		預　り　金	12

※土地が譲渡損益調整資産に該当した前提で、土地売却益15を繰り延べるために、譲渡損益調整損15を計上している。

会計上の仕訳と申告調整仕訳を示すと以下のとおりです。

＜会計上の仕訳＞

（借方）自 己 株 式	85		（貸方）土　　　　地	85
支 払 手 数 料	10		現　預　金	10
未 収 入 金	12		預　り　金	12

※「企業集団内の法人株主から自己株式を取得する場合（132頁）」に該当

＜申告調整仕訳＞

（借方）資 本 金 等	40		（貸方）資本金等（自己株式）	85
利 益 積 立 金	60		土 地 売 却 益	15
譲 渡 損 益 調 整 損	15		譲 渡 損 益 調 整 勘 定	15

よって、

（借方）利 益 積 立 金	60		（貸方）資 本 金 等	45
			譲 渡 損 益 調 整 勘 定	15

別表五(一) I　利益積立金額の計算に関する明細書				

区　　分		期首現在利益積立金額	当期の増減		差引翌期首現在利益積立金額①－②＋③
			減	増	
		①	②	③	④
利益準備金	1				
積立金	2				
資本金等	3		②45		▲45
譲渡損益調整勘定	4		②15		▲15
繰越欠損金（損は赤）	26	1,500		100	1,600
差引合計額	31	1,500	60	100	1,540

別表五(一) II　資本金等の額の計算に関する明細書				

区　　分		期首現在利益積立金額	当期の増減		差引翌期首現在利益積立金額①－②＋③
			減	増	
		①	②	③	④
資本金又は出資金	32	1,000			1,000
資本準備金	33				
自己株式			①85		▲85
利益積立金				②45	45
差引合計額	36	1,000	85	45	960

※①会計上の自己株式計上額（帳簿価額）85を資本金等から減少します。
※②申告調整仕訳を反映させます。

(3)　現物分配時の消費税

　剰余金の配当による現物分配は対価性がなく、消費税法上の資産の譲渡等に該当しません（消基通5-1-2参照）。対して、自己株式の取得による現物分配は対価性があり、消費税法上の資産の譲渡等に該当します（消基通5-2-1）。

Q-33　自己株式の譲渡に伴い金銭以外の財産の交付を受けた場合における法人株主の会計・税務について教えてください。

1　会計処理

(1)　企業集団内の発行会社から金銭以外の財産の交付を受けた場合

企業集団内の発行会社から、自己株式取得の対価として金銭以外の財産の交付を受ける場合、交付された財産の取得価額は、発行会社における適正な帳簿価額を引き継ぐものと考えられます（自己株式指針 7 、36参照）。

＜会計上の仕訳＞

(借方)土　　　　地	85	(貸方)有　価　証　券	80
法　人　税　等	12	有価証券売却益	5
		未　払　金	12

※土地の取得価額は、発行会社の帳簿価額85を引継ぐ。
※自己株式の譲渡対価が85（＝土地の取得価額）に対し、移動平均法等により算定した譲渡原価が80という前提。
※未払金12は、交付財産が現金ではないため源泉徴収税額（みなし配当金額60×源泉徴収税率20.42％）の精算が済んでいないという前提で計上している。

(2)　その他の場合

(1)以外の場合は、時価を交付された財産の取得原価とするのが原則です。交付された財産の時価と譲渡した自己株式の時価のうち、より高い信頼性をもって測定可能な時価を使います（**Q-32**参照）。

＜会計上の仕訳＞

(借方)土　　　　地	100	(貸方)有　価　証　券	80
法　人　税　等	12	有価証券売却益	20
		未　払　金	12

※時価100を土地の取得価額とする。
※自己株式の譲渡対価が100（時価）に対し、移動平均法等により算定した譲渡原価が80という前提。

2　税務処理

　自己株式の取得に伴い金銭以外の財産の交付を受ける場合、法人税法上「現物分配」として扱われます。現物分配とは、発行会社が株主に対し、剰余金の配当や自己株式の取得などにより金銭以外の資産を交付することをいいます（法法 2 十二の五の二）。

　法人株主が現物分配を受けた場合、適格現物分配と非適格現物分配のどちらに該当するかを判断する必要があります。

(1)　適格現物分配と非適格現物分配の区分

　適格要件のすべてを満たす現物分配を適格現物分配と判断し、それ以外を非適格現物分配と判断します。適格要件については、**Q-32** を参照ください。

(2)　適格現物分配における税務処理

①　交付された財産の取得価額

　交付された財産の取得価額は、適格現物分配直前の現物分配法人（＝発行会社）の帳簿価額とされています（法令123の 6 ①）。この規定では、付随費用の取扱いが不明ですが、付随費用を加えた金額を取得価額にするものと思われます（法令54①五ロ参照）。

②　みなし配当金額

　自己株式の取得により生じたみなし配当金額が適格現物分配に該当する場合は、受取配当等の益金不算入制度が適用されないため（法法23①）、別表八の記載は不要となります。一方で、当該みなし配当金額は法人税法62条の 5 第 4 項により益金不算入とされるため、別表四にて減算処理を行う必要があります。

③　有価証券譲渡損益

　交付財産の取得価額（法令123の 6 ①）を自己株式の譲渡対価の額として、有価証券譲渡損益相当額が計算されます（※）。また、適格現物分配に該当する場合には、グループ法人税制の適用要件を満たすため、有価証券譲渡損益相当額を資本金等の額の増減で処理します（法法61の 2 ⑰、法令 8 ①二十二）。

　※有価証券譲渡損益相当額＝譲渡対価額－みなし配当額－譲渡原価額

<税務上の仕訳>

（借方）土　　　　地	85	（貸方）有　価　証　券	80
資　本　金　等	40	受　取　配　当　金	45

※自己株式の譲渡対価が85（土地の帳簿価額。うち、みなし配当金額が45）に対し、移動平均
　法等により算定した譲渡原価が80という前提。
※株式の譲渡収入40＝自己株式譲渡対価85－みなし配当金額45
※資本金等▲40＝譲渡収入40－譲渡原価80
※適格現物分配のため、源泉徴収されない。

会計上の仕訳と申告調整仕訳を示すと以下のとおりです。

<会計上の仕訳>

（借方）土　　　　地	85	（貸方）有　価　証　券	80
		有価証券売却益	5

※「企業集団内の発行会社から金銭以外の財産の交付を受けた場合（140頁）」に該当

<申告調整仕訳>

（借方）資　本　金　等	40	（貸方）受　取　配　当　金	45
有価証券売却益	5		

別表四

区　　分		総　額	処　　分		
			留　保	社外流出	
		①	②	③	
当期利益又は当期欠損の額	1	100	100	配当	
				その他	
加算	受取配当金		②45	45	
減算	適格現物分配に係る益金不算入額	17	①45		※	45
	有価証券売却益		②5	5	
所得金額又は欠損金額	48				

※①適格現物分配に係るみなし配当金額を減算します。
※②申告調整仕訳を反映させます。

別表五(一) Ⅰ		利益積立金額の計算に関する明細書			
区　　分		期首現在 利益積立金額	当期の増減		差引翌期首現在 利益積立金額 ①－②＋③
			減	増	
		①	②	③	④
利益準備金	1				
積立金	2				
受取配当金	3			②45	45
有価証券売却益	4		②5		▲5
繰越欠損金（損は赤）	26	1,500		100	1,600
差引合計額	31	1,500	5	145	1,540

別表五(一) Ⅱ		資本金等の額の計算に関する明細書			
区　　分		期首現在 利益積立金額	当期の増減		差引翌期首現在 利益積立金額 ①－②＋③
			減	増	
		①	②	③	④
資本金又は出資金	32	1,000			1,000
資本準備金	33				
利益積立金			②40		▲40
差引合計額	36	1,000	40		960

※②申告調整仕訳を反映させます。

(3)　非適格現物分配における税務処理

①　発行会社と法人株主との間に完全支配関係がない場合

　株主が受ける現物分配は、原則として交付された財産の時価譲受けとして処理します。非適格現物分配に該当する場合には、この原則処理が適用されます。その他の課税関係は、自己株式の取得に伴い金銭を交付される場合と同じです。詳しくは、第2章「取得」の基本を参照ください。

------ 基本処理（41頁）と比較してみてください。------

＜会計上の仕訳＞

（借方）土　　　　　地	100	（貸方）有　価　証　券	80
法　人　税　等	12	有価証券売却益	20
		未　払　金	12

※自己株式の譲渡対価が100に対し、移動平均法等により算定した譲渡原価が80という前提。
※法人税等12は、源泉徴収税額（みなし配当金額60×源泉徴収税率20.42％）

＜税務上の仕訳＞

（借方）土　　　　　地	100	（貸方）有　価　証　券	80
有価証券売却損	40	受　取　配　当　金	60
法　人　税　等	12	未　払　金	12

※自己株式の譲渡対価が100（内、みなし配当金額が60）に対し、移動平均法等により算定した譲渡原価が80という前提。
※株式の譲渡収入40＝自己株式譲渡対価100－みなし配当金額60
※有価証券売却損40＝譲渡収入40－譲渡原価80

＜申告調整仕訳＞

（借方）有価証券売却益	20	（貸方）受　取　配　当　金	60
有価証券売却損	40		

② 発行会社と法人株主との間に完全支配関係がある場合

　現物分配の原則処理が適用されますが、発行会社と法人株主との間に完全支配関係（Q-81）があり、かつ、発行会社と法人株主の両方が内国法人である場合、グループ法人税制の適用要件を満たすため、有価証券譲渡損益相当額を資本金等の増減で処理します（法法61の2⑰、法令8①二十二）。

＜税務上の仕訳＞

（借方）土　　　　　地	100	（貸方）有　価　証　券	80
法　人　税　等	12	受　取　配　当　金	60
資　本　金　等	40	未　払　金	12

※自己株式の譲渡対価が100（内、みなし配当金額が60）に対し、移動平均法等により算定した譲渡原価が80という前提。
※株式の譲渡収入40＝自己株式譲渡対価100－みなし配当金額60
※資本金等▲40＝譲渡収入40－譲渡原価80

⑷　現物分配時の消費税

　剰余金の配当による現物分配は対価性がなく、消費税法上の資産の譲渡等に該当しません（消基通5-1-2参照）。対して、自己株式の取得による現物分配は対価性があり、消費税法上の資産の譲渡等に該当します（消基通5-2-1）。

⑸　現物分配時の不動産取得税

　自己株式の取得に伴い不動産の交付を受けた場合、合併等と異なり非課税規定の適用がないため、株主に不動産取得税が課されます。

Q-34　自己株式の譲渡に伴い金銭以外の財産の交付を受けた場合における個人株主の会計・税務について教えてください。

A　株主が受ける現物分配は、原則として交付された財産の時価譲受けとして処理します。個人株主に対する現物分配は適格現物分配に該当しないことから、この原則処理が適用されます。また、発行会社と個人株主との間に完全支配関係（**Q-81**）があるか否かにかかわらず、有価証券譲渡損益が認識されます。その他の課税関係は、自己株式の取得に伴い金銭を交付される場合と同じです。詳しくは、第2章「取得」の基本を参照ください。

　現物分配時の消費税・不動産取得税の扱いは、**Q-33**を参照ください。

Q-35　持合解消のため、100%子会社が親会社株式を配当した（株主である親会社側で自己株式取得となる）場合の注意点を教えてください。

A　被現物分配法人（親会社）にとって自己株式となる株式のみを適格現物分配にて受け取った場合には、繰越欠損金の使用制限や特定保有資産に係る譲渡等損失の損金算入制限が課されません。

1　自己株式取得と現物分配の関係

　現物分配とは、発行法人が剰余金の配当や自己株式取得などのみなし配当事由となる行為により、株主に金銭以外の資産の交付をすることをいいます（法法２十二の五の二）。

　そこで、自己株式取得と現物分配がクロスする問題を取扱う場合には、①発行会社が行う自己株式取得が現物分配に該当するケースと、②剰余金の配当等により株式を配当した結果、株主側で自己株式取得となるケースのいずれであるかを意識する必要があります。

①　発行会社が行う自己株式取得が現物分配に該当するケース

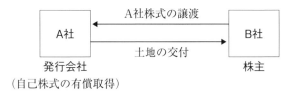

②　剰余金の配当等により株式を配当した結果、株主側で自己株式取得となるケース

　①のケースは、「取得」のQ&A（**Q-32～34**）で解説しており、このQで扱うのは②のケースです。

　剰余金の配当により株主側にて自己株式取得となるケース（②のケース）では、株主側では自己株式の無償取得となることから、何らの会社法上の手続なく自己株式を取得することが可能です（**Q-5**参照）。

2　適格現物分配における欠損金使用制限と特定資産譲渡等損失の損金算入制限

　親会社と100％子会社が株式の相互持合いをしている場合、親会社と100％子会社との間には、完全支配関係があると判断されます（294頁＜ケース３＞参

照）。

　そのため、親会社と100％子会社の双方が内国法人であれば、100％子会社が行う現物配当は適格現物分配に該当します（適格要件については**Q-32**参照）。

　買収されてきた子会社が、買収後、一定期間（6年弱）内に行う適格現物分配では、被現物分配法人（親会社）に対し、繰越欠損金の使用制限（法法57④）と特定資産譲渡等損失の損金算入制限（法法62の7）が課されます。

　なお、現物分配法人（100％子会社）には、このような制限は課されません。

3　自己株式となる株式を適格現物分配により受け取った場合における欠損金使用制限の特例

　被現物分配法人（親会社）にとって自己株式となる株式のみを適格現物分配にて受け取った場合には、繰越欠損金の使用制限や特定保有資産に係る譲渡等損失の損金算入制限が課されません（法令113⑤）。確定申告書に別表七（一）付表四を添付する必要もありません（法令113⑥）。

　被現物分配法人（親会社）では、自己株式取得として適格現物分配直前の帳簿価額相当額を資本金等の額から減少することになるため（法令8①二十一ロ）、自己株式となる株式の含み益が実現することはないからです。

（参考）

『平成22年度税制改正に係る法人税質疑応答事例（グループ法人税制）について（情報）』（平成22年8月10日国税庁）問16

Q-36　無償で取得した場合の会計処理について教えてください。

A　自己株式を無償で取得する場合は、自己株式の数のみの増加として処理します。つまり、会計上なんらの仕訳も必要ありません（自己株式指針14）。

　贈与した株主が有していた持分が他の株主に移転するのみで、株主間の富の移転が生じているだけであると考えているからです。株主間の富の移転によっ

て、一般的にはその会社の株主持分額の変動は認識しません。このような理由で、自己株式を無償取得した場合には、自己株式の数のみ増加するとの処理をすることとなりました（自己株式指針42）。

　ただし、無償取得した株式の数に重要性がある場合には、その旨及び株式数を連結株主資本等変動計算書又は個別株主資本等変動計算書に注記する必要があります（自己株式指針15・44-2）。

Q-37　1株当たりの当期純利益・純資産額の計算方法について教えてください。

　自己株式を取得・処分した場合には、1株当たりの当期純利益・純資産額に影響を及ぼします。

1　1株当たりの当期純利益

　1株当たりの当期純利益は、次の計算式により算定します（1株当たり当期純利益基準12）。

> 普通株式に係る当期純利益 ÷ 普通株式の期中平均株式数

　期中平均株式数は、発行時から期末までの日数に応じた普通株式数の他、合理的な基礎に基づいて算定することとされています。例えば月末の発行済普通株式数から自己株式を控除した株式数の累計を平均して算定する方法を用いることもできます（1株当たり当期純利益指針13）。

2　1株当たりの純資産額

　1株当たり純資産額は、次の計算式により算定します。

> 普通株式に係る期末の純資産額 ÷（期末発行済普通株式数−期末自己株式数）

　期末に自己株式申込証拠金がある場合には、この自己株式申込証拠金は貸借対照表の純資産の部の合計額から控除して、純資産額を算定することに注意してください（1株当たり当期純利益指針34・35）。

◆設例

会計期間　4月1日から3月31日

発行済株式数　1,000株

9月15日に自己株式300株を取得

当期純利益　825,000円

期末純資産額　43,400,000円

1株当たり当期純利益

$(1,000株 \times 5 ヶ月 + (1,000株 - 300株) \times 7 ヶ月) \div 12ヶ月 = 825株$

$825,000円 \div 825株 = 1,000円/株$

1株当たり純資産額

$43,400,000円 \div (1,000株 - 300株) = 62,000円/株$

Q-38 自己株式を取得し、みなし配当課税が行われない場合はどのようなときでしょうか。

A　自己株式の取得時には、株式を譲渡した法人株主又は個人株主にみなし配当課税を行うことを原則としています。

みなし配当課税が行われない特例として、以下のようなものがあります。

1　市場取引等（法法24①五、法令23③、所法25①五、所令61①）

法人・個人を問わず、株主が以下の表の取引により自己株式を譲渡した場合には、みなし配当が発生しません。このケースでは、発行会社の利益積立金額は減少せず、自己株式の対価相当額だけ、資本金等の額が減少します（法令8①二十一）。

	内　　　容
金融商品取引所取引	金融商品取引所（金融商品取引所に類するもので外国の法令に基づき設立されたものを含む。）の開設する市場における購入。自己株式立会外買付取引（ToSTNeT-3）もこれに該当する。
店頭売買登録銘柄取引	店頭売買登録銘柄（株式で、認可金融商品取引業協会が、その定める規則に従い、その店頭売買につき、その売買価格を発表し、かつ、当該株式の発行会社に関する資料を公開するものとして登録したものをいう。）として登録された株式のその店頭売買による購入
私設取引システム（PTS）取引	金融商品取引法2条8項に規定する金融商品取引業のうち同項10号に掲げる行為を行う者が同号の有価証券の売買の媒介、取次ぎ又は代理をする場合におけるその売買（同号ニに掲げる方法により売買価格が決定されるものを除く。）
事業全部譲受け	事業の全部の譲受け
組織再編	合併又は分割もしくは現物出資（適格分割もしくは適格現物出資又は事業を移転し、かつ、当該事業に係る資産に当該分割もしくは現物出資に係る分割承継法人もしくは被現物出資法人の株式が含まれている場合の当該分割又は現物出資に限る。）による被合併法人又は分割法人もしくは現物出資法人からの移転
三角適格分社型分割	適格分社型分割（法人税法2条12号の11に規定する分割承継親法人株式が交付されるものに限る。）による分割承継法人からの交付
三角株式交換	法人税法61条の2第9項に規定する株式交換（同項に規定する政令で定める関係がある法人の株式が交付されるものに限る。）による株式交換完全親法人からの交付
合併の反対株主	合併に反対する当該合併に係る被合併法人の株主等の買取請求に基づく買取り
単元未満株式及び端数株式	会社法182条の4第1項（株式併合により端数株式が生じる場合の反対株主の買取請求）、192条1項（単元未満株式の買取りの請求）又は234条4項（1に満たない端数の処理）（同法235条2項（1に満たない端数の処理）又は他の法律において準用する場合を含む。）の規定による買取り
旧株式を全部取得条項付種類株式とする定款変更に反対する株主等の買取請求（会116）に基づく旧株式の買取り（会117）	法人税法61条の2第14項3号に規定する全部取得条項付種類株式を発行する旨の定めを設ける法人税法13条1項（事業年度の意義）に規定する定款等の変更に反対する株主等の買取請求に基づく買取り（その買取請求の時において、当該全部取得条項付種類株式の同号に定める取得決議に係る取得対価の割当てに関する事項（当該株主等に交付する当該買取りをする法人の株式の数が一に満たない端数となるものに限る。）が当該株主等に明らかにされている場合（法人税法61条の2第14項に規定する場合に該当する場合に限る。）における当該買取りに限る。）
価格申立て（会172）により金銭を交付して取得した全部取得	法人税法61条の2第14項3号に規定する全部取得条項付種類株式に係る同号に定める取得決議（当該取得決議に係る取得の価格の決定の申立てをした者でその申立てをしないとしたならば当該取得の対

条項付種類株式	価として交付されることとなる当該取得をする法人の株式の数が一に満たない端数となるものからの取得（同項に規定する場合に該当する場合における当該取得に限る。）に係る部分に限る。）
取得請求権付株式の端数	会社法167条3項（効力の発生）又は283条（1に満たない端数の処理）に規定する1株に満たない端数に相当する部分の対価としての金銭の交付

2　種類株式の取得（法法24①五・61の2⑭、所法25①五・57の4③）

　法人・個人を問わず、株主が以下の表の種類株式を、①以下の表に記載されている事由により発行会社に譲渡し、②交付を受けた株式又は新株予約権の時価と譲渡した種類株式の時価がおおむね同額の場合には、みなし配当が発生しません。このケースでは、発行会社の利益積立金額だけでなく資本金等の額も減少しないことに注意が必要です（法令8①一リ・二十一）。

	事　　　　由
取得請求権付株式	取得請求権付株式に係る請求権の行使によりその取得の対価としてその法人の株式のみが交付される場合
取得条項付株式	取得条項付株式に係る取得事由の発生によりその取得の対価としてその取得をされる株主等にその取得をする法人の株式のみが交付される場合（その取得の対象となった種類の株式のすべてが取得をされる場合には、その取得の対価としてその取得をされる株主等にその取得をする法人の株式及び新株予約権のみが交付される場合を含みます。）
全部取得条項付種類株式	全部取得条項付種類株式に係る取得決議によりその取得の対価としてその取得をされる株主等にその取得をする法人の株式のみが交付される場合又はその取得をする法人の株式及び新株予約権のみが交付される場合

3　相続により取得した非上場株式を発行会社に譲渡した場合（措法9の7）

　個人株主のみの特例です。このケースでは、発行会社の利益積立金額・資本金等の額は、原則どおり減少します。

相続による譲渡	下記の要件をすべて満たす場合
	①　相続又は遺贈（死因贈与を含む）により財産を取得した個人で
	②　その相続又は遺贈につき納付すべき相続税があり
	③　その相続開始日の翌日から、相続税の申告書の提出期限の翌日以後3年を経過する日までの間に

④ 相続税の課税価格の計算の基礎に算入された非上場株式を、その発行会社に譲渡した場合で
⑤ 租税特別措置法施行令5条の2に定める手続をした場合

Q-39 スクイーズアウトの各手法とみなし配当課税の関係について教えてください。

A

1 合 併

(1) 現金交付合併

合併法人が合併の対価として現金を交付することにより、被合併法人の株主を排除することができます。

現金を交付する合併は、原則として非適格合併となりますが、平成29年度税制改正により吸収合併の適格対価要件が緩和され、合併法人が単独で被合併法人株式の2／3以上を有する場合には、被合併法人の株主に金銭その他の資産を交付したとしても、要件を満たすものとされました（法法2二の八）。

適格合併に該当する場合には、被合併法人の株主にみなし配当課税は行われません（現金の交付を受けた株主に対しては株式譲渡損益課税が行われます。）。

(2) 株式交付合併の端数処理

合併比率を調整することにより、被合併法人の株主に端株を交付することができます。この場合、端株の合計数に相当する数の株式を売却し、その売却代金を被合併法人の株主に交付しなければなりません（会234）。端株だけが交付された少数株主は売却代金を受け取るとともに、株主の地位から排除されます。

被合併法人の株主に端株の売却代金相当の金銭を交付した場合には、株式を交付したものとして適格対価要件を満たすものとされています（法基通1-4-2）。

適格合併に該当する場合には、被合併法人の株主にみなし配当課税は行われません。

なお、この端株を合併法人が買い取ることがあります（会234④）。この場合には自己株式の取得となりますが、会社法234条4項の規定による買取りにつ

いては、みなし配当課税が行われません（法令23③九、所令61①九）。

(3) 反対株主による株式買取請求権の行使

① 合併法人の反対株主

　合併法人の反対株主は、合併法人に対して株式買取請求権を行使することができます（会797①）。その結果、合併法人が自己株式を取得することになるため、合併法人の反対株主にみなし配当課税が行われます。

② 被合併法人の反対株主

　被合併法人の反対株主は、被合併法人に対して株式買取請求権を行使することができます（会785①）。その結果、被合併法人が自己株式を取得することになりますが、被合併法人の反対株主の買取請求に基づく買取りについては、みなし配当課税は行われません（法令23③八、所令61①八）。

2　株式交換

(1) 現金交付株式交換

　株式交換完全親法人が株式交換の対価として現金を交付することにより、株式交換完全子法人の株主を排除することができます。

　現金を交付する株式交換は、原則として非適格株式交換となりますが、平成29年度税制改正により株式交換の適格対価要件が緩和され、株式交換完全親法人が単独で株式交換完全子法人株式の2／3以上を有する場合には、株式交換完全子法人の株主に金銭その他の資産を交付したとしても、要件を満たすものとされました（法法2十二の十七）。

　株式交換等（法法2十二の十六）においては適格か非適格かに係わらず、株式交換完全子法人の株主にみなし配当課税は行われません（現金の交付を受けた株主に対しては株式譲渡損益課税が行われます。）。

(2) 株式交付株式交換の端数処理

　株式交換比率を調整することにより、株式交換完全子法人の株主に端株を交付することができます。この場合、端株の合計数に相当する数の株式を売却し、その売却代金を株式交換完全子法人の株主に交付しなければなりません（会234）。端株だけが交付された少数株主は売却代金を受け取るとともに、株主の地位から排除されます。

　株式交換完全子法人の株主に端株の売却代金相当の金銭を交付した場合には、株式を交付したものとして適格対価要件を満たすものとされています（法基通1-4-2）。

　株式交換等（法法2十二の十六）においては適格か非適格かに係わらず、株式交換完全子法人の株主にみなし配当課税は行われません。

　なお、この端株を株式交換完全親法人が買い取ることがあります（会234④）。この場合には自己株式の取得となりますが、会社法234条4項の規定による買取りについては、みなし配当課税は行われません（法令23③九、所令61①九）。

⑶　反対株主による株式買取請求権の行使

①　株式交換完全親法人の反対株主

　株式交換完全親法人の反対株主は、株式交換完全親法人に対して株式買取請求権を行使することができます（会797①）。その結果、株式交換完全親法人が自己株式を取得することになるため、株式交換完全親法人の反対株主にみなし配当課税が行われます。

②　株式交換完全子法人の反対株主

　株式交換完全子法人の反対株主は、株式交換完全子法人に対して株式買取請求権を行使することができます（会785①）。その結果、株式交換完全子法人が自己株式を取得することになるため、株式交換完全子法人の反対株主にみなし配当課税が行われます。

　被合併法人の反対株主の買取請求に基づく買取りと異なり、みなし配当課税が行われない特例は設けられていませんので注意が必要です。

3　全部取得条項付種類株式

⑴　スクイーズアウト手法としての評価

　全部取得条項付種類株式を用いたスクイーズアウトは、従来、公開買付けに応じなかった株主を排除する手法として広く使われてきましたが、⑶で説明するとおり複雑なスキームであり、平成27年5月1日に施行された改正会社法により特別支配株主の株式売渡請求制度（会179～179の10）が新設され、また、株主保護に欠けるとして事実上利用が封じられていた株式併合について規定が整備されたことから（会182の2～182の6）、今後はあまり利用されなくなる

との指摘があります。

⑵　全部取得条項付種類株式の取得

　全部取得条項付種類株式の取得は自己株式の取得に該当しますが、その取得の対価として発行会社の株式以外の資産が交付されない場合には、みなし配当課税は行われません（法法24①五・61の2⑭三、所法25①五・57の4③三）。

⑶　全部取得条項付種類株式の端数処理

　全部取得条項付種類株式の端数処理は、次のような手順で行われます。

【全部取得条項付種類株式の端数処理の手順例】

| A種株式（内容は適当）を定款に定めて種類株式発行会社になります。 |

⇩

| 普通株式を全部取得条項付種類株式とする定款変更を行います。 |

⇩

| 株主総会特別決議により全部取得条項付種類株式を取得し、対価としてA種株式を交付します。極端な交付比率を設定することにより、少数株主には端株のみが交付されるようにします。 |

⇩

| 端株の合計数に相当する数の株式を売却し、その売却代金を少数株主に交付します。 |

⇩

| 支配株主に交付されたA種株式を普通株式とする定款変更を行います。 |

　交付比率を調整することにより、発行会社の株主に端株を交付することができます。この場合、端株の合計数に相当する数の株式を売却し、その売却代金を発行会社の株主に交付しなければなりません（会234）。端株だけが交付された少数株主は売却代金を受け取るとともに、株主の地位から排除されます。

　平成29年度税制改正により、株式交換等（法法2十二の十六）に該当する全部取得条項付種類株式の端数処理について株式交換と同様の課税関係が生じることになりましたが、株式交換等においては適格か非適格かに係わらず、発行会社の株主にみなし配当課税は行われません。

　なお、少数株主に交付された端株を発行会社が買い取ることがあります（会234④）。この場合には自己株式の取得となりますが、会社法234条4項の規定による買取りについては、みなし配当課税が行われません（法令23③九、所令61①九）。

⑷　定款変更に反対する株主による株式買取請求権の行使

　上記の手順例では、普通株式を全部取得条項付種類株式とする定款変更を行いますが、この定款変更に反対する株主（議決権を行使できない株主を含む）は、発行会社に対して株式買取請求権を行使することができます（会116）。その結果、発行会社が普通株式を自己株式として取得することになりますが、この買取りについて一定の要件[※]を満たす場合には、みなし配当課税が行われません（法令23③十、所令61①十）。

　　※株式買取請求権を行使する時において、その株主に対して交付される全部取得条
　　　項付種類株式が端株のみであることが明らかなこと。

⑸　取得決議に反対する株主による価格の決定の申立て

　上記の手順例では、全部取得条項付種類株式を取得してA種株式を交付しますが、この取得決議に反対する株主（議決権を行使できない株主を含む）は、裁判所に対して取得価格の決定の申立てをすることができます（会172）。その結果、発行会社が裁判所の決定した価格で全部取得条項付種類株式を自己株式として取得することになりますが、この買取りについて一定の要件[※]を満たす場合には、みなし配当課税が行われません（法令23③十一、所令61①十一）。

　　※価格の決定の申立てをしないとしたならば、その株主に対して交付されるA種株
　　　式が端株のみであること。

4　株式併合

⑴　株式併合の端数処理

　併合比率を調整することにより、発行会社の株主に端株を交付することができます。この場合、端株の合計数に相当する数の株式を売却し、その売却代金を発行会社の株主に交付しなければなりません（会235）。端株だけが交付された少数株主は売却代金を受け取るとともに、株主の地位から排除されます。

　平成29年度税制改正により、株式交換等（法法2十二の十六）に該当する株

式併合の端数処理について株式交換と同様の課税関係が生じることになりましたが、株式交換等においては適格か非適格かに係わらず、発行会社の株主にみなし配当課税は行われません。

　なお、この端株を発行会社が買い取ることがあります（会235②・234④）。この場合には自己株式の取得となりますが、会社法234条4項の規定による買取りについては、みなし配当課税が行われません（法令23③九、所令61①九）。

⑵　反対株主による株式買取請求権の行使

　株式併合に反対する株主（議決権を行使できない株主を含む）は、発行会社に対して株式買取請求権を行使することができます（会182の4①）。その結果、発行会社が自己株式を取得することになりますが、株式併合に反対する株主の買取請求に基づく買取りについては、みなし配当課税が行われません（法令23③九、所令61①九）。

5　株式売渡請求

　90％以上の議決権を有する特別支配株主は、少数株主の全員に対して、その有する株式の全部を当該特別支配株主に売り渡すことを請求することができます（会179）。少数株主は売却代金を受け取るとともに、株主の地位から排除されます。

　平成29年度税制改正により、株式交換等（法法2十二の十六）に該当する株式売渡請求について株式交換と同様の課税関係が生じることになりましたが、株式交換等においては適格か非適格かに係わらず、発行会社の株主にみなし配当課税は行われません。

Q-40　相続等により株式を取得した者から、発行会社が自己株式を取得した場合の、課税の特例について教えてください。

（A）　相続により非上場株式を取得したため、相続税が発生した場合に、現金化しづらく、納税資金が作れないことがあります。

　このため、この非上場株式について、発行会社に自己株式の取得をしてもら

うという対策が考えられます。しかし、自己株式の取得に該当すると、みなし配当課税が行われ総合課税（最高税率は住民税と合わせて55.945％）となるため、所得税の納税が多額となり、相続税を納められないという問題が生じていました。

　そこで、相続又は遺贈（死因贈与を含みます）により財産を取得した個人で、相続税があるものが、その相続開始後一定期間内に相続税の課税価格計算の基礎に算入された非上場株式をその発行会社に譲渡した場合には、みなし配当課税を行わないとの特例措置が設けられています（措法9の7）。

　具体的には、次のような要件がありますので、注意する必要があります。

　さらに、この非上場株式を相続により取得した際に、相続税額があった場合には、この株式の譲渡所得の計算上、取得費に相続税相当額を加算する特例を受けることもできます（措法39）。

1　みなし配当課税の特例の適用要件

(1)　相続又は遺贈により取得した財産

　相続又は遺贈により財産を取得した個人で、その取得した相続財産中に譲渡しようとする自己株式が含まれている必要があります。

(2)　相続税があること

　相続税の納税資金を作るために認められた特例であるため、実際に相続税がある必要があります。

　このことを忘れて、単に相続により非上場株式を取得したので、これを発行会社に譲渡したが、相続税が生じていなかったというような場合には、原則どおりにみなし配当課税が行われるので、注意が必要です。

(3)　一定期間内の譲渡

　この譲渡は相続開始日の翌日から、相続税の申告書の提出期限の翌日以後3年を経過する日までの間に譲渡する必要があります。

(4)　非上場株式であること

　この特例は、非上場会社の株式に限られます。上場会社の場合は、市場を通じて売却することができ、この場合にはみなし配当課税が行われませんので、このような特例規定を設ける必要がなかったものと考えられます。

相続財産に係る非上場株式をその発行会社に譲渡した
場合のみなし配当課税の特例に関する届出書（譲渡人用）

発行会社受付日付　税務署受付印 令和　年　月　日 税務署長殿	譲 渡 人	住所又は居所	〒 電話　　－　　－
		（フリガナ） 氏　　　名	
		個人番号	｜｜｜｜｜｜｜｜｜｜｜｜

租税特別措置法第9条の7第1項の規定の適用を受けたいので、租税特別措置法施行令第5条の2第2項の規定により、次のとおり届け出ます。

被相続人	氏　　　名		死亡年月日	令和　年　月　日
	死亡時の住所 又は居所			
	納付すべき相続税額 又はその見積額	円	(注)納付すべき相続税額又はその見積額が「0円」 の場合にはこの特例の適用はありません。	
	課税価格算入株式数			
	上記のうち譲渡を しようとする株式数			
	その他参考となるべき事項			

相続財産に係る非上場株式をその発行会社に譲渡した
場合のみなし配当課税の特例に関する届出書（発行会社用）

			※整理番号	
税務署受付印 令和　年　月　日 税務署長殿	発 行 会 社	所　在　地	〒 電話　　－　　－	
		（フリガナ） 名　　称		
		法人番号	｜｜｜｜｜｜｜｜｜｜｜｜	

上記譲渡人から株式を譲り受けたので、租税特別措置法施行令第5条の2第3項の規定により、次のとおり届け出ます。

譲り受けた株式数	
1株当たりの譲受対価	
譲受年月日	令和　　年　　月　　日

(注)　上記譲渡人に納付すべき相続税額又はその見積額が「0円」の場合には、当該特例の適用はありませんので、みなし配当課税を行うことになります。この場合、届出書の提出は不要です。

※税務署 処理欄	法人課税部門	整理簿	確認	資産回付	資産課税部門		通信日付印	確認	番号
							年　月　日		

03.06 改正

(5) 発行会社への譲渡であること

　非上場株式の発行会社への譲渡に限ります。発行会社以外の会社への譲渡では、そもそもみなし配当課税が行われないからです。

(6) 手続規定（措令5の2、措規5の5）

　この規定の適用を受けようとする個人は、次頁の書面を、その譲渡をする時までに、発行会社に提出する必要があります。

　この書面の提出を受けた発行会社は、当該書面を、その株式を譲り受けた日の翌年1月31日までに、所轄税務署長に提出しなければなりません。この場合には、その書面の写しを各人別に整理して、書面の提出日の翌年から5年間保存しなければなりません。

2　発行会社の資本金等の額と利益積立金額の計算

　特に注意が必要な点として、自己株式を取得した発行会社の税務処理が挙げられます。他のみなし配当の適用除外規定の多くは、発行会社側で、自己株式取得対価相当額の全額について資本金等の額が減少し、利益積立金額が減ることはありません。

　しかし、この特例の場合には、法人税法上なんらの規定もないため、原則どおり資本金等の額と利益積立金額が減少します。

　発行会社では、利益積立金額の減少があるが、譲渡した個人株主側ではみなし配当課税が行われないという制度です。みなし配当課税がないため、発行会社に源泉徴収義務がない点も注意してください。

3　相続財産に係る譲渡所得の課税の特例

(1) 特例の内容

　相続又は遺贈（死因贈与を含む）により財産の取得をした個人で、その相続等につき相続税額があるものが、その相続開始日の翌日から相続税の申告期限の翌日以後3年を経過する日までの間に、その相続税額に係る課税価格の計算の基礎に算入された資産を譲渡した場合には、次のいずれかの算式により計算した金額のうち低い金額を、その譲渡所得の取得費に加算します（措令25の16①）。なお、②の計算結果がマイナスとなる場合には、この特例の適用はありません。

$$①\quad \begin{array}{c}\text{資産を譲渡した者}\\\text{の確定相続税額}\end{array} \times \frac{\text{相続税の課税価格計算の基礎に算}}{\text{入された譲渡資産の相続税評価額}}{\dfrac{}{\begin{array}{c}\text{資産を譲渡した者の}\\\text{相続税の課税価格}\end{array}+\begin{array}{c}\text{資産を譲渡した}\\\text{者の債務控除額}\end{array}}}$$

② 譲渡収入 － （通常の方法により計算した取得費 ＋ 譲渡費用）

　この規定は、この規定の適用を受けようとする年分の確定申告書に一定の書類を添付した場合に限り適用されます。

　みなし配当課税適用除外の特例は、相続財産に係る譲渡所得の課税の特例との併用が可能です。

(2)　手続要件

　上記の特例を受ける場合には、次の手続が必要となります。

①　特例の適用を受ける年分の所得税の確定申告書第三表の「特例適用条文欄」に「措法39条」と記載します。

②　①の確定申告書に「相続財産の取得費に加算される相続税の計算明細書」「株式等に係る譲渡所得等の金額の計算明細書」を添付します。

③　相続税の申告書「第１表」「第11表」「第11の２表」「第14表」「第15表」の写しを②の計算明細書に添付します。

4　会社法上の注意点

　この特例は税法上の規定ですので、会社法のどの規定を使って発行会社に譲渡したかは問いません。

　会社法上の手続としては、会社法155条３号（合意による取得）、同155条６号（相続人に対する売渡し請求）の利用が一般的と思われますが、それ以外の方法による取得でもかまいません。

　会社法上の特例については、**Q-21**を参照してください。

Q-41 相続等により株式を取得した個人が、相続開始前に同一銘柄の株式を保有している場合に課税の特例を受けることができる範囲を教えてください。

A 　相続等により取得した株式から優先的に譲渡したものとして、みなし配当課税不適用の特例（措法9の7）及び相続財産を譲渡した場合の取得費の特例（措法39）を受けることができます。

1　相続の前後に取得した株式の譲渡の順序による相違

　本人が相続等により取得した株式と同一銘柄の株式を従前から所有していることがあります。このような状況において、その株式を発行会社に譲渡した場合に、みなし配当課税不適用の特例（措法9の7）及び相続財産を譲渡した場合の取得費の特例（措法39）を受けることができるのか、という論点があります（Q-40参照）。

　すなわち、相続等により取得した株式から優先的に譲渡したものとして取り扱われる場合には、特例が適用できる株式数が多くなるため納税者有利となりますが、相続以前から所有していた株式から優先的に譲渡したものとして取り扱われる場合には、特例が適用できる株式が少なくなるため納税者不利となります。

（例）

　相続以前から所有している株式　　500株

　相続等により取得した株式　　　　500株

　発行会社に譲渡した株式　　　　　600株

① 　相続等により取得した株式から優先的に譲渡したものとして取り扱われる場合

　　譲渡した株式600株のうち、500株について課税の特例を受けることができ、残り100株について課税の特例を受けることができない。

② 　相続以前から所有していた株式から優先的に譲渡したものとして取

り扱われる場合

　　譲渡した株式600株のうち、500株について課税の特例を受けることができず、残り100株について課税の特例を受けることができる。

2　所得税基本通達の取扱い

　所得税基本通達33-6の4では、有価証券を譲渡した場合において、当該有価証券と同一銘柄の有価証券を当該譲渡の日前5年前及び当該譲渡の日前5年以内に取得しているときは、当該譲渡した有価証券は先に取得したものから順次譲渡したものとして取り扱うこととしています。有価証券の保有期間の長短によって長期譲渡所得と短期譲渡所得に区分され、長期譲渡所得は2分の1課税されるのに対し、短期譲渡所得はその全額が課税されるという違いがあることから、納税者有利に取り扱うために上記通達が設けられています。

　現在は、株式の保有期間の長短により課税上の差が生じないこととなっていますので、原則として長期、短期の区分は不要です。しかし、ゴルフ会員権の譲渡に類似する株式等の譲渡など、総合課税となる有価証券の譲渡があるため、この通達が残されています。

3　相続財産を譲渡した場合の取得費の特例（措法39）の適用関係

　この特例については、租税特別措置法通達39-12（同一銘柄の株式を譲渡した場合の適用関係）にて、相続等により取得した株式から優先的に譲渡したものとして取り扱うことが明らかにされています。

　所得税基本通達とは取扱いが異なるわけですが、その理由は次のとおりとされています。

①　同一銘柄の株式については、相続財産であっても相続人固有の財産であっても、その資産としての性質は同一であり、いずれを譲渡したとしても、これを区別して特例の適用を判断する合理的理由に乏しいこと（相続等により取得した株式を譲渡したことが明らかであることを条件に特例の適用を認めることは現実的でないこと。）。

②　所得税基本通達33-6の4《有価証券の譲渡所得が短期譲渡所得に該当するかどうかの判定》における長期・短期の区分に係る取扱い（先入先出

法による判定）は、いずれの株式から譲渡したかが判然としない場合に、納税者有利に取り扱うこととするものと考えられるところ、これを取得費加算の特例に準用すると、納税者にとって不利になる場合があること。

4　みなし配当課税不適用の特例（措法9の7）の適用関係

この特例についても、租税特別措置法通達39-12の取扱いに準じて、相続等により取得した株式から優先的に譲渡したものとして取り扱うことが東京国税局の文書回答事例で明らかにされています。

＜東京国税局　文書回答事例＞
https://www.nta.go.jp/about/organization/tokyo/bunshokaito/gensen/120417_01/besshi.htm#a-01
（注）　文書回答の「措置法通達39-20」は古い通達番号です。「措置法通達39-12」と読み替える必要があります。

Q-42　生前贈与により株式を取得した個人も、みなし配当課税不適用の特例及び相続財産を譲渡した場合の取得費の特例を受けることができますか。

A　平成27年1月1日以後に発生した相続においては、相続時精算課税制度の適用を受ける贈与により株式を取得した個人、相続開始前3年以内贈与により株式を取得した個人、事業承継税制（贈与税の納税猶予）の適用を受ける贈与により株式を取得した個人についても、みなし配当課税不適用の特例及び相続財産を譲渡した場合の取得費の特例を受けることができます。

1　みなし配当課税不適用の特例（措法9の7）

相続税法又は事業承継税制（贈与税の納税猶予、措法70の7の3・70の7の7）の規定により相続又は遺贈により財産を取得したものとみなされた株式については、この特例を受けることができます（措法9の7①）。

　なお、相続税法の規定により、相続等により取得したものとみなされるもの
は、以下の通りです。

① 相続時精算課税制度の適用を受ける贈与により取得した財産（相法21の
　16）

② 相続税法3条から9条の4までの規定により相続等により取得したもの
　とみなされる財産

③ 相続開始前3年以内贈与により取得した財産（相法19）

2　相続財産を譲渡した場合の取得費の特例（措法39）

　上記1と同様に、相続税法又は事業承継税制（贈与税の納税猶予、措法70の
7の3・70の7の7）の規定により相続等により財産を取得したものとみなさ
れた株式については、この特例を受けることができます（措法39①）。

Q-43　発行会社が自己株式を時価より低額・高額で取得した場合の会計・税務について教えてください。

1　会計処理

　自己株式を取得した場合には、対価の額をもって、取得原価と
します（自己株式指針7～9）。

　したがって、自己株式を時価より低額・高額で取得した場合でも、時価で取
得した場合と会計処理が異なることはなく、対価の額と処分した自己株式の時
価との差額を寄付金や受贈益として認識することはありません。

　そこで、自己株式を無償取得した場合には、自己株式の数のみの増加として
処理し、時価を取得価額とすることはありません（自己株式指針14）。

2　税務処理

　自己株式を取得した場合には、「自己株式の取得等により交付した金銭の額
及び金銭以外の資産の価額の合計額」を資本の払戻額と利益の払戻額に区分し
て、資本金等の額及び利益積立金額を減少させます（法令8①二十、9①
十四）。

　自己株式の実際の取得額と資本金等の額及び利益積立金額の減少額の関係を図示すると次のとおりです。すなわち、取得資本金額だけ資本金等の額が減少し、自己株式の取得額が取得資本金額を上回る場合には、その超過額だけ利益積立金額が減少します。

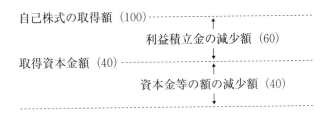

　自己株式を時価より高額（例えば、200）で取得したとしても、利益積立金の減少額が60から160になるだけであり、寄附金や受贈益は認識されません。

　一方、自己株式を時価より低額（例えば、20）で取得したとしても、取得資本金額（資本金等の額の減少額）が40から20に調整される（利益積立金の減少額は 0 となる）ため、寄附金や受贈益は認識されません。

　ただし、この規定を逆手にとって、意図的に利益移転するような取引についてまで受贈益課税がなされない保証はありません。

□■自己株式の低廉取引に係る税法解釈■□

日本税制研究所代表理事　朝長英樹先生のご好意により、日本税制研究所レポート No. 41（2010.6.1発行）より、自己株式の低廉取引に係る税法解釈についての解説を転載させていただきました。なお、文中で示されている条文番号は、令和 3 年 4 月 1 日施行法人税法によっています。

日本税制研究所についてはこちら → http://www.zeiseiken.or.jp/

【問 1】 自己株式の低廉取引

《前提》

- 親会社（A社）と子会社（B社）はB社の設立当初からA社が100％株式を保有しています。

- A社はB社に対してB株の一部を譲渡します（B社にとっては自己株式の買取り）。

- B株の譲渡時の時価は700、簿価は500で、対応資本等の額は500となっています。

- A社がB社から受ける対価は500です。

この場合、税制においては、次のように取り扱われることとなると考えますが、それで宜しいでしょうか。

＜A社の税制上の仕訳＞

現　　　金　　500　／　B　　　株　　500

＜B社の税制上の仕訳＞

資 本 金 等　　500　／　現　　　金　　500

※交付金銭500 − 対応資本金等の額500 ＝ 0 のため、みなし配当なし（法法24①五）

※A社の税務上の仕訳において寄附金が生ずることも考えられますが、その場合には、B社において受贈益が生ずる余地がないため、法人税法37条 2 項の新制度の適用はなく、限度超過額を除いて損金算入となると考えられます。

【回答（要旨）】

1　現行規定上の取扱いの概要

　A社においては、B社に自己株式の買取りを行わせた場合には、法人税法24条（配当等とみなす金額）1項により、みなし配当が発生するとともに、61条の2（有価証券の譲渡益又は譲渡損の益金又は損金算入）1項により、株式の譲渡利益額又は譲渡損失額が発生することとなります。

　24条1項においては、「次に掲げる事由により金銭その他の資産の交付を受けた場合」にみなし配当が生ずるものとしており、同項5号にみなし配当の発生事由として自己株式の取得が掲げられています。

　また、B社の処理に関係する規定としては、法人税法施行令8条（資本金等の額）1項20号があり、自己株式を取得して金銭その他の資産を交付した場合には資本金等の額を減少させることとされています。

2　法人税法24条の解釈の変遷

　この法人税法24条の取扱いは、平成13年度改正によって改正されて現在に至ったものですが、同年の改正時には、この「次に掲げる事由により金銭その他の資産の交付を受けた場合」に関しては、仮に金銭等の交付が現に行われなかった場合であっても対価を交付するべき事情にあるときはこれを含むものと解されていました。

　これは、資本等取引であっても「取引」である以上は損益取引と同様に適正な対価で行う必要があるという観点で法人税法における「取引」に係る取扱いを整備するべきであるという基本的な考え方を背景とし、金銭等の交付を行わなければ24条を適用しなくてもよいということでは課税上の弊害があると考えたためです。

　他方、所得税法25条（配当等とみなす金額）1項においては、平成13年度改正により、法人税法24条1項にならって同じ文言で規定を設けつつ、源泉徴収の問題もあり、同年の改正時から、「次に掲げる事由により金銭その他の資産の交付を受けた場合」（所法25①）に関しては、現に金銭その他の資産の交付を受けた場合のみがこれに該当すると解することとされ

ていました。

　このように、「次に掲げる事由により金銭その他の資産の交付を受けた場合」に関しては、平成13年度改正時からその解釈に課題を残すものとなっていたことも、否定できない事実です。

　本来であれば、十分な時間をかけて、諸外国のように資本等取引についても時価で行うべきとしていて移転価格税制の対象とするところまで検討を深めたり、源泉徴収の取扱いと所得税課税の取扱いを一体化している我が国の所得税制のあり方の適否まで議論を行なったりするべきであったと考えられますが、平成13年度改正時には、組織再編成税制の創設のために多くの労力を割かなければならず、そこまで行い得る状況ではありませんでした。

　平成13年度改正時には、資本等取引に係る改正は、組織再編成税制を創設する上で必要な範囲の改正に留めざるを得ず、本格的な改正は、当時、既に想定されていた会社法の抜本改正に合わせて行うべきであるとされたわけです。

　その後、税務の現場において、「次に掲げる事由により金銭その他の資産の交付を受けた場合」に関し、個人株主と法人株主の取扱いの相違に関する疑問が投げかけられることとなりましたが、法律の規定の文言が「金銭その他の資産の交付を受けた」とされており、また、法人株主においてはみなし配当が課税所得を減少させることとなることが少なくないといった事情等があったために、この相違に関して正面から検討を行ってその内容を明らかにするといったこともないまま、法人税法24条1項に関しても、所得税法25条1項と同様に解するという空気が何とはなしに満ちてきたという状況にある、と言って良いでしょう。

　会社法の創設を受けて行われた平成18年度改正は、資本等取引に関しては、平成13年度改正からの「「取引」である限り、税制上は適正な価格で行うことを前提とするべきである」という考え方に沿う改正が行われる一方で、それと逆行する改正も行われるなど、方向感の定まらないものとなってしまい、現在に至っていますが、このみなし配当に関する解釈のな

し崩し的変更も、この法人税法の資本等取引に関する混迷の一端を示すものとなっているわけです。

3　みなし配当の額の計算

　法人税法24条1項の「次に掲げる事由により金銭その他の資産の交付を受けた場合」を所得税法25条1項のそれと同様に解するとした場合には、みなし配当の額は、自ずと、現に交付を受けた金銭その他の資産の価額に基づいて計算する、ということになります。

　みなし配当の発生の有無については現に金銭その他の資産の交付を受けたか否かによって判定しながら、みなし配当の額の計算については交付を受けるべき金額に基づいて行う、という解釈に合理性がないことは、明らかです。

　ご質問の設例の場合には、現に交付を受けた現金が500で、買い取られた自己株式に対応する資本金等の額が500ということですから、ご指摘のように、結果的に、みなし配当の額は0ということになります。

4　株式の譲渡利益額又は譲渡損失額の計算

　法人税法61条の2第1項は、22条の「別段の定め」となっており、その規定中には、無償又は低廉の譲渡に関する文言がありませんので、有価証券の譲渡利益額又は譲渡損失額に関しては、現に交付を受けた金額を基に計算することとなるという誤解が一部に存在していますが、61条の2第1項の規定が有価証券の無償又は低廉の譲渡について時価による課税を行わないこととする趣旨のものでないことは、言を待たないところです。

　このため、有価証券の譲渡が無償又は低廉で行われた場合の一般的な税制上の処理は、寄附金＝受贈益ということになります。

　ただし、平成22年度税制改正により設けられた61条の2第17項においては、「同項第一号に掲げる金額（筆者注：対価の額）は、同項第二号に掲げる金額（省略）に相当する金額（筆者注：原価の額）とする」とされており、1項1号の対価の額をどのような金額とするとしたとしても17項の

適用がある場合にはそれにかかわりなく同号の対価の額は常に原価の額とされることとなります。

　この結果、当然のことながら、有価証券の譲渡利益額又は譲渡損失額は、常に生じないこととなるわけです。

　そして、このように、対価の額を原価の額とすることによって有価証券の譲渡利益額及び譲渡損失額を発生させない処理を行うことを前提として、法人税法施行令8条1項22号により、みなし配当の金額と法人税法61条の2第17項によって対価の額とされた原価の額との合計額から実際に授受された金銭の額を減算した金額を資本金等の額の減少額又は増加額とするとされています。

　この法人税法施行令8条1項22号の規定を見ると明らかなように、資本金等の額の増加額及び減少額も、法人税法61条の2第17項の規定によって生じないこととされた譲渡利益額及び譲渡損失額と平仄を合わせて、同条1項1号の対価の額をどのような金額とするとしたとしても変わることのない金額とされているわけです。

5　寄附金認定

　A社における処理が上記のとおり現金500の増加とB株式500の減少という処理で完結するということになると、一般の無償又は低廉による資産の取引の場合のように資産の譲渡損益を計上して寄附金を計上するという処理を行う余地が無くなってしまいます。

　A社とB社との間のこの取引が、株式の譲渡＝自己株式の取得という取引ではなく、寄附＝受贈という取引であるということであれば別ですが、そのようなことでない限り、A社が寄附を行ったという処理を行うための法令の根拠はない、と言わざるを得ません。

　もちろん、課税当局が寄附金認定を行って所得の金額を減少させることとなる処理を行うはずもありません。

　このような点からすると、法人税法61条の2第17項の適用がある取引に関しては、それが無償又は低廉で行われていたとしても、基本的には、寄

附金とされることはない、ということになります。

6　B社における処理

　自己株式を買い取ったB社においては、現金500が減少するとともに、法人税法施行令8条1項20号により、資本金等の額500を減少させることとなります。

　A社とB社との間のこの取引が、株式の譲渡＝自己株式の取得という取引ではなく、寄附＝受贈という取引であるということであれば、A社において寄附金とし、B社において受贈益とする処理もあり得ないわけではありませんが、そのような特段の事情がなければ、上記の処理をすることとなります。

　B社においては、受贈益が発生しませんし、A社において寄附金が発生することもありませんので、平成22年度改正で新たに設けられた25条の2（受贈益）の規定を適用する余地はありません。

7．A社とB社における税制上の処理の仕訳

　A社とB社の税制上の処理は、ご質問者が仕訳で示されたとおりの処理となります。

Q-44　法人株主が株式を発行会社に時価より低額・高額で譲渡した場合の会計・税務について教えてください。

A

1　会計処理

　　明確な規定はありませんが、適正な損益計算という観点からは、譲渡する株式の時価を譲渡収入とし、譲渡収入と譲渡原価の差額を有価証券売却損益に計上すべきです。

　したがって、低額譲渡の場合には、譲渡する株式（移転資産）の時価と譲渡対価（受入資産）の時価との差額は寄附金で処理し、高額譲渡の場合には、譲渡する株式（移転資産）の時価と譲渡対価（受入資産）の時価との差額は受贈益で処理するのが妥当と思われます。

2　税務処理

(1)　受贈益・寄附金とされる額

　受入資産の取得価額をもって収益額が測定されるため、受入資産の取得価額と移転資産の時価が異なる場合には、その差額について受贈益又は寄附金が認識されます。受贈益・寄附金と譲渡損益の関係は次のように整理できます（法法22②、37⑦・⑧参照）。

　受入資産の時価をもって受入資産の取得価額とするのが原則です。時価取引とは、受入資産の時価と移転資産の時価が一致する取引のことをいいます。

(2)　自己株式を時価より低額で譲渡した場合

　受入資産の取得価額と譲渡した株式の時価（移転資産の時価）との差額は寄附金とされます。

　自己株式の譲渡対価の額（時価取引に引き直される場合には、移転資産の時価が譲渡対価相当額となる）からみなし配当金額を控除した金額を譲渡収入としますが（法法61の2①一）、みなし配当金額自体の計算は、移転資産の時価ではなく、受入資産の取得価額から資本金等相当額を控除することにより計算します（第2章「取得」の基本参照）。

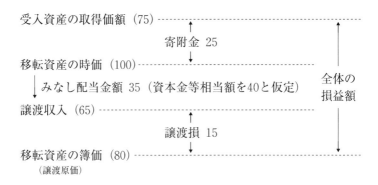

受入資産の取得価額（75）
寄附金 25
移転資産の時価（100）
みなし配当金額 35（資本金等相当額を40と仮定）
譲渡収入（65）
譲渡損 15
移転資産の簿価（80）
（譲渡原価）
全体の
損益額

＜税務上の仕訳＞

（借方）現　　預　　金	68	（貸方）有　価　証　券	80
法　人　税　等	7	受　取　配　当　金	35
有価証券売却損	15		
寄　　附　　金	25		

　なお、法人株主側で有価証券売却損益の一部が寄附金であると認識されたとしても、発行会社側では資本取引であるため、受贈益は認識されません。

⑶　自己株式を時価より高額で譲渡した場合

　受入資産の取得価額と譲渡した株式の時価（移転資産の時価）との差額は受贈益とされます。

　自己株式の譲渡対価の額（時価取引に引き直される場合には、移転資産の時価が譲渡対価相当額となる）からみなし配当金額を控除した金額を譲渡収入とします（法法61の2①一）が、みなし配当金額の計算は、移転資産の時価ではなく、受入資産の取得価額から資本金等相当額を控除することにより計算します（第2章「取得」の基本参照）。

　ただし、株式の時価は、画一的・一義的に定まるものではなく、一定の幅の
あるものと考えられており、法人税法上の株価（法基通9-1-13・9-1-14）
を上回る価額で株式が譲渡されたことをもって直ちに高額譲渡と判断されるこ
とはないと考えられます（一方、低額譲渡は法人税法上の株価で判断するのが
無難です）。

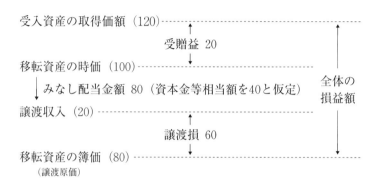

<税務上の仕訳>

（借方）現　　預　　金	104	（貸方）有　価　証　券	80
法　人　税　等	16	受　取　配　当　金	80
有価証券売却損	60	受　　贈　　益	20

　なお、法人株主側で有価証券売却損益の一部が受贈益であると認識されたと
しても、発行会社側では資本取引であるため、寄附金は認識されません。

⑷　寄附金・受贈益の全額損金・益金不算入制度の適用について

　発行会社と法人株主との間に「法人による完全支配関係（**Q-81**）」があり、
かつ、発行法人と法人株主の両方が内国法人である場合、寄附金・受贈益の全
額損金・益金不算入制度（法法25の2、37②）が適用される余地があります。

　ただし、この制度が適用されるのは、法人株主が寄附金（又は受贈益）とし
て計上した金額について、発行会社が受贈益（又は寄附金）を計上した場合に
限られています。自己株式の取得は、発行会社側では資本取引として扱われる
のが一般的であるため、この制度が適用される可能性は低いと思います（法基
通4-2-4から4-2-6、9-4-2の6）。

　寄附金課税は、単に時価と取引価額の差額を寄附金・受贈益として課税するものと、利益移転の意図を認定するものとに分けることができます。前者については、発行会社側で寄附金・受贈益が認識されないことから、法人株主側においても寄附金・受贈益の全額損金・益金不算入制度が適用される余地はありません（171頁「5．寄附金認定」参照）。後者については、自己株式取引（資本取引）と贈与取引（損益取引）の混合取引として発行会社側で寄附金・受贈益が認識されます。利益移転の意図を認定しなければなりませんので、後者による寄附金課税はハードルが高いといえます。ハードルが高い上に、寄附金・受贈益の全額損金・益金不算入制度が適用されてしまうのであれば、後者による寄附金課税をすることに税務当局側のメリットはありません。この点からも、寄附金・受贈益の全額損金・益金不算入制度が適用される可能性は低いと思われます。

Q-45　個人株主が株式を発行会社に時価より低額・高額で譲渡した場合の会計・税務について教えてください。

A

1　経済的利益の額

　受入資産の取得価額をもって収益額が測定されるため、受入資産の取得価額と移転資産の時価が異なる場合には、その差額について経済的利益の額が認識されます。経済的利益の額と譲渡損益の関係は次のように整理できます。（所法36①②、所基通36-15参照）。

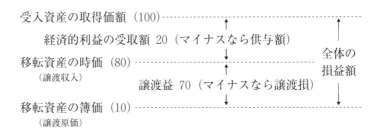

　ただし、個人が売主で、受入資産の取得価額が移転資産の時価を下回る（低額譲渡である）場合、みなし譲渡（所法59①二）又は行為計算否認（所基通59-3）の規定が適用されない限り、受入資産の取得価額を譲渡対価の額とします。その場合には、受入資産の取得価額と移転資産の時価との差額を経済的利益の供与額として認識することはありません。

　受入資産の時価をもって受入資産の取得価額とするのが原則です。時価取引とは、受入資産の時価と移転資産の時価が一致する取引のことをいいます。

2　自己株式を時価より低額で譲渡した場合

　個人株主が発行会社に自己株式を、原則として時価の1/2未満の価額で譲渡した場合、みなし譲渡の規定が適用されます（所法59①二、所令169、所基通59-3）。この場合、自己株式の時価は所得税基本通達59-6により算定した価額となります（措通37の10・37の11共-22）。よって、個人株主が少数株主である場合には、配当還元方式による評価額が自己株式の時価となります。

　みなし譲渡の規定が適用される場合には、受入資産の取得価額と譲渡した株式の時価（移転資産の時価）との差額は贈与額とされます。

　自己株式の譲渡対価の額（時価取引に引き直される場合には、移転資産の時価を譲渡対価相当額とする。）からみなし配当金額を控除した金額を譲渡収入としますが（措法37の10③五、措通37の10・37の11共-22(2)）、みなし配当金額自体の計算は、移転資産の時価ではなく、受入資産の取得価額から資本金等相当額を控除することにより計算します（第2章「取得」の基本参照）。

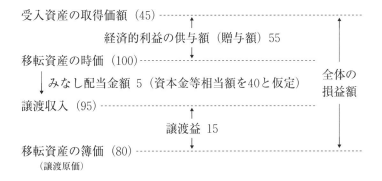

＜税務上の仕訳＞

（借方）現　　預　　金	44	（貸方）有　価　証　券	80
事　業　主　貸	1	受　取　配　当　金	5
贈　　与　　額	55	有価証券売却益	15

　一方、みなし譲渡の規定が適用されない場合には、受入資産の取得価額と自己株式譲渡直後の株式の時価（移転資産の時価）との差額は認識されません。また、自己株式の譲渡対価（受入資産の取得価額）からみなし配当金額を控除した金額を譲渡収入とします。

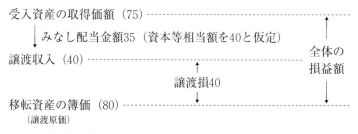

受入資産の取得価額（75）‥‥‥‥‥‥‥‥‥‥‥‥‥‥‥‥‥‥‥‥‥
　↓みなし配当金額35（資本等相当額を40と仮定）
譲渡収入（40）‥‥‥‥‥‥‥‥‥‥‥‥‥‥‥‥‥‥‥‥‥　全体の
　　　　　　　　　　　　　譲渡損40　　　　　　　　　　　　損益額
移転資産の簿価（80）‥‥‥‥‥‥‥‥‥‥‥‥‥‥‥‥‥‥‥‥
　　（譲渡原価）

※みなし譲渡の規定が適用されなければ、移転資産の時価（100）は考慮されない。

＜税務上の仕訳＞

（借方）現　　預　　金	68	（貸方）有　価　証　券	80
事　業　主　貸	7	受　取　配　当　金	35
有価証券売却損	40		

　なお、個人株主側で経済的利益の供与額が認識されたとしても、発行会社側では資本取引であるため、受贈益は認識されません。

　ただし、発行法人に対して時価よりも著しく低い価額の対価で株式が譲渡されたことにより、発行法人の株式の価額が増加した場合は、売主以外の株主が当該株式の価額のうち増加した部分に相当する金額を、売主である株主から贈与によって取得したものとして取り扱われます（相法9、相基通9-2）。

3　自己株式を時価より高額で譲渡した場合

　受入資産の取得価額と譲渡した株式の時価（移転資産の時価）との差額は受

贈額とされます。受贈額は、給与所得・退職所得・一時所得として課税されます（**Q-75**参照）。

　自己株式の譲渡対価の額（時価取引に引き直される場合には、移転資産の時価が譲渡対価相当額となる）からみなし配当金額を控除した金額を譲渡収入とします（措法37の10③五）が、みなし配当金額の計算は、移転資産の時価ではなく、受入資産の取得価額から資本金等相当額を控除することにより計算します（第2章「取得」の基本参照）。

　ただし、株式の時価は、画一的・一義的に定まるものではなく、一定の幅のあるものと考えられており、所得税法上の株価（所基通23〜35共-9⑷・59-6）を上回る価額で株式が譲渡されたことをもって直ちに高額譲渡と判断されることはないと考えられます（一方、低額譲渡は所得税法上の株価で判断するのが無難です）。

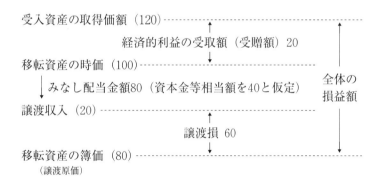

<税務上の仕訳>

（借方）現　預　金	104	（貸方）有　価　証　券	80
事　業　主　貸	16	受　取　配　当　金	80
有価証券売却損	60	受　贈　額	20

　なお、個人株主側で経済的利益の受取額が認識されたとしても、発行会社側では資本取引であるため寄附金は認識されません。

Q-46　自己株式の取得時の消費税の処理について教えてください。

A　自己株式の取得は、証券市場での買入れを除き、消費税法上不課税取引として扱われます（消基通5-2-9）。特に売主である株主にとっては有価証券の譲渡であり、非課税取引としてしまいがちなので注意が必要です。

　証券市場での買入れが除かれている趣旨は、株主にとっては、証券市場で有価証券を譲渡した事実のみがわかっており、発行会社が取得したかどうかが不明であるため、一律に非課税取引としたものと思われます。

Q-47　自己株式の取得に係る節税防止規定（自己株式取得が予定されている株式の取得）について教えてください。

A　平成22年度税制改正により、内国法人が、発行会社に自己株式を譲渡すること（＝発行会社に自己株式を取得させること）を予定して発行会社株式を取得した場合、当該自己株式譲渡により内国法人（＝法人株主）に生じたみなし配当金額については、受取配当等の益金不算入制度を適用しないこととされました（法法23③、法令20）。

　ただし、有価証券譲渡損益の不計上規定（法法61の2⑰）が適用される場合、すなわち、グループ法人税制の適用要件を満たす場合には、この節税防止規定は適用されません。

　実務上、問題となるのは、「内国法人が、発行会社に自己株式を譲渡することを予定して発行会社株式を取得した」という事実認定が、どのような判断基準に基づいて行われるかです。自己株式の取得が具体的に予定されていることが必要とされ、例えば、公開買付期間中や組織再編成（すなわち反対株主の買取請求）が公開されている場合には予定されていることに該当し、単に取得条項や取得請求権が付されていることのみをもっては予定されていることには該

当しないとされています（法基通3−1−8。財務省「平成22年度税制改正の解説」338頁）。

　また、適格合併、適格分割、適格現物出資により被合併法人等から移転を受けた株式については、被合併法人等が当該株式を取得した時点で、発行会社に自己株式を譲渡することを予定していた場合に限り、節税防止規定が適用されることとなります（法令20一）。

　なお、外国子会社配当益金不算入制度についても同様の節税防止規定が設けられています（法法23の2②二、法令22の4③）。これらの節税防止規定は、法人株主が平成22年10月1日以後に行う発行会社株式の取得から適用されます。

Q-48 自己株式の取得に係る節税防止規定（子会社株式簿価減額特例）について教えてください。

Ⓐ　　株式を買収して子会社化した法人に、買収前に子会社が獲得した利益剰余金を原資とする配当を行わせることにより、子会社株式の価値を意図的に下げ、その上で子会社株式を売却すると、親会社では配当が益金不算入制度により課税されない一方で、子会社株式譲渡損は損金に算入されて節税効果が生じることになります。配当に代えて、子会社に自己株式を取得させた場合も同じです。令和2年度税制改正では、この節税スキームを封じ込める措置として子会社株式簿価減額特例（法令119の3⑦〜⑬）が導入されました。

1　制度の概要

　内国法人が他の法人を買収し（主に外国法人を買収した場合に本特例が適用されます）、買収後10年以内に他の法人から多額の配当を受ける場合には、益金不算入となる受取配当等の額（※）を限度として、他の法人株式の帳簿価額を減算します。他の法人株式の帳簿価額を減算することにより、配当後に他の法人株式を売却した場合に生じる株式売却損が当該減算額だけ圧縮されます。

※次の規定により益金に算入されない額をいいます。

① 法人税法23条１項（受取配当等の益金不算入）

② 法人税法23条の２第１項（外国子会社から受ける配当等の益金不算入）

③ 法人税法62条の５第４項（現物分配による資産の譲渡）

※※減算額の計算方法には、原則と特例があります。

益金不算入相当額を減算額とするのが原則です（法令119の３⑦）。

対して、特例計算（法令119の３⑧）では、特定支配日後に増加した利益剰余金を超えて配当された額に係る益金不算入相当額のみを減算額とします。

２　適用判定

子会社株式簿価減額特例が適用されるか否かについては、他の法人（配当を行う法人）の類型により次のように整理できます。

他の法人の類型	適用判定
内国法人が設立した100％子会社（内国子会社か外国子会社かを問わない）	適用なし(※1)。ただし、一定事項の情報申告が必要な場合がある。
その他	子会社からの配当でなくても適用される場合があるため、予断を持たずに(※2)、適用判定を行う。

※1　子会社が関係会社から配当を受けている場合や合併等をしている場合には、適用の可能性があります。

※2　支配している法人から配当を受ける場合に適用される措置であるため、上場会社からの配当など、明らかに支配していない法人からの配当については、適用の有無について検討を要しません。

適用の有無や情報申告（別表八(三)の添付）の要否については、次のフローチャートで判定することができます。

子会社株式簿価減額特例（法令119の3⑦〜⑬）　適用判定フローチャート

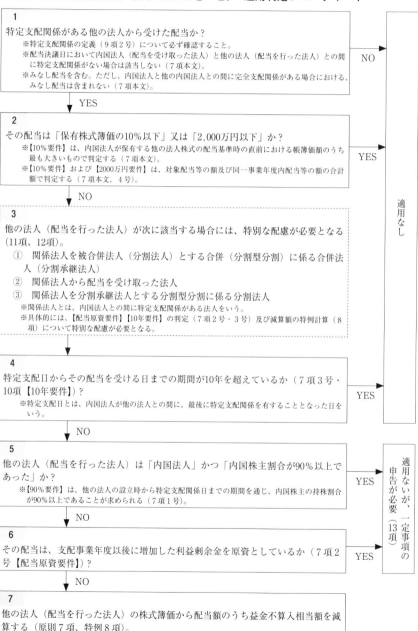

1

特定支配関係がある他の法人から受けた配当か？

※特定支配関係の定義（9項2号）について必ず確認すること。

※配当決議日において内国法人（配当を受け取った法人）と他の法人（配当を行った法人）との間に特定支配関係がない場合は該当しない（7項本文）。

※みなし配当を含む。ただし、内国法人と他の内国法人との間に完全支配関係がある場合における、みなし配当は含まれない（7項本文）。

YES → NO

2

その配当は「保有株式簿価の10％以下」又は「2,000万円以下」か？

※【10％要件】は、内国法人が保有する他の法人株式の配当基準時の直前における帳簿価額のうち最も大きいもので判定する（7項本文）。

※【10％要件】および【2000万円要件】は、対象配当等の額及び同一事業年度内配当等の額の合計額で判定する（7項本文、4号）。

NO → YES

3

他の法人（配当を行った法人）が次に該当する場合には、特別な配慮が必要となる（11項、12項）。

① 関係法人を被合併法人（分割法人）とする合併（分割型分割）に係る合併法人（分割承継法人）

② 関係法人から配当を受け取った法人

③ 関係法人を分割承継法人とする分割型分割に係る分割法人

※関係法人とは、内国法人との間に特定支配関係がある法人をいう。

※具体的には、【配当原資要件】【10年要件】の判定（7項2号・3号）及び減算額の特例計算（8項）について特別な配慮が必要となる。

4

特定支配日からその配当を受ける日までの期間が10年を超えているか（7項3号・10項【10年要件】）？

※特定支配日とは、内国法人が他の法人との間に、最後に特定支配関係を有することとなった日をいう。

NO → YES

5

他の法人（配当を行った法人）は「内国法人」かつ「内国株主割合が90％以上であった」か？

※【90％要件】は、他の法人の設立時から特定支配関係日までの期間を通じ、内国株主の持株割合が90％以上であることが求められる（7項1号）。

NO → YES

6

その配当は、支配事業年度以後に増加した利益剰余金を原資としているか（7項2号【配当原資要件】）？

NO → YES

7

他の法人（配当を行った法人）の株式簿価から配当額のうち益金不算入相当額を減算する（原則7項、特例8項）。

適用なし

適用ないが、一定事項の申告が必要（13項）

＜適用判定フローチャートの説明＞

1

特定資本関係の定義は次のとおりです（法令119の3⑨二）。

■法人税法2条12号の7の5の読み替え規定

　一の者が法人の発行済株式若しくは剰余金の配当、利益の配当若しくは剰余金の分配に関する決議、第24条第1項各号に掲げる事由に関する決議若しくは役員の選任に関する決議に係る議決権（以下この号において「配当等議決権」という。）若しくは出資（当該法人が有する自己の株式若しくは配当等議決権又は出資を除く。以下この条において「発行済株式等」という。）の総数若しくは総額の100分の50を超える数若しくは金額の株式若しくは配当等議決権若しくは出資を直接若しくは間接に保有する関係として政令（筆者注：法令4の2①）で定める関係（以下この号において「当事者間の支配の関係」という。）又は一の者との間に当事者間の支配の関係がある法人相互の関係をいう。

　内国法人（配当を受け取った法人）における他の法人（配当を行った法人）株式の持株割合（自己株式を除いて計算）や配当等議決権の割合が50％超の場合には、内国法人と他の法人との間に特定支配関係があることになります。

■法人税法施行令4条の2第1項の読み替え規定

　法第2条第12号の7の5（定義）に規定する政令で定める関係は、一の者（その者が個人である場合にはその者及びこれと前条第1項に規定する特殊の関係のある個人とし、その者が法人である場合にはその者並びにその役員及びこれと同項に規定する特殊の関係のある個人とする。）が法人の発行済株式等（同号に規定する発行済株式等をいう。以下この条において同じ。）の総数又は総額の100分の50を超える数又は金額の株式若しくは同号に規定する配当等議決権又は出資を保有する場合における当該一の者

と法人との間の関係（以下この項において「直接支配関係」という。）と
する。この場合において、当該一の者及びこれとの間に直接支配関係があ
る一若しくは二以上の法人又は当該一の者との間に直接支配関係がある一
若しくは二以上の法人が他の法人の発行済株式等の総数又は総額の100の
50を超える数又は金額の株式又は出資を保有するときは、当該一の者は当
該他の法人の発行済株式等の総数又は総額の100の50を超える数又は金額
の株式又は出資を保有するものとみなす。

次のような場合にも、内国法人と他の法人との間に特定支配関係があること
になるので、内国法人が他の法人株式を50％超有しているか否かだけでは判断
できません。

内国法人と他の法人との間に特定支配関係があるか否かは、配当の決議日等
の状況で判断します。決議日等は、次に掲げる区分ごとに定められています
（法令119の3⑨一）。

区　　分	決議日等
剰余金の配当等で当該剰余金の配当等に係る決議の日又は決定の日があるもの	これらの日
剰余金の配当等で当該剰余金の配当等に係る決議の日又は決定の日がないもの	当該剰余金の配当等の効力発生日（効力発生日の定めがない場合には、配当日）
みなし配当事由による金銭その他の資産の交付	当該事由が生じた日

なお、剰余金の配当等とは、次のものをいいます。

種　類	内　容
剰余金の配当	株式会社、協同組合等が支払う剰余金の配当（株式又は出資に係るものに限り、資本剰余金の額の減少に伴うもの並びに分割型分割によるもの及び株式分配を除く。）
利益の配当	持分会社（合名会社、合資会社、合同会社）及び特定目的会社がその持分や口数に応じて支払う利益の配当
剰余金の分配	船主相互保険組合から支払われる配当など
金銭の分配	・投資信託及び投資法人に関する法律第137条の金銭の分配 ・資産の流動化に関する法律第115条第1項に規定する金銭の分配

　他の法人から受ける配当にはみなし配当も含まれますが、「完全支配関係内みなし配当等の額」は除かれています（法令119の3⑦本文かっこ書）。完全支配関係がある他の内国法人からみなし配当を受けた場合、内国法人では他の内国法人株式に係る譲渡損益相当額について資本金等を増減させるため、本特例を適用する必要がないからです（法法61の2⑰、法令8①二十二）。

2

　「対象配当等の額及び同一事業年度内配当等の額の合計額」が「内国法人が保有する他の法人株式の各配当基準時の直前における帳簿価額のうち最も大きいもの」の10％以下である場合、又は、「対象配当等の額及び同一事業年度内配当等の額の合計額」が2,000万円以下の場合は、本特例の適用はありません。

　判定の具体的なイメージは次のとおりです。同一事業年度中に2回の配当を受けたとします。

	受ける配当等の額	当該他の法人株式の税務上の帳簿価額
1回目の配当（配当①）	1,500万円	配当①の基準時直前：1億円……【A】 配当①の基準時：1億円（減算なし）
2回目の配当（配当②）	1,000万円	配当②の基準時直前：1億円……【B】 配当②の基準時：7,500万円（本特例が適用され2,500万円減算したと仮定）

※配当①について本特例の適用がないことから、【A】と【B】の金額は一致しています。

　配当①を受けた時の「対象配当等の額」は1,500万円、「同一事業年度内配当

等の額」は0円、「対象配当等の額及び同一事業年度内配当等の額の合計額」は1,500万円となります。当該合計額が2,000万円以下となるため、本特例の適用はありません。

　配当②を受けた時の「対象配当等の額」は1,000万円、「同一事業年度内配当等の額」は1,500万円、「対象配当等の額及び同一事業年度内配当等の額の合計額」は2,500万円となります。一方、「内国法人が保有する他の法人株式の各配当基準時の直前における帳簿価額のうち最も大きいもの」は1億円となります（上表の【A】と【B】を比較、法基通2-3-22）。1億円×10％＜2,500万円であることから、その他の適用免除要件を満たすことができなければ、本特例の適用を受けることになります。

　「対象配当等の額及び同一事業年度内配当等の額の合計額」で判定するのは、配当を複数回に分けることにより、本特例の適用を回避することを防止するためです。

　なお、配当に係る基準時の定義は次のとおりです（法令119の3⑨三）。

区　分	基準時
株式会社がする剰余金の配当等で基準日の定めがあるもの	当該基準日が経過した時（例：基準日が3月31日の場合の基準時は4月1日の午前0時）
株式会社以外の法人がする剰余金の配当等で基準日に準ずる日の定めがあるもの	同日が経過した時
剰余金の配当等で基準日又は基準日に準ずる日の定めがないもの	当該剰余金の配当等の効力が生じる時（効力発生日の定めがない場合には、配当がされる時）
みなし配当事由による金銭その他の資産の交付	当該事由が生じた時

3

　例えば、合併により、特定支配関係成立後10年を経過していない関係法人の利益剰余金を10年を経過している他の法人に移転し、当該他の法人から配当を受けることにより適用免除要件をクリアするといった行為を防止するための措置等が設けられています（法令119の3⑪⑫）。

① 他の法人（配当を行った法人）が、関係法人を被合併法人（分割法人）とする合併（分割型分割）に係る合併法人（分割承継法人）である場合

(a) 次のいずれかを満たす場合、適用回避防止規定は適用されません。

□次のうちいずれか遅い日以前に行われた合併であること

- 特定支配日
- 対象配当等の額を受ける日の10年前の日

□関係法人が【90％要件】又は【10年要件】を満たすこと

(b) 適用回避防止規定

イ　合併が金銭等不交付合併である場合には、合併法人（＝他の法人）は【90％要件】【10年要件】を満たさないこととする。

> 【配当原資要件】の判定と、減算額の特例計算（法令119の3⑧）につき、以下のロ（あるいはロ及びハ）を適用します。

ロ　合併が合併法人（＝他の法人）の対象配当等の額に係る決議日等の属する事業年度開始の日前に行われたものである場合には、被合併法人（＝関係法人）の特定支配日の利益剰余金の額のうち、その合併により合併法人（＝他の法人）に引き継がれる利益剰余金の額に達するまでの金額を『合併法人（＝他の法人）の特定支配前に獲得した利益剰余金の額』に加算する。

ハ　上記イを適用しないものとしたならば、合併法人（＝他の法人）が【90％要件】又は【10年要件】を満たす場合には、上記ロにおける『合併法人（＝他の法人）の特定支配前に獲得した利益剰余金の額』をゼロとし、その合併の日を特定支配日とみなす。

なお、分割型分割も合併と同様の扱いとなります。

② 他の法人（配当を行った法人）が、関係法人から配当を受け取った法人である場合

(a) 次のいずれかを満たす場合、適用回避防止規定は適用されません。

□次のうち最も遅い日以前に関係法人から受けた配当であること

- ・特定支配日
- ・内国法人が関係法人との間に最後に特定支配関係を有することとなった日
- ・対象配当等の額を受ける日の10年前の日

□関係法人配当等の額が【2000万円要件】又は【10％要件】を満たすこと

□関係法人株式割合（X÷Y）が50％以下であること

　X＝関係法人配当等の各基準時直前において他の法人が有する関係法人株式の帳簿価額（税務上の帳簿価額。ただし、他の法人が外国法人である場合は、会計上の帳簿価額）のうち最も大きいもの

　Y＝関係法人配当等の額を受けた日の属する事業年度の前事業年度の貸借対照表に計上されている総資産の帳簿価額（会計上の帳簿価額）

□関係法人及び他の関係法人の全てが【90％要件】又は【10年要件】のいずれかを満たすこと

(b)　適用回避防止規定

　イ　他の法人は【90％要件】【10年要件】を満たさないこととする。

【配当原資要件】の判定と、減算額の特例計算（法令119の3⑧）につき、以下のロ（あるいはロ及びハ）を適用します。

　ロ　他の法人が関係法人から特定支配日等（※）以後に配当等の額を受けたことにより生じた収益の額の合計額を『他の法人の特定支配前に獲得した利益剰余金の額』に加算する。

　※特定支配日等とは、次のうちいずれか遅い日をいいます。

- ・特定支配日
- ・内国法人が関係法人又は他の関係法人との間に最後に特定支配関係を有することとなった日のうち最も早い日

ハ　上記イを適用しないものとしたならば、他の法人が【90%要件】又は
【10年要件】を満たす場合には、上記ロにおける『他の法人の特定支配
前に獲得した利益剰余金の額』をゼロとし、他の法人が関係法人から特
定支配日等以後最初に配当等の額を受けた日を特定支配日とみなす。

③　他の法人（配当を行った法人）が、関係法人を分割承継法人とする分割型分割
に係る分割法人である場合

(a)　次のいずれかを満たす場合、利益剰余金額調整規定は適用されません。

□次のうちいずれか遅い日以前に行われた分割型分割であること

- 特定支配日
- 対象配当等の額を受ける日の10年前の日

□対象配当等の額に係る決議日等の属する事業年度に行われた分割型分
割であること

□分割型分割により他の法人から関係法人に引き継がれた利益剰余金の
額がないこと

(b)　利益剰余金額調整規定

> 【配当原資要件】の判定と、減算額の特例計算（法令119の3⑧）につ
> き、以下のイあるいはロを適用します。

イ　①(b)ロの取扱いにより『関係法人の特定支配前に獲得した利益剰余金
の額』に加算された金額を、『他の法人の特定支配前に獲得した利益剰
余金の額』から減算する。

ロ　非適格分割によりみなし配当が生じる場合には、当該みなし配当の額
に対応して減少した利益剰余金の額をないものとする。

4

子会社株式簿価減額特例には、5つの適用免除要件が設けられています。

10%要件（対株式簿価比）	法令119の3⑦本文	判定フローチャート **2**
90%要件（内国株主割合）	法令119の3⑦一	判定フローチャート **5**

配当原資要件（支配後増加利益）	法令119の3⑦二	判定フローチャート **6**
10年要件（支配日から配当日まで）	法令119の3⑦三	判定フローチャート **4**
2000万円要件（配当額）	法令119の3⑦四	判定フローチャート **2**

　内国法人が適格合併等により、被合併法人から他の法人株式の移転を受けた場合には、「被合併法人と他の法人との間における特定支配日」についても内国法人が承継することになります（法令119の3⑩）。

5

　他の法人（配当を行った法人）が外国法人である場合、【90％要件】は満たせません。他の法人が内国法人である場合のみ、この要件を検討することになります。

　内国株主とは「普通法人（外国法人を除く。）若しくは協同組合等又は所得税法第2条第1項第3号（定義）に規定する居住者」のことであり、自己株式を除いて計算した持株割合で90％以上か否かを判定します。

　他の法人の設立時から特定支配関係日までの期間を通じて内国株主割合が90％以上であることを証する書類を内国法人が保存しておく必要があります。書類を保存していない場合には【90％要件】を満たしていることになりません。個人株主についての居住者・非居住者判定は、当然のことながら氏名だけで判断できるわけではないので、過去の株主名簿を見ただけでは判断を誤る可能性があります（法基通2-3-22の6）。

　例えば、内国法人が設立した100％内国子会社は【90％要件】を満たすため本特例の適用はありません。ただし、【90％要件】を満たした場合でも、【10％要件】【2000万円要件】【10年要件】のいずれも満たしていない場合には、別表八(三)を添付しなければなりません（法令119の3⑬、法規27②）。

6

　特定支配日が、「対象配当等の額を受ける日」の属する他の法人の事業年度開始日より後にある場合には、【配当原資要件】は満たせません。

　【配当原資要件】は、次の表で判定することができます。

他の法人の対象配当等の額に係る決議日等前に最後に終了した事業年度の貸借対照表に計上されている利益剰余金の額（別表八（三）[16]）	1	
[1]欄の事業年度終了の日の翌日から当該対象配当等の額を受ける時までの間に当該他の法人の株主等が当該他の法人から受ける配当等の額の合計額	2	
[1] － [2]	3	
他の法人の特定支配日前に最後に終了した事業年度の貸借対照表に計上されている利益剰余金の額（別表八（三）[18]）	4	
[3] ≧ [4] である場合、配当原資要件を満たす（法令119の3⑦二に該当）	5	該当・非該当

※会計上の利益剰余金の額で判定します。子会社が外国法人の場合には、所在地国の会計基準に基づいた利益剰余金の額を用います。
※[2]欄に入力する金額は、内国法人を含めた他の法人の株主全員が受ける配当の額の合計額です（今回受ける配当も含めます）。
※[4]欄に入力する金額は、当該最後事業年度の開始日から特定支配日までに配当等が行われている場合には、その配当等の額を減算した金額です。

　上表の[3]欄の金額が[4]欄の金額以上であることを証する書類を内国法人が保存しておく必要があります。書類を保存していない場合には【配当原資要件】を満たしていることになりません。例えば、内国法人が設立した100％外国子会社は【配当原資要件】を満たすため（[4]欄の額はゼロであり、[3]欄は分配可能額を超えて配当をしない限りマイナスにならない）本特例の適用はありません。ただし、【配当原資要件】を満たした場合でも、【10％要件】【2000万円要件】【10年要件】のいずれも満たしていない場合には、別表八（三）を添付しなければなりません（法令119の3⑬、法規27②）。

7

　5つの適用免除要件のいずれも満たせなかった場合には、本特例が適用され、他の法人株式の帳簿価額から一定額を減算します。

　厳密には、「対象配当等の額に係る基準時直前の他の法人株式の帳簿価額」から「益金不算入相当額」を減算した金額をもって、「当該基準時の他の法人株式の帳簿価額」とします（基準時の属する事業年度以後に配当を受けた場合の取扱いについて、法基通2-3-22の5参照）。基準時以後、配当効力発生日までに配当落ちした株価で子会社株式を譲渡したとしても、多額の株式売却損

が計上されないようにするためです。なお、本特例を適用した結果、子会社株式の税務上の帳簿価額がマイナスの金額になることもあり得ます（財務省「令和 2 年度税制改正の解説」450頁）。

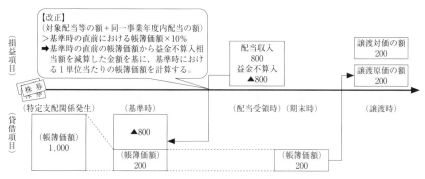

（国税庁「令和 2 年度　法人税関係法令の改正の概要」より）

　「益金不算入相当額」とは、対象配当等の額に係る益金不算入額だけではなく、本特例の適用を受けていない同一事業年度内配当等に係る益金不算入額も含めた金額です（法令119の 3 ⑦）。

　なお、確定申告書、修正申告書又は更正請求書に別表八(三)を添付し、かつ、次の書類を保存している場合には、「益金不算入相当額」のうち「特定支配後増加利益剰余金額超過額」に達するまでの金額を他の法人株式の帳簿価額から減算する金額とすることができます（法令119の 3 ⑧、法規27①）。

減算額の特例（法令119の 3 ⑧）を適用する場合に保存すべき書類	
1	他の法人の特定支配日前に最後に終了した事業年度から対象配当等の額に係る決議日等前に最後に終了した事業年度までの各事業年度の貸借対照表、損益計算書及び株主資本等変動計算書、社員資本等変動計算書、損益金の処分に関する計算書その他これらに類する書類
2	支配後配当等の額を明らかにする書類（［1］に掲げる書類を除く。）
3	特定支配後増加利益剰余金額の計算の基礎となる書類（［1］に掲げる書類を除く。）
4	［1］から［3］のほか、特定支配後増加利益剰余金額超過額の計算の基礎となる書類

3　子会社株式簿価減額特例の適用がある場合の処理例

　他の法人（S社）は、内国法人（P社）の100%子会社です。他の法人（S社）がX3.3期に行った配当①は【10%要件】を満たすため本特例の適用はありませんでしたが、配当②には本特例が適用されてしまったという事例です。

＜前提＞

① 　S社は外国子会社に該当

② 　P社は移動平均法を採用

③ 　法令119の３⑦各号の要件のいずれも満たさない

④ 　S社の資本金等の額はゼロ（みなし配当の計算を容易にするため）

○P社側の処理例

| X2.3期 | S社株式の全てを10,000（@10×1,000株）で取得

- X1.3期末のS社の貸借対照表の利益剰余金の額　3,000
- X2.3期末のS社の貸借対照表の利益剰余金の額　4,000
　※外貨建て財務諸表の円換算について、法基通２-３-22の７参照

| X3.3期 | S社から配当500を受取【配当①】

　S社株式簿価10,000×10％＝1,000　＞　500　⇒本特例の適用なし

| X3.3期 | S社はP社から自己株式を2,900（@10×290株）で取得【配当②】

　配当①に係る基準時直前のS社株式簿価：10,000 ┐ 最も大きいもの
　配当②に係る基準時直前のS社株式簿価：10,000 ┘　　10,000
　10,000×10％＝1,000　＜　2,900（対象配当等）＋500（同一事業年度内配当等）
　⇒本特例の適用あり

＜会計上の仕訳＞

　　（借方）現　預　金　2,610　　　（貸方）S　社　株　式　2,900
　　　　　　法　人　税　等　290

　　　※自己株式の譲渡対価が2,900に対し、譲渡原価が2,900。
　　　※法人税等290は、S社所在地国における源泉徴収税額（みなし配当額2,900×源泉徴収税率10％）

＜税務上の仕訳＞

(借方) 利 益 積 立 金 2,280 (貸方) S 社 株 式 2,280

※本特例により子会社株式の帳簿価額から減算される額2,280（198頁の別表八(三)の記載例を参照）。同額を利益積立金額から減算（法令9①一ワ）。

(借方) 現 預 金 2,610 (貸方) S 社 株 式 2,238

法 人 税 等 290 受 取 配 当 金 2,900

S 社株式売却損 2,238

※自己株式の譲渡対価が2,900（内、みなし配当金額2,900）に対し、譲渡原価が2,238。
※株式の譲渡収入 0 ＝自己株式譲渡対価2,900－みなし配当金額2,900
※株式の譲渡原価2,238＝（10,000－2,280）÷1,000株×290株（法基通2－3－4の3）
※S 社株式売却損2,238＝譲渡収入 0 －譲渡原価2,238

＜申告調整仕訳＞

(借方) 利 益 積 立 金 2,280 (貸方) S 社 株 式 2,280

(借方) S 社株式売却損 2,238 (貸方) 受 取 配 当 金 2,900

S 社 株 式 662

別表四

区　分		総額	処　分		
			留保	社外流出	
		①	②	③	
当期利益又は当期欠損の額		1		配当	
				その他	
加算	外国子会社源泉税損金不算入		290		290
	みなし配当		2,900	2,900	
減算	外国子会社から受ける剰余金の配当等の益金不算入額	15	2,755	※	2,755
	S 社株式売却損		2,238	2,238	
所得金額又は欠損金額		48			

別表五(一) I　利益積立金額の計算に関する明細書

区　　分		期首現在 利益積立金額	当期の増減		差引翌期首現在 利益積立金額 ①-②+③
			減	増	
		①	②	③	④
利益準備金	1				
積立金	2				
S社株式	3		▲662	▲2,280	▲1,618

> 別表四を通さずに利益積立金を直接減少させるため、通常の検算式では差異が生じる。適格組織再編成により利益積立金額を承継した場合と同様に、「適格組織再編成等による利益積立金額の増減」を加味した検算式で検証する必要がある。

X4.3期　S社株式の全てを第三者に7,100（@10×710株）で売却

＜会計上の仕訳＞

　　（借方）現　預　金　7,100　　　（貸方）S　社　株　式　7,100

＜税務上の仕訳＞

　　（借方）現　預　金　7,100　　　（貸方）S　社　株　式　5,482
　　　　　　　　　　　　　　　　　　　　　　S社株式売却益　1,618

　　　　　※株式の譲渡原価5,482＝10,000-2,280-2,238
　　　　　※S社株式売却益1,618＝譲渡収入7,100-譲渡原価5,482

＜申告調整仕訳＞

　　（借方）S　社　株　式　1,618　　　（貸方）S社株式売却益　1,618

別表四

区　分		総　額	処　分		
			留　保	社外流出	
		①	②	③	
当期利益又は当期欠損の額		1		配当	
				その他	
加算	S社株式売却益		1,618	1,618	
所得金額又は欠損金額		48			

別表五(一) I　利益積立金額の計算に関する明細書

区　分		期首現在利益積立金額	当期の増減		差引翌期首現在利益積立金額 ①-②+③
			減	増	
		①	②	③	④
利益準備金	1				
積立金	2				
S社株式	3	▲1,618	▲1,618		0

【10%基準】を満たしているため、記載する必要はありません（余事記載）。

特定支配関係のある他の法人から受ける対象配当等の額等に関する明細書		事業年度又は連結事業年度	X2・4・1 X3・3・31	法人名	P社 （　　　　）
他 の 法 人 の 名 称	1	S社	S社		
本店又は主たる事務所の所在地	2				
特 定 支 配 日	3	X1・5・1	X1・5・1	・　・	
対 象 配 当 等 の 額	4	500 円	2,900 円	円	
対象配当等の額に係る基準時	5	X2・4・1	X2・10・1	・　・	
同一事業年度内配当等の額の合計額	6	0	500		
(6)のうち令第119条の3第7項の規定の適用を受けなかった配当等の額の合計額	7	0	500		
(4)+(6)	8	500	3,400		
(4)及び(6)に係る各基準時の直前において有する他の法人の株式又は出資の帳簿価額のうち最も大きいもの	9	10,000	10,000		
(9)×10%	10	1,000	1,000		
内国の株主割合 特定 等の	令第119条の3第7項第1号の該当の有無	11	有・(無)	有・(無)	有・無	
	令第119条の3第7項第2号の該当の有無	12	(有)・無	有・(無)	有・無	
他の法人の株式又は出資の基準時の直前における帳簿価額から減算される金額	13	0 円	2,280 円	円	

特 定 支 配 後 増 加 利 益 剰 余 金 額 超 過 額 等 の 計 算				
支 配 後 配 当 等 の 額 の 合 計 額	14		3,400	
(14)のうち支払を受ける配当等の額の合計額	15		3,400	
他の法人の対象配当等の額に係る決議日等に最後に終了した事業年度の貸借対照表に計上されている利益剰余金の額	16		4,000	
特定支配日から対象配当等の額に係る決議日等の属する他の法人の事業年度開始の日の前日までの間に当該他の法人の株主等が受けた配当等の額に対応して減少した当該他の法人の利益剰余金額の合計額	17		0	
他の法人の特定支配日前に最後に終了した事業年度の貸借対照表に計上されている利益剰余金の額（当該特定支配日の属する事業年度開始の日以後に当該他の法人の株主等が受けた配当等の額がある場合には、当該配当等の額に対応して減少した利益剰余金の額を減算した金額）	18		3,000	
特 定 支 配 後 増 加 利 益 剰 余 金 額 (16)+(17)-(18) （マイナスの場合は0）	19		1,000	
(14)-(19) （マイナスの場合は0）	20		2,400	
(20) × (15)/(14)	21		2,400	
対象配当等の額を受ける前に他の法人から受けた配当等の額のうち令第119条の3第7項の規定の適用に係る金額	22		0	
特 定 支 配 後 増 加 利 益 剰 余 金 額 超 過 額 (21)-(22) （マイナスの場合は0）	23		2,400	
((4)+(7))と(23)のうちいずれか少ない金額	24		2,400 円	円
(24)のうち益金不算入規定により益金の額に算入されない金額 ((13)へ記入)	25		2,280	

＜別表八(三)の各欄に記入する内容＞

対象配当等の額 [4]

　自己株式取得に係るみなし配当額2,900【配当②】を記入します。

対象配当等の額に係る基準時 [5]

　みなし配当事由による金銭その他の資産の交付が行われた場合、当該事由が生じた時を基準時とします。ここでは、自己株式取得の効力発生日をＸ２年10月１日としています。

同一事業年度内配当等の額の合計額 [6]

　同一事業年度中に当該自己株式取得より前に受けた配当500【配当①】を記入します。

⑹のうち令第119条の３第７項の規定の適用を受けなかった配当等の額の合計額 [7]

　同一事業年度内配当等の額の合計額のうち、本特例の適用を受けていない額を記入します。

⑷及び⑹に係る各基準時の直前において有する他の法人株式又は出資の帳簿価額のうち最も大きいもの [9]

　配当①の基準時直前におけるＳ社株式の帳簿価額と配当②の基準時直前におけるＳ社株式の帳簿価額を比較し、最も大きいものを記入します。

他の法人の株式又は出資の基準時の直前における帳簿価額から減算される金額 [13]

　この欄に入力する金額が本特例の適用により減算する額です。減算する額に関する特例計算（法令119の３⑧）の適用を受ける場合には、[25] 欄の金額を移記します。

　　[14] から [25] までの各欄は、減算する額に関する特例計算（法令119の３⑧）の適用を受ける場合にのみ記載します。実務では、特例計算が明

らかに適用できない場合を除き、とりあえず入力して（入力すべき金額を把握して）検証してみるのが良いと思います。

支配後配当等の額の合計額［14］

「支配後配当等の額」とは、特定支配日から当該対象配当等の額を受ける時までの間に他の法人の株主等（内国法人を含む全ての株主）が当該他の法人から受ける配当等の額で、<u>当該配当等の額に係る基準時が特定支配日以後であるもの</u>とされています（法令119の３⑧本文かっこ書）。他の法人（S社）は100％子会社であることから、配当①500と配当②2,900を合わせた3,400を入力すれば足りますが、本来、内国法人（P社）が受けた配当額を入力する欄ではありません（他の法人が支払った配当額を入力する欄です）。

別表八(三)には内国法人の金額を入力する欄と、他の法人の金額を入力する欄があるので注意が必要です。

| 内国法人の金額を入力する欄 | ［4］、［6］、［7］、［9］、［15］、［22］、［25］ |
| 他の法人の金額を入力する欄 | ［14］、［16］、［17］、［18］ |

⒁のうち支払を受ける配当等の額の合計額［15］

支配後配当等の額の合計額（＝他の法人が配当してきた額）のうち、内国法人（P社）が受けた配当等の額を入力します。

他の法人の対象配当等の額に係る決議日等前に最後に終了した事業年度の貸借対照表に計上されている利益剰余金の額［16］

配当②の決議日等前に係る最後事業年度（X２年３月期）の貸借対照表の利益剰余金の額4,000を入力します。【配当原資要件】と同様に会計上の利益剰余金の額で判定します。子会社が外国法人の場合には、所在地国の会計基準に基づいた利益剰余金の額を用います。

特定支配日から対象配当等の額に係る決議日等の属する他の法人の事業年度開始の
日の前日までの間に当該他の法人の株主等が受けた配当等の額に対応して減少した
当該他の法人の利益剰余金の額の合計額　[17]

　特定支配日からＸ２年３月31日までに、他の法人（Ｓ社）は配当を行ってい
ないことから０を入力します。

他の法人の特定支配日前に最後に終了した事業年度の貸借対照表に計上されている
利益剰余金の額（・・・）[18]

　特定支配日前に係る最後事業年度（Ｘ１年３月期）の貸借対照表の利益剰余
金の額3,000を入力します。

　なお、Ｘ１年４月１日以後に他の法人が行った配当等の額で、当該配当等の
額に係る基準時が当該特定支配日前であるものがある場合には、当該配当を
行ったことにより減少した他の法人の利益剰余金の額を減算する必要がありま
す（法令119の３⑧三、同⑦二ハ）。

対象配当等の額を受ける前に他の法人から受けた配当等の額のうち令第119条の３第
７項の規定の適用に係る金額　[22]

　対象配当等（配当②）を受ける前に他の法人から受けた配当①については、
本特例の適用を受けていないことから０を入力します。

⑷のうち益金不算入規定により益金の額に算入されない金額　[25]

　この別表の中で一番重要な金額を入力する欄であるものの、算定ロジックが
示されていません。入力すべき金額を自分で判断する必要があります(※)。

　他の法人（Ｓ社）は内国法人（Ｐ社）の100％外国子会社であることから、
[24] 欄の額に係る益金不算入額は2,280（2,400×95％）となります。

　　※法人税基本通達２-３-22の８（特定支配後増加利益剰余金額超過額に達するまで
　　　の金額）の趣旨説明が参考になります。

■法人税基本通達2-3-22の8趣旨説明（抜粋）

3　この特例計算を適用した場合の他の法人の株式等の帳簿価額から減算する金額とは、「対象配当等の額及び同一事業年度内配当等の額の合計額」と「特定支配後増加利益剰余金額超過額」のうちいずれか少ない金額を計算した上で、その少ない金額のうち益金不算入相当額に達するまでの金額である。そうすると、「特定支配後増加利益剰余金額超過額」が「対象配当等の額及び同一事業年度内配当等の額の合計額」を超えている場合には特に問題は生じないのであるが、「特定支配後増加利益剰余金額超過額」が「対象配当等の額及び同一事業年度内配当等の額の合計額」を下回っており、かつ、対象配当等の額と同一事業年度内配当等の額のそれぞれに係る株式等の区分が異なるときには、どちらの配当等の額から優先して充てるかによって、他の法人の株式等の帳簿価額から減算する金額に差異が生ずることがある。具体例を示すと、以下のとおりとなる。

［前提条件］（【　】内は株式等の区分）
1　対象配当等の額（配当①）【完全子法人株式等】…200
　　うち益金不算入額…200（200×100％）
2　同一事業年度内配当等の額（配当②）【関連法人株式等】…200
　　うち益金不算入額…170｛(200－30)×100％｝（※負債利子等の額30）
3　特定支配後増加利益剰余金額超過額…300
　(1)　配当①から優先的に充てて計算する場合
　　❶　配当①に係る益金不算入額…200（200×100％）
　　❷　配当②に係る益金不算入額…85｛(200×100/200－30×100/200)×100％｝
　　帳簿価額から減産する金額…285（❶＋❷）
　(2)　配当②から優先的に充てて計算する場合
　　❸　配当②に係る益金不算入相当額…170｛(200－30)×100％｝
　　❹　配当①に係る益金不算入相当額…100｛(200×100/200)×100％｝
　　帳簿価額から減産する金額…270（❸＋❹）

［(イメージ図)

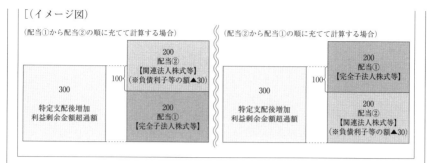

4　このように、特定支配後増加利益剰余金額超過額に達するまでの金額
がいずれの配当等の額から優先して充てられたものとみるかによって、
他の法人の株式等の帳簿価額から減算する金額が異なることがあり得る
（上記の例であれば285と270）。この点について、法令上、どの配当等の
額について本特例の適用を受けることとなるのかの優先順位は付けられ
ていない。そのため、本通達においては、対象配当等の額及び同一事業
年度内配当等の額の合計額をどのような順序で特定支配後増加利益剰余
金額超過額に充てるかは、法人の選択によることを明らかにしている。

2 「保有」の Q&A

Q-49 自己株式を保有する発行会社が、配当を受け取ることや、議決権を行使することは可能ですか？

A 発行会社が自己株式を保有している場合、発行会社は、発行会社の株主としての地位も有していることになります。

一般に株主は、剰余金の配当請求権・残余財産分配請求権・議決権などさまざまな権利を有しています（会105①）。しかし、これらは株主と発行会社との関係ですから、発行会社が発行会社の株主である場合には、株主としての権利を大幅に制限され、配当を受け取ることや、議決権を行使することはできません。制限される権利には、次のようなものがあります。

株主の権利	根拠条文
配当請求権	会453
残余財産分配請求権	会504③
議決権	会308②
保有株式数に応じて募集株式の割当てを受ける権利	会202②
保有株式数に応じて募集新株予約権の割当てを受ける権利	会241②

Q-50 自己株式は、いつまで保有することができますか？

A 従来、自己株式の保有は原則禁止とされていました。平成13年6月の旧商法の改正により、期間の限定なしに自己株式を保有することが認められるようになりました。会社法においても同様に、期間の限定なしに自己株式を保有しておくことができます。

Q-51　株式併合・株式分割・株式無償割当ての効果は、自己株式にも及びますか？

A　株式併合とは、株主の有する株式の数を併合割合により一律に減少させる方法です。株主は、効力発生日に、効力発生日の前日に有する株式の数に併合割合を乗じて得た数の株式の株主となります（会182①）。自己株式にも同様に効力が生じ、併合割合に応じて減少します。

株式分割とは、株主の有する株式の数を分割割合により一律に増加させる方法です。基準日時点の株主は、効力発生日に、基準日に有する株式の数に分割割合を乗じて得た数の株式を取得します（会184①）。自己株式にも同様に効力が生じ、分割割合に応じて増加します。

株式無償割当てとは、株主に対し、保有する株式の数に応じて、払込みをさせることなく、株式の発行又は自己株式の交付によって発行会社の株式を割り当てる方法です。効力発生日において、効力発生日現在の株主に対し一定数の株式が割り当てられます（会187①）。株式無償割当ての効力は自己株式には及びません（会186②）。

Q-52　自己株式を配当することはできますか？

A　会社法では、現物配当を行えることが明記されると共に、配当財産の種類から当該株式会社の株式・新株予約権・社債が除かれることが明記されました（会454①一、「株式等」の定義は会107②二ホ参照）。したがって、自己株式を配当することはできません。

自己株式が配当できないことが明確にされたことにより、所得税基本通達24-3（法人が株主に交付した株式に対する課税関係）が削除されています。

Q-53 自己株式は減損処理の対象となりますか？

A 　自己株式を流動資産に計上していたときは減損処理の対象になると考えられなくもなかったのですが、資本の控除項目とされたことから、もはや減損処理の対象とはなり得ません。

Q-54 平成18年4月1日以前から自己株式を保有している場合に必要な申告調整について教えてください。

A 　平成18年3月31日において有する自己株式の税務上の簿価を資本金等の額から減算する必要があります（平成18改正法令附則4①）。

平成18年度税制改正にて、

［1］　資本積立金額を廃止して、資本金等の額（資本金＋資本積立金）という概念が導入されました。

［2］　自己株式の取得は、資産の取得として処理されていましたが、資本金等の額の減少として処理することになりました。

そこで、平成18年4月1日現在の資本金等の額は、次の数式で求めることとされています。

H18.4.1現在の 資本金等の額	＝	H18.4.1現在の 資本金の額	＋	H18.3.31現在の 資本積立金額	－	H18.3.31現在の自己 株式の税務上の簿価

また、別表五(一)の「Ⅱ　資本積立金額の計算に関する明細書」が「Ⅱ　資本金等の額の計算に関する明細書」に変更されています。

平成18年4月1日現在の資本金等の額を「Ⅱ　資本金等の額の計算に関する明細書」に表現するために必要な申告調整の方法は、以下のとおりです。

なお、ここで示す申告調整の方法は、**Q-78**で示す「資本取引に関する申告調整の考え方」に基づいたものです。

【設例】

◆平成18年 3 月31日現在の純資産の各項目の金額

資本金　　　　　　　1,000

自己株式

会計上の簿価　　　120

税務上の簿価　　　100

◆平成18年 4 月 1 日現在の別表五(一)と必要な調整

別表五(一) I　利益積立金額の計算に関する明細書				
区　　分	期首現在 利益積立金額	当期の増減		差引翌期首現在 利益積立金額 ①－②＋③
		減	増	
	①	②	③	④
利益準備金　　　　1				
積立金　　　　　　2				
自己株式　　　　　3	▲20	②▲20		
資本金等			④20	▲20
繰越欠損金（損は赤）26				
差引合計額　　　 31	▲20			▲20

別表五(一) II　資本金等の額の計算に関する明細書				
区　　分	期首現在 利益積立金額	当期の増減		差引翌期首現在 利益積立金額 ①－②＋③
		減	増	
	①	②	③	④
資本金又は出資金　32	①1,000			1,000
資本準備金　　　 33				
自己株式		③120		▲120
利益積立金			④20	20
差引合計額　　　 36	1,000	120	20	900

（申告調整①）

　資本積立金の明細では資本金の額の記載は不要でしたが、資本金等の額の明細では資本金の額の記載が必要となります。

（申告調整②）

　利益積立金明細「自己株式 3」の期首残高▲20は、過去に以下の申告調整があったことを意味しています。

＜会計上の仕訳＞

　　　（借方）自　己　株　式　　　120　　　　（貸方）現　　　　　金　　　120

＜税務上の仕訳＞

　　　（借方）自　己　株　式　　　100　　　　（貸方）現　　　　　金　　　120
　　　　　　　利　益　積　立　金　　20

＜申告調整仕訳＞

　　　（借方）利　益　積　立　金　　20　　　　（貸方）自　己　株　式　　　20

　まずは、この過去の申告調整仕訳を取り消します。

（申告調整③）

　自己株式は、有価証券から資本金等の額の減少項目へと改正されたわけですから、従来のように資産・負債の会計上の帳簿価額と税務上の帳簿価額との差額として表現することは適切ではなく、純資産の部の一項目として会計上の自己株式の残高を出発点として調整が行われるべきといえます。

　そこで、次に、会計上の自己株式の簿価120を資本金等から減少させます。

（申告調整④）

　過去の申告調整時に仮に平成18年度改正税法が適用されているとすれば、以下のような申告調整となります。

＜会計上の仕訳＞

　　　（借方）自　己　株　式　　　120　　　　（貸方）現　　　　　金　　　120

＜税務上の仕訳＞

　　（借方）資　本　金　等　　　100　　　　（貸方）現　　　　　　金　　　120
　　　　　　利　益　積　立　金　　　20

＜申告調整仕訳＞

　　（借方）資　本　金　等　　　100　　　　（貸方）資　本　金　等　　　120
　　　　　　　　　　　　　　　　　　　　　　　　　（自　己　株　式）

　　　　　　利　益　積　立　金　　　20

よって、

　　（借方）利　益　積　立　金　　　20　　　　（貸方）資　本　金　等　　　20

　最後に、この申告調整仕訳を別表に反映させます。

　申告調整の結果、平成18年4月1日現在の資本金等の額900が、「Ⅱ　資本金等の額の計算に関する明細書」に表現されていることをご確認ください。

H18.4.1現在の資本金等の額 900	＝	H18.4.1現在の資本金の額 1,000	＋	H18.3.31現在の資本積立金額 0	－	H18.3.31現在の自己株式の税務上の簿価 100

Q-55　平成18年4月1日以前から自己株式を保有している場合の種類資本金額の算定方法について教えてください。

A

1　種類資本金額の算定

　平成18年3月31日において複数の種類の株式を発行している場合、平成18年4月1日における資本金等の額を、以下に示す3つの方法のいずれかを用いて按分し、種類資本金額を算定しなくてはなりません（平成18改正法令附則4④）。種類資本金額とは、株式の種類ごとに区分管理される資本金等の額に相当する金額をいいます（法令8②～⑦）。

2　種類資本金額の算定方法

［1］　発行価額法

- 1の種類の株式以外の各種類の株式

  種類資本金額＝当該種類株式の発行価額の合計額

  ※発行価額の合計額から自己株式の発行価額を除く。

- 1の種類の株式

$$種類資本金額 \ = \ \begin{matrix} H18.4.1現在の \\ 資本金等の額 \end{matrix} \ - \ \begin{matrix} 他の種類株式の \\ 種類資本金額 \end{matrix}$$

※平成18年4月1日における資本金等の額についてはQ-54参照。

［2］　時価按分法

$$種類資本金額 \ = \ \begin{matrix} H18.4.1現在の \\ 資本金等の額 \end{matrix} \ \times \ \begin{matrix} 各種類株式 \\ の時価総額 \end{matrix} \ \div \ \begin{matrix} 発行済株式 \\ の時価総額 \end{matrix}$$

※時価総額は、平成18年4月1日の時価により計算する。
※時価総額の算定には、自己株式を含めない。

［3］　その他合理的な方法

　なお、複数の種類の株式を発行している法人は、別表五（一）付表「種類資本金額の計算に関する明細書」を作成し、法人税申告書に添付する必要があります。

3 「消却」の Q&A

Q-56 会社法では、株式数の減少を伴う減資がなくなったと聞きましたが、どういうことですか？

A 旧商法では、株式の消却方法として、任意消却（自己株式の消却）と強制消却があり、減資による株式消却は強制消却によるものでした。会社法では、株式の消却は、自己株式の消却のみに整理され（会178）、株主が株式を持ったままでの強制消却は廃止されています。

また、会社法では、減資は資本金の額を減少させる行為だけを意味することになりました（会447）。

そこで、会社法の下で行う株式数の減少を伴う減資とは、資本金の額の減少と株式数の減少を組み合わせて行う行為となりました。例えば、資本金の額の減少と株式併合を組み合わせて実行したり、資本金の額の減少と自己株式の取得と自己株式の消却を組み合わせて実行するといったことが考えられます。

Q-57 自己株式の消却により、発行可能株式総数が発行済株式の総数の4倍を超えてしまう場合、発行可能株式総数を減少させる必要がありますか？

A ①公開会社が定款変更により発行可能株式総数を増加させる場合又は②閉鎖会社が定款を変更して公開会社となる場合には、変更後の発行可能株式総数は、発行済株式の総数の4倍を超えることができないとされています（会113③）。

自己株式を消却することにより、発行済株式の総数は減少するのに対し、発行可能株式総数は減少しません。したがって、自己株式を消却することにより、

発行可能株式総数が発行済株式の総数の4倍を超えてしまうことがあります。

　しかし、会社法113条3項は、定款変更により発行可能株式総数を増加させる場合にのみ適用される規定であるため、自己株式の消却により、発行可能株式総数が発行済株式の総数の4倍を超えてしまったとしても、発行可能株式総数を減少する定款変更を行う必要はありません。

　一方、平成26年会社法では、公開会社が株式併合を行う場合には、発行済株式の総数の4倍を超えない範囲内で発行可能株式総数を決議するよう求めています（会180③）。

Q-58　消却すべき自己株式の「数」を「将来の一時点における自己株式の数」と定めることは許容されますか？

A　許容されます（本書12頁参照）。

Q-59　自己株式の消却時の消費税の処理について教えてください。

A　自己株式の消却は、消費税法上、不課税取引として取扱われます。自己株式の消却は、会社内部の処理であり、資産の譲渡等に該当しないからです。

4　「処分」のQ&A

Q-60　株主割当てによる自己株式の処分について実務の流れを教えてください。

A　自己株式の処分は、新株発行と同じ手続（以下、株式の募集手続といいます）により行われます。

　この本では、自己株式の処分を以下のように整理しています。このQで説明しているのは、以下の部分です。第2章「処分」の基本（閉鎖会社の第三者割当てによる株式の募集手続）と異なる点を主に説明しています。

　株主割当てとは、株主が保有する株式と同じ種類の株式を割り当てることをいいます（会202①一かっこ書）。株式の種類ごとに株主割当てを行うことになります。

　株主割当ての特徴は、同一種類の株主をその持分比率に応じて平等に扱うことです。第三者割当てとは次の点で相違します。

【第三者割当てとの相違】

　①　多くの場合、（定款に定めることにより）取締役会決議で募集事項を決定できる（会202③）。会社法になって株主総会が原則とされたのは、有限会社基準が会社法のベースになったためです。

　②　株主に対し、株主割当てである旨の通知が必要となる（会202④）。権利付与を通知し申込みを催告する意味があります。

③　時価より低額で処分する場合でも有利発行に該当しないため、取締役の説明義務がない（会202⑤・199③）。ここが株主割当ての大きな特徴です。

④　処分する種類株式が譲渡制限株式の場合でも、当該種類株式の種類株主総会による募集事項決定決議が要求されない（会202⑤・199④）。譲渡制限株主にその持分比率に応じて割り当てますから、既存譲渡制限株主の持分比率維持という要請が働かないためです。

⑤　取締役会に募集事項の決定を委任することはできない（会202⑤・200、第2章「処分」の基本参照）。

⑥　募集事項の決定に係る公開会社の特則は適用されない（会202⑤・201、Q-56参照）。

手続：自己株式の処分（株主割当）

◆概要

最低所要日数	1日＋α
決議要件	取締役会決議又は株主総会特別決議
登記事項	なし

◆法定手続に沿った実務の流れ

手　順	期　限	必要資料
□ 事前の検討 　　□ 財務諸表への影響 　　□ 税務判断への影響		
□ 取締役会決議又は株主総会特別決議（会202③・309②五）（募集事項の決定決議）		取締役会議事録 又は 株主総会議事録
□ 株主への募集事項・割当株式数・申込期日の通知（202④）	申込期日の2週間前	通知書
□ 申込みをしようとする者への募集事項等の通知（会203①）（募集株式の割当手続における通知）	払込期日（もしくは払込期間の初日）の前日まで	通知書
□ 募集株式引受けの申込み（会203②）	申込期日	申込書
□ 払込期日（会199①四） 　　募集株式の引受人による出資の履行（会208①②・209）		

□ 株主名簿の書換え（会132①三）		
□ 期中の会計処理		
□ 期末の会計処理 　□ その他資本剰余金の期末残高がマイナスの場合 　□ 株主資本等変動計算書 　□ 1株当たり当期純利益への影響		
□ 税務申告書の作成	決算日より2ヶ月以内	法人税申告書

◆発行会社の実務

STEP 1　事前の検討

第2章「処分」の基本を参照ください。

STEP 2　募集事項の決定決議（会202③・309②五）

　株主割当てによる株式の募集手続において、募集事項を決定するには、公開会社では取締役会決議、閉鎖会社では株主総会の特別決議が必要です。決議機関について、定款に別段の定めを置くこともできます。

　なお、会社法の施行前に設立された閉鎖会社においては、旧商法における取扱いと同じになるように取締役会を決議機関とする定めが定款にあるとみなされています（整備法76③）。

臨時株主総会議事録（議案部分のみ記載）

議　案　自己株式の処分に関する件
　議長は、下記のとおり株主割当てにより自己株式を処分したい旨を述べ、議場に諮ったところ、満場一致をもって可決確定した。

記

①　募集株式の数　　　　　　　　当会社普通株式　　　　　　株
②　募集株式の払込金額（*1）　　　1株につき金　　　　　　円
③　払込期日（*2）　　　　　　　　　　令和　　年　　月　　日
④　割当方法（*3）
　処分する自己株式全部につき株主に割当てを受ける権利を与えることと

し、株主に対し、申込みがあることを条件として、その所有株式　　株につき当社自己株式　　株の割合をもって割り当てる。

⑤　申込期日　　　　　　　　　　　　　　　令和　　年　　月　　日

⑥　申込証拠金

　　1株につき金　　　円とし、払込期日に自己株式の処分対価として処理する。ただし、申込証拠金には利息をつけない。

⑦　払込みの取扱い場所

　　　所在地：　○○県○○市　　丁目　　番地

　　　名　称：　　　　銀行　　　支店

　　　口　座：　普通預金○○○○○○○　当社名義

(＊1) 払込金額に代えて、払込金額の算定方法を定めることもできる。

(＊2) 払込期日に代えて、払込期間を定めることもできる。

(＊3) 株主割当ての場合には、第三者割当てと異なり、株主が申込みを行うことを条件に株式を割り当てる旨も募集事項の決議事項とすることで、募集事項決議時に割当決議も同時に行っている。そのため、取締役会による割当決議と申込人への割当通知が省略される。

STEP 3　**株主への募集事項・割当株式数・申込期日の通知（会202④）**

　株主に申込みの機会を与えるため株主割当てによる株式の募集手続が行われることを申込期日の2週間前までに通知します。以下の通知書のように募集株式の割当手続における通知と1通にまとめてしまうことが可能です。

STEP 4　**申込みをしようとする者への募集事項等の通知（会203①）**

　株主に対して通知します。会社法施行前に求められていた株式申込証による通知は不要ですが、当該通知書に申込書を同封するのが一般的です。

通　知　書

（会社法第202条第4項及び同法第203条第1項の通知書）

令和　　年　　月　　日

○○○○　　様

　　　　　　　　　　　　本店　○○県○○市　　丁目　　番地

　　　　　　　　　　　　商号　株式会社○○○○

　　　　　　　　　　　　　　　代表取締役　○○○○

　会社法第202条及び同第203条に基づき、募集株式の引受けの申込みに関する事項を下記のとおり、ご通知申し上げます。

1．商　　号　株式会社○○○○

2．募集事項

　　①　募集株式の数　　　　　　　　　　当会社普通株式　　　　　株

　　②　募集株式の払込金額　　　　　　　1株につき金　　　　　　円

　　③　払込期日　　　　　　　　　　　　令和　　年　　月　　日

　　④　割当方法

　　　　処分する自己株式全部につき株主に割当てを受ける権利を与えることとし、株主に対し、申込みがあることを条件として、その所有株式　　　株につき募集株式　　　株の割合をもって割り当てる。

3．貴殿が割当てを受ける募集株式の数　　　当会社普通株式　　　　　株

4．申込期日　　令和　　年　　月　　日

5．払込みの取扱い場所

　　所在地：　○○県○○市　　丁目　　番地

　　名　称：　　　銀行　　　支店

　　口　座：　普通預金○○○○○○○　当社名義

5．その他の事項

　　（省略）……第2章「処分」の基本をご参照ください。

　　　　　　　　　　　　　　　　　　　　　　　　　　　　　　以上

以下、第2章「処分」の基本を参照ください。

5　募集株式引受けの申込み（会203②）

6　出資の履行と効力発生

7　株主名簿の書換え

8　期中の会計処理

9　期末の会計処理

10　税務申告書の作成

◆**法人株主の実務**

第2章「処分」の基本を参照ください。

◆**個人株主の実務**

第2章「処分」の基本を参照ください。

Q-61 公開会社における第三者割当てによる自己株式の処分について実務の流れを教えてください。

Ⓐ 　自己株式の処分は、新株発行と同じ手続（以下、株式の募集手続といいます）により行われます。

この本では、自己株式の処分を以下のように整理しています。このQで説明しているのは、以下の部分です。第2章「処分」の基本（閉鎖会社の第三者割当てによる株式の募集手続）と異なる点を主に説明しています。

公開会社が第三者割当てを行う場合、基本手続（閉鎖会社の手続）の一部に公開会社の特則（会201）が上書きされます。

【公開会社の特則】

①　時価より低額で処分する場合（有利発行の場合）を除いて、取締役会決議で募集事項を決定できる（会201①）。これは、公開会社の場合は株主の持分比率維持という要請よりも資金調達の機動性重視という要請のほうが大きいからです。

②　株主に対し、募集事項の通知又は公告が必要となる（会201③④）。これは、株主総会を開催しませんから株主に知らしめることによって、差

止請求の機会を与え（会210）、株主の保護をはかるためです。

手続：自己株式の処分（第三者割当＆公開会社）

◆概要

最低所要日数	1日＋a
決議要件	取締役会決議
登記事項	なし

◆法定手続に沿った実務の流れ

手　　順	期　　限	必要資料
□ 事前の検討 　　□ 財務諸表への影響 　　□ 税務判断への影響		
□ 取締役会決議（会201①、205②）（募集事項の決定及び総数引受契約の承認決議）		取締役会議事録
□ 株主への募集事項の通知又は公告（会201③④）	払込期日（もしくは払込期間の初日）の2週間前まで	通知書又は通知公告
［総数引受の場合は不要］ □ 申込みをしようとする者への募集事項等の通知（会203①）（募集株式の割当手続における通知）	払込期日の前日まで	通知書
［総数引受の場合は不要］ □ 募集株式引受けの申込み（会203②）	申込期間中	募集株式の引受申込書
［総数引受の場合は不要］ □ 取締役会決議（会204①②）（募集株式の割当決議） 　※募集株式が譲渡制限のない株式の場合、代表取締役の決定	申込期日の前日まで	取締役会議事録
［総数引受の場合は不要］ □ 申込者への割当株式数の通知（会204③）	払込期日の前日まで	割当通知書
□ 払込期日（会199①四） 　募集株式の引受人による出資の履行（会208①②、209①）		
□ 株主名簿の書換え（会132三）		
□ 期中の会計処理		
□ 期末の会計処理 　　□ その他資本剰余金の期末残高がマイナスの場合 　　□ 株主資本等変動計算書 　　□ 1株当たり当期純利益への影響		
□ 税務申告書の作成	決算日より2ヶ月以内	法人税申告書

◆発行会社の実務

STEP 1　事前の検討

第2章「処分」の基本を参照ください。

STEP 2　募集事項の決定（会201①）及び総数引受契約の承認（会205②）

公開会社の第三者割当てによる募集手続において、募集事項を決定するには、取締役会決議が必要です。

また、公開会社が総数引受契約を締結する場合において、募集株式が譲渡制限株式であるときは、取締役会決議により総数引受契約を承認する必要があります。

募集事項の決定決議に係る取締役会議事録は、第2章「処分」の基本（64頁の株主総会議事録）を参照ください。

STEP 3　株主への募集事項の通知又は公告（会201③④）

株主に対し、払込期日（払込期間を定めた場合は払込期間の初日）の2週間前までに募集事項を通知又は公告します。有価証券届出書等が提出等されている場合には、この通知・公告を省略できます（会201⑤、会規40）。

株式募集事項につき通知公告

当社は、株式募集事項につき、令和○○年○○月○○日開催の取締役会において左記のとおり決議いたしましたので公告します。

記

一、募集株式の種類及び数　普通株式○○株

二、払込金額又はその算定方法　一株につき金○○円

三、現物出資に関する事項　該当なし

四、払込期日又は期間等　令和○○年○○月○○日

五、増加資本金及び資本準備金　自己株式の処分により行うため該当なし

以上

令和○○年○○月○○日

○○県○○市○○丁目○○番地

株式会社○○○

代表取締役○○○

※株主に対する公告であるため、定款で定める公告方法により行う。なお、定款に公告方法を定めていない場合には官報にて公告する（会939④）。

※一般に株主に向けた公告の場合には、「…公告します。」と表現する。

※官報の場合、公告の原稿を送付してから公告掲載まで7日程度かかる。

※官報への掲載料金は、1行につき3,589円（税込）。

以下、第2章「処分」の基本を参照ください。

4　申込みをしようとする者への募集事項等の通知（会203①）

5　募集株式引受けの申込み（会203②）

6　募集株式の割当決議（会204①・②）

7　申込者への割当株式数の通知（会204③）

8　出資の履行と効力発生

9　株主名簿の書換え

10　期中の会計処理

11　期末の会計処理

12　税務申告書の作成

> ## 募集株式の引受人が新たな支配株主となる場合の特例
> ### （会206の2）
>
> 　公開会社においては、支配株主が入れ替わるような大規模な第三者割当増資でも取締役会決議により実行が可能でした。一方、平成26年会社法では、発行会社の財産状況が著しく悪化し、事業継続のため緊急の必要がある時を除き、新たに支配株主となる引受人の氏名（名称）・住所、議決権割合、取締役会の判断及び理由など（会規42の2）を既存株主に通知し、10％以上の議決権を有する株主（複数でも可）が反対した場合には、募集株式の割当又は総数引受契約の承認について株主総会決議（役員の選解任と同じ決議要件。会206の2⑤・341参照）が必要となりました。

◆法人株主の実務

　第2章「処分」の基本を参照ください。

◆個人株主の実務

　第2章「処分」の基本を参照ください。

Q-62 有利発行を行う（自己株式を時価よりも低額で処分する）場合に追加される手続について教えてください。

A

1　有利発行の判断基準

　会社法199条3項における「払込金額が募集株式を引き受ける者に特に有利な金額である場合」とは、1株当たりの払込金額を募集事項決定時の株価よりも低く設定する場合をいいます。

　資金調達を円滑に行うため、あるいは払込期日までの株価の低下の可能性等を考慮して、1株当たりの払込金額を募集決定時の株価から多少ディスカウン

トすることは認められています。一般に10％程度のディスカウント率であれば「特に」有利な金額には該当しないといわれていますが、諸事情を考慮して総合的に判断されるもので、絶対的な基準ではないようです。

　なお、上場していない会社の株価の算定には、時価純資産額だけでなく、会社の収益状況・配当状況、関連会社の状況、同業他社の株価との比較、新株発行（自己株式処分）後の株主構成や今回の新株発行（自己株式処分）の目的等を勘案する必要があります。また、ある程度の幅をもって合理的な株価が算定されることになりますが、新株発行（自己株式処分）が成功する限度でできるだけ高い価額を時価とすべきとされています。

2　有利発行を行う場合における募集事項の決定

(1)　第三者割当てによる募集手続

　第三者割当てによる募集手続を行う場合には、原則として株主総会の特別決議が必要です（会199②・309②五）。さらに、取締役は、株主総会において、有利な払込金額とすべき理由を説明する必要があります（会199③）。また、取締役に募集事項の決定を委任する場合に定める払込金額の下限が募集株式の引受人に特に有利な金額である場合には、取締役は、その委任を決定する株主総会において、有利な払込金額とすべき理由を説明する必要があります（会200②）。

　公開会社では、時価発行の場合、例外として取締役会決議でたりるとされていますが、有利発行の場合には原則どおり株主総会の特別決議が必要となります（会201①）。

　ただし、仮に、株主総会の特別決議を経なかったとしても、払込期日までに株主から差止請求（会210）がなければ、新株発行は無効になりません。取引の安全が優先されるからです。株主全員の同意を得られるのであれば、同意書をもって株主総会決議に代えることも可能です（会319①、Q-80参照）。

(2)　株主割当てによる募集手続

　複数種類の株式を発行していない会社が株主割当てによる株式募集手続を行う場合には、全株主に平等な条件で募集株式を引受ける権利が与えられるので有利発行が問題となることはありません。

　一方、複数種類の株式を発行している会社における株主割当てとは、ある種類の株式の割当てを受ける権利をその種類の株式を有する株主にのみ与えることをいいますので（会202①一かっこ書）、種類の異なる株主間では有利・不利の問題が生じます。

　そこで、複数種類の株式を発行している会社が株主割当てにより募集株式の募集を行う際に、ある種類の種類株主に損害を及ぼすおそれがある場合には、当該種類株主を構成員とする種類株主総会の決議が必要とされています（会322①四）。ただし、定款にこの種類株主総会の決議を要しない旨を定めることが可能です（会322②）。

　なお、Q-60の【第三者割当てとの相違】で説明している、「処分する種類株式が譲渡制限株式の場合でも種類株主総会の決議を要しない」ことと、種類株主に損害を及ぼすおそれがある場合に種類株主総会の決議を要することは、それぞれ別の種類株主保護規定である点に注意が必要です。

Q-63　現物出資を行う場合に追加される手続について教えてください。

A

1　募集事項の決定

　現物出資を行う場合には、募集事項として「その旨、出資財産の内容及び価額」を決定する必要があります（会199①三）。募集事項決議日等を評価基準日として出資財産の時価を算定します。また、評価基準日における発行会社の株価を算定し、出資財産の時価と株価から募集株式の数を決定します。

　また、現物出資財産の正当な評価を担保するために、原則として検査役の調査が義務付けられています（会207）。以下に示すように、検査役の調査は非常に煩雑であることから、実務的には回避手続がとられ、ほとんど事例がありません。

2　検査役の調査

　株式の募集手続において現物出資を行う場合には、現物出資財産の過大評価を防止するため、原則として、検査役の調査が必要となります。

　検査役の調査を要しない現物出資（会207⑨、会規43）に該当しない限り、募集事項の決定決議後遅滞なく、本店所在地を所轄する地方裁判所に検査役の選任を申し立てる必要があります（会207①・868①）。

　検査役報酬は会社で負担する必要があります。報酬額は、現物出資財産の価額に応じて裁判所が決定し、発行会社に提示されます（会207③）。

　検査役は、通常、弁護士や公認会計士が選任されます。検査役による調査期間は 2 ヶ月から数ヶ月程度かかります。

　検査役の報告に基づき、裁判所は、募集事項として定めた現物出資財産の価額が不当か否かを判断します。不当と判断されれば、現物出資財産の価額の変更がなされます（会207⑦）。その変更に不満がある場合には、価額変更通知日から 1 週間以内に限り抗告できます（会872四・870①四）。最終的に価額変更が確定した場合、当該現物出資財産の給付を予定していた募集株式の引受人は、確定日から 1 週間以内に限り、募集株式引受の申込み又は総数引受契約に係る意思表示を取り消すことができます（会207⑧）。

Q-64　検査役の調査を必要としない場合について教えてください。

Ⓐ　株式の募集手続において現物出資を行う場合には、現物の過大評価を防止するため、原則として検査役の調査が必要となりますが、以下の場合には省略することができます。

①　株式の割当総数が少ない場合

　新株の発行か自己株式の処分かにかかわらず株式割当総数が、発行済株式数の10％以下である場合（会207⑨一）。

② 現物出資財産の時価が500万円以下の場合

時価500万円以下の財産（種類を問わない）の現物出資を受ける場合（会207
⑨二）。

なお、①と②を一般に少額特例などと表現します。小さな募集だから、検査
役の検査を受けるまでもないという理由です。以下の③④⑤と相違して何らの
証明も必要とせずに登記申請できるという特徴があります。

③ 現物出資財産が市場価格のある有価証券の場合

市場価格のある有価証券の現物出資を市場価格以下の価額で引き受ける場合
（会207⑨三）。これは過大評価の危険がないことが理由です。

④ 現物出資財産の価額について専門家の証明がある場合

現物出資財産の価額が相当であることについて弁護士・弁護士法人・公認会
計士・監査法人・税理士・税理士法人の証明を受けた場合。ただし、現物出資
財産が不動産である場合には、当該証明に加えて不動産鑑定士の鑑定評価も受
ける必要があります（会207⑨四）。

⑤ DES（デット・エクイティ・スワップ）の場合

発行会社に対する金銭債権で弁済期が到来しているものを当該金銭債権に係
る負債の帳簿価額以下の価額で引き受ける場合（会207⑨五）。債権の評価の適
正性について特段の問題も生じないと考えられるからです。

Q-65 株券の交付と自己株式処分の効力の関係について教えてください。

Ⓐ 株券の交付の有無に係らず、自己株式処分の効力（出資の効力）
は払込期日に生じます。

株券を実際に発行している会社は、自己株式処分の効力（出資の効力）発生
後遅滞なく、自己株式に係る株券を交付しなければなりません（会129）。

自己株式の取得の場合と同様、会社と株主間での株券のやりとりは、自己株
式の取得・処分の効力発生には関係なく、効力が生じた後の履行の問題となり

ます。株券発行会社（株券を発行することを定款に定めている会社）の株式の譲渡は、株券の交付が行われないと効力が生じないとされていますが（会128①）、会社と株主間での株券のやりとりは例外扱いされています（会128①ただし書）。

Q-66 自己株式を市場で売却（処分）することはできますか？

A 自己株式を市場で売却することはできません。市場での売却を直接禁止する規定は会社法にありません。しかし、自己株式の処分がインサイダー取引として利用される可能性があることなどを理由に、一定の限度で自己株式の市場売却を認めていた平成17年会社法案179条が削除された経緯などから、会社法に規定する手続以外の方法で自己株式を処分することはできないとされています。

Q-67 自己株式を処分すると、株主資本はどのように増減しますか？

A 自己株式の処分を単独で行う場合には、処分の対象となった自己株式の帳簿価額と払込財産額の差額について、その他資本剰余金を増減させます（計規14②一、自己株式基準9・10）。

一方、自己株式の処分と新株発行を同時に行う場合には、まず、払込財産額を新株発行の対価と自己株式の処分対価に按分します。

払込財産額は原則、給付時の時価で計上することになります（計規14⑤）。法人株主が行う事業の現物出資については企業結合会計が適用され、払込財産額を簿価（株主資本相当額）で計算する場合があります。

自己株式の処分対価が、処分する自己株式の帳簿価額を上回る場合には、自

己株式処分差益の額について、その他資本剰余金を増加させます。対して、自己株式の処分対価が、処分する自己株式の帳簿価額を下回る場合には、自己株式処分差損の額について、新株発行の対価から控除します。自己株式処分差損が新株発行の対価を上回る場合には、その上回る額についてその他資本剰余金を減少させます。

　自己株式処分差損控除後の新株発行の対価を新株発行に係る払込価額として、資本金・資本準備金の増加額を計算します。資本金の増加額は、払込金額の2分の1以上にする必要があります（会445②）。払込金額から資本金の増加額を差し引いた金額が、資本準備金の増加額となります（会445③）。

　新株発行及び自己株式処分に伴う株主資本増減額の具体的な算定は、以下の表により計算することが可能です。

【表】募集株式の発行等による株主資本変動額

項　目		金　額	メ　モ
発行株式数	1		新たに発行する株式の数
処分自己株式数	2		処分する自己株式の数
計 (1)＋(2)	3		
株式発行割合 (1)÷(3)	4		
自己株式処分割合 1 －(4)	5		
払込財産額	6		原則：出資財産の時価 例外：企業結合会計の適用により 　　　簿価引継
処分自己株式簿価	7		
新株発行の対価 (6)×(4)	8		
自己株式の処分対価 (6)×(5)	9		
調整額	(6)≧0かつ(7)－(9)なら(7)－(9) (6)≧0かつ(7)<(9)なら0 (6)＜0なら(7)	10		計規14②一ロ(1)
	(6)≧0なら(8) (6)＜0なら0	11		計規14②一ロ(2)
	(10)と(11)のいずれか小さい額	12		計規14②一ロ

	項　目		金　額	
株主資本変動額	資本金等増加限度額 (8)−(10)≧ 0 YES なら(8)−(10)、NO なら 0	13		
	その他資本剰余金増減額 (9)+(12)−(7)	14		
	その他利益剰余金増減額 (6)< 0 YES なら(8)、NO なら 0	15		

　以下の 4 つのケースについて、この計算表を使った株主資本変動額の算定と仕訳を示します。

【ケース 1】

　払込財産額がプラス。新株発行の対価を下回る自己株式処分差損が生じるケース

【ケース 2】

　払込財産額がプラス。新株発行の対価を上回る自己株式処分差損が生じるケース

【ケース 3】

　払込財産額がプラス。自己株式処分差益が生じるケース

【ケース 4】

　払込財産額がマイナスのケース

【ケース 1】 払込財産100、処分自己株式簿価80

項　目		金　額	メ　モ
発行株式数	1	600	新たに発行する株式の数
処分自己株式数	2	400	処分する自己株式の数
計 (1)+(2)	3	1,000	
株式発行割合 (1)÷(3)	4	0.6	
自己株式処分割合 1 −(4)	5	0.4	

払込財産額	6	100	原則：出資財産の時価 例外：企業結合会計の適用により 　　　簿価引継	
処分自己株式簿価	7	80		
新株発行の対価 (6)×(4)	8	60		
自己株式の処分対価 (6)×(5)	9	40		

調整額	(6)≧0 かつ(7)≧(9)なら(7)-(9) (6)≧0 かつ(7)<(9)なら0 (6)<0 なら(7)	10	40	計規14②一ロ(1)
	(6)≧0 なら(8) (6)<0 なら0	11	60	計規14②一ロ(2)
	(10)と(11)のいずれか小さい額	12	40	計規14②一ロ
株主資本変動額	資本金等増加限度額 (8)-(10)≧0 YES なら(8)-(10)、NO なら0	13	20	
	その他資本剰余金増減額 (9)+(12)-(7)	14	0	
	その他利益剰余金増減額 (6)<0 YES なら(8)、NO なら0	15	0	

　払込財産額がプラスで、新株発行の対価を下回る自己株式処分差損が生じる
ケースでは、自己株式処分差損の全額40（処分自己株式簿価80－払込財産額
100×自己株式処分割合40％）が新株発行の対価に充当され、新株発行に係る
払込価額は20（払込財産額100×株式発行割合60％－自己株式処分差損40）と
なります。

＜会計上の仕訳＞

（借方）払　込　財　産	100	（貸方）資　　本　　金	20
		自　己　株　式	80

【ケース2】払込財産100、処分自己株式簿価110

項　目		金　額	メ　モ
発行株式数	1	600	新たに発行する株式の数
処分自己株式数	2	400	処分する自己株式の数
計 (1)+(2)	3	1,000	
株式発行割合 (1)÷(3)	4	0.6	
自己株式処分割合 1-(4)	5	0.4	
払込財産額	6	100	原則：出資財産の時価 例外：企業結合会計の適用により 　　　簿価引継
処分自己株式簿価	7	110	
新株発行の対価 (6)×(4)	8	60	
自己株式の処分対価 (6)×(5)	9	40	
調整額	(6)≧0 かつ(7)≧(9)なら(7)-(9) (6)≧0 かつ(7)<(9)なら0 (6)<0 なら(7)	10	70	計規14②一ロ(1)
	(6)≧0 なら(8) (6)<0 なら0	11	60	計規14②一ロ(2)
	(10)と(11)のいずれか小さい額	12	60	計規14②一ロ
株主資本変動額	資本金等増加限度額 (8)-(10)≧0 YES なら(8)-(10)、NO なら0	13	0	
	その他資本剰余金増減額 (9)+(12)-(7)	14	-10	
	その他利益剰余金増減額 (6)<0 YES なら(8)、NO なら0	15	0	

　払込財産額がプラスで、新株発行の対価を上回る自己株式処分差損が生じる
ケースでは、新株発行に係る払込価額は0となり、自己株式処分差損70（処分
自己株式簿価110－払込財産額100×自己株式処分割合40％）と新株発行の対価
60（払込財産額100×株式発行割合60％）の差額10についてその他資本剰余金
を減少します。

<会計上の仕訳>

(借方) 払 込 財 産　　　100　　　　(貸方) 自 己 株 式　　　110
　　　 その他資本剰余金　　 10

【ケース3】 払込財産100、処分自己株式簿価10

<table>
<tr><th colspan="2">項　目</th><th></th><th>金　額</th><th>メ　モ</th></tr>
<tr><td></td><td>発行株式数</td><td>1</td><td>600</td><td>新たに発行する株式の数</td></tr>
<tr><td></td><td>処分自己株式数</td><td>2</td><td>400</td><td>処分する自己株式の数</td></tr>
<tr><td></td><td>計
(1)+(2)</td><td>3</td><td>1,000</td><td></td></tr>
<tr><td></td><td>株式発行割合
(1)÷(3)</td><td>4</td><td>0.6</td><td></td></tr>
<tr><td></td><td>自己株式処分割合
1 −(4)</td><td>5</td><td>0.4</td><td></td></tr>
<tr><td></td><td>払込財産額</td><td>6</td><td>100</td><td>原則：出資財産の時価
例外：企業結合会計の適用により
　　　簿価引継</td></tr>
<tr><td></td><td>処分自己株式簿価</td><td>7</td><td>10</td><td></td></tr>
<tr><td></td><td>新株発行の対価
(6)×(4)</td><td>8</td><td>60</td><td></td></tr>
<tr><td></td><td>自己株式の処分対価
(6)×(5)</td><td>9</td><td>40</td><td></td></tr>
<tr><td rowspan="3">調整額</td><td>(6)≧0かつ(7)≧(9)なら(7)−(9)
(6)≧0かつ(7)<(9)なら0
(6)<0なら(7)</td><td>10</td><td>0</td><td>計規14②一ロ(1)</td></tr>
<tr><td>(6)≧0なら(8)
(6)<0なら0</td><td>11</td><td>60</td><td>計規14②一ロ(2)</td></tr>
<tr><td>(10)と(11)のいずれか小さい額</td><td>12</td><td>0</td><td>計規14②一ロ</td></tr>
<tr><td rowspan="3">株主資本変動額</td><td>資本金等増加限度額
(8)−(10)≧0
YESなら(8)−(10)、NOなら0</td><td>13</td><td>60</td><td></td></tr>
<tr><td>その他資本剰余金増減額
(9)+(12)−(7)</td><td>14</td><td>30</td><td></td></tr>
<tr><td>その利益剰余金増減額
(6)<0
YESなら(8)、NOなら0</td><td>15</td><td>0</td><td></td></tr>
</table>

　　払込財産額がプラスで、自己株式処分差益が生じるケースでは、自己株式処
分差益30（払込財産額100×自己株式処分割合40％−処分自己株式簿価10）に

ついてその他資本剰余金を増加します。また、新株発行の対価60（払込財産額100×株式発行割合60%）が、そのまま、新株発行に係る払込価額となります。

＜会計上の仕訳＞

（借方）払　込　財　産	100	（貸方）資　　本　　金	60
		その他資本剰余金	30
		自　己　株　式	10

【ケース4】払込財産▲100、処分自己株式簿価80

	項　　目		金　額	メ　モ
	発行株式数	1	600	新たに発行する株式の数
	処分自己株式数	2	400	処分する自己株式の数
	計 (1)+(2)	3	1,000	
	株式発行割合 (1)÷(3)	4	0.6	
	自己株式処分割合 1−(4)	5	0.4	
	払込財産額	6	−100	原則：出資財産の時価 例外：企業結合会計の適用により 　　　簿価引継
	処分自己株式簿価	7	80	
	新株発行の対価 (6)×(4)	8	−60	
	自己株式の処分対価 (6)×(5)	9	−40	
調整額	(6)≧0かつ(7)≧(9)なら(7)−(9) (6)≧0かつ(7)<(9)なら0 (6)<0なら(7)	10	80	計規14②一ロ(1)
	(6)≧0なら(8) (6)<0なら0	11	0	計規14②一ロ(2)
	(10)と(11)のいずれか小さい額	12	0	計規14②一ロ
株主資本変動額	資本金等増加限度額 (8)−(10)≧0 YESなら(8)−(10)、NOなら0	13	0	
	その他資本剰余金増減額 (9)+(12)−(7)	14	−120	
	その他利益剰余金増減額 (6)<0 YESなら(8)、NOなら0	15	−60	

　払込財産額がマイナスの場合、自己株式の処分対価▲40（払込財産額▲100×自己株式処分割合40％）から処分自己株式簿価80を控除した額120についてその他資本剰余金を減少します。また、新株発行の対価▲60（払込財産額▲100×株式発行割合60％）についてその他利益剰余金を減少します。

＜会計上の仕訳＞

| （借方） | その他資本剰余金 | 120 | （貸方） | 払込財産 | 100 |
| | その他利益剰余金 | 60 | | 自己株式 | 80 |

Q-68 吸収合併において代用自己株式を使用した場合の存続会社の実務について教えてください。

A　吸収合併における代用自己株式の使用とは、自己株式の処分の一形態といえます（合併対価が柔軟化された現在でも、新株の「代用」というべきかについては疑問もありますが、ここでは従来どおりの用語法を用います）。

　吸収合併は、存続会社が消滅会社の財産を包括的に受け入れて、存続会社の株式などの対価を交付する手続と捉えることができますが、合併新株の発行に代えて自己株式を処分できることは、株式の募集手続と同様です。

　存続会社が保有する自己株式だけでなく、消滅会社が保有する存続会社株式も合併と同時に自己株式になるので代用自己株式として使用することができます。

　なお、新設合併においては、新設する法人が自己株式を保有していることはないため、代用自己株式を使用する場面は想定しえません。

1　合併契約書記載例

　合併新株を発行するか、代用自己株式を使用するかによって吸収合併の手続に変わりはありません。

　代用自己株式を使用する場合の合併契約書（合併対価と割当てに関する部分）の記載例は以下のとおりです。記載例は、合併新株の発行と代用自己株式

の使用を併用していることを想定していますが、対価のすべてを自己株式とすることも可能です。

【存続会社が保有する自己株式を交付する場合】

第○条（合併対価の交付及び割当て）

　甲は、合併に際して、普通株式○○○株を発行し、甲の自己株式○○株と併せて効力発生日前日最終の乙の株主名簿に記載された乙の株主（甲及び乙を除く）に対して、乙株式1株に対して甲株式0.5株の割合で割り当てる。

【消滅会社が保有する存続会社株式を交付する場合】

第○条（合併対価の交付及び割当て）

　甲は、合併に際して、普通株式○○○株を発行し、乙から承継する甲の自己株式○○株と併せて効力発生日前日最終の乙の株主名簿に記載された乙の株主（甲及び乙を除く）に対して、乙株式1株に対して甲株式0.5株の割合で割り当てる。

2　合併時の会計処理

(1)　代用自己株式を使用した場合の会計処理

　合併時の会計処理（仕訳）は、①消滅会社の財産を受け入れる処理と②合併対価に関する処理からなります。

　例えば、現金合併であれば消滅会社から受け入れる資産・負債を計上すると共に合併対価である現金を減少させます。

| （借方）（消滅会社の）資産 | 100 | （貸方）（消滅会社の）負債 | 40 |
| | | 現金（合併対価） | 60 |

　合併対価が株式であるときは、株主資本を増減させることになります。

　（借方）（消滅会社の)資産　　100　　　　（貸方）（消滅会社の)負債　　40
　　　　　　　　　　　　　　　　　　　　　　　　株　主　資　本　　60

　株主資本の内訳項目の増減の方法は、大きく2つに分かれます。1つは、消滅会社の株主資本の内訳をそのまま引き継ぐ方法。もう1つは、消滅会社の財産の受入額を基礎として株主資本等変動額を算定し、株主資本等変動額の範囲内で株主資本の各内訳項目を任意に増加させる方法です。

　消滅会社の株主資本の内訳をそのまま引き継ぐことが可能なケースについて、会社計算規則36条（旧59条）で規定しています。このケースにおいて代用自己株式を使用した場合には、代用自己株式の帳簿価額だけ、その他資本剰余金を減少させる会計処理を行います（計規36①（旧計規59①三ハ））。

　一方、合併における株主資本等変動額は、会社計算規則35条（旧58条）により算定します。代用自己株式を使用した場合、株主資本等変動額は代用自己株式の帳簿価額だけ小さくなります。会社計算規則35条（旧58条）に基づく吸収合併の会計処理（仕訳）は、以下の表により行うことが可能です。

◆吸収合併の会計処理まとめ

		資産・負債(*1)	評価・換算差額等	のれん	株主資本	特別損益(*2)	企業結合指針	計算表
取得		時価で計上	引き継がない	旧計規12	旧計規58②一	計上しない	36～83項	表1
親が子を合併	親-子	簿価で引継ぎ	簿価で引継ぎ	旧計規14①②④(*3)	旧計規58②三(*4)	旧計規14⑤	206項	表2
	個人支配株主-親-子							
	親-子-孫			旧計規14③④(*3)	旧計規58②四(*4)			表3
	個人支配株主-親-子-孫							
兄弟会社間で合併（一般）		簿価で引継ぎ	簿価で引継ぎ	旧計規13(*3)	旧計規58②二(*4)	計上しない	243,247,251,254項	表4
（対価が株式のみ又は無対価の場合に選択可能な特例）				認識しない	旧計規59(*6)		247項	—
子が親を合併（一般）(*5)		簿価で引継ぎ	簿価で引継ぎ	旧計規13(*3)	旧計規58②二	計上しない	210項	表4
（対価が株式のみの場合に選択可能な特例）				認識しない	旧計規59			—
逆取得（一般）		簿価で引継ぎ	簿価で引継ぎ	認識しない	旧計規58②五	計上しない(*7)	84項	表5
（対価が株式のみの場合に選択可能な特例(*8)）				認識しない	旧計規59			—
共同支配企業の形成（一般）		簿価で引継ぎ	簿価で引継ぎ	認識しない	旧計規58②五	計上しない(*7)	182,185項	表5
（対価が株式のみの場合に選択可能な特例(*9)）				認識しない	旧計規59			—

（*1）　簿価引継の場合には、消滅会社が計上している「のれん」「負ののれん」を含む。

（*2）　親会社持分相当額と抱合せ株式の帳簿価額との差額を特別損益に計上する。

（*3）　「のれん」「負ののれん」算定の際の吸収型再編簿価株主資本額には、当該「のれん」「負ののれん」は含まない（旧計規13②）。

（*4）　「吸収型再編株主資本変動額」算定の際の吸収型再編簿価株主資本額には、「のれん」「負ののれん」を含める。

（*5）　孫が子を合併する場合も含む。

（*6）　企業結合指針203-2項では、完全親子会社関係にある無対価の兄弟会社間合併について、株主資本項目の強制引継ぎを規定。

（*7）　企業結合指針84項（逆取得）と185項（共同支配企業の形成）が規定している内容は同じ。

（*8）　逆取得は、自社株式を対価としない場合には、対価交付側が取得企業となることから、原則として自社株式のみが対価となる（企業結合基準18～20項）。

（*9）　共同支配企業の形成は、原則として自社株式のみを対価とする（企業結合指針175項）。

（*10）　平成21年改正法務省令第7号で会社計算規則は簡素化されているため、あえて改正前の会社計算規則を参考条文としています。改正前後において、実質的な内容変更はないとされています。

【表1】 吸収合併の会計処理（取得の場合）

	項 目		金 額	メ モ
資産負債等	受入資産の計上額（時価）	1	1,000	
	受入負債の計上額（時価）	2	400	
	(1)−(2)	3	600	
のれん	対価（存続会社株式）の時価	4	600	
	対価（上記以外）の時価	5	110	
	抱合せ株式の帳簿価額	6	50	結合指針46
	消滅会社の新株予約権者への交付額	7		結合指針50
	取得の対価性が認められる支出額	8		結合指針48（平成25年改正で削除）
	(4)＋(5)＋(6)＋(7)	9	760	
	のれん (9)＞(3)、YES なら(9)−(3)、NO なら0	10	160	
	負ののれん (3)＞(9)、YES なら(3)−(9)、NO なら0	11	0	
株主資本	吸収型再編株主資本変動額 (4)	12	600	旧計規58②一 （＝計規35①「株主資本等変動額」）
	代用自己株式の帳簿価額	13	70	
	株主払込資本変動額 (12)−(13)	14	530	旧計規58①一ロ
借方	資産 (1)	15	1,000	
	のれん (10)	16	160	
	その他資本剰余金 0＞(14)、YES なら(14)の絶対値、NO なら0	17	0	旧計規58①三
貸方	負債 (2)	18	400	
	負ののれん (11)	19	0	原則として特別利益に計上（結合指針78）
	払込資本 (14)＞0、YES なら(14)、NO なら0	20	530	旧計規58①一〜三（払込資本とは、資本金・資本準備金・その他資本剰余金のこと）
	自己株式 (13)	21	70	
	抱合せ株式 (6)	22	50	
	現金等 (5)＋(7)	23	110	

【表2】 吸収合併の会計処理（親子の場合）

	項　目		金　額	メ　モ
資産負債等	受入資産の引継額（帳簿価額）	1	900	
	受入負債の引継額（帳簿価額）	2	400	吸収合併消滅会社が発行していた新株予約権の帳簿価額を含む。
	評価・換算差額等の引継額（帳簿価額）	3	100	
	吸収型再編簿価株主資本額 (1)−(2)−(3)	4	400	
持株割合	親会社持株割合	5	75%	
	非支配株主持株割合	6	15%	
	中間子会社持株割合	7	10%	
	(5)+(6)+(7)	8	100%	100%になることを確認！
持分相当額	親会社持分相当額 (4)×(5)	9	300	
	非支配株主持分相当額 (4)×(6)	10	60	
	中間子会社持分相当額 (4)−(9)−(10)	11	40	
のれん相当額	非支配株主に対する対価（存続会社株式）の時価	12	55	
	非支配株主に対する対価（上記以外）の時価	13	15	
	取得の対価性が認められる支出額 （の内、非支配株主持分に対応する額）	14		旧結合指針206（平成25年改正で変更）
	(12)+(13)	15	70	
	借方差額（非支配株主対応部分） (15)＞(10)、YES なら(15)−(10)、NO なら0	16	10	その他資本剰余金の減少又は、のれん（注）
	貸方差額（非支配株主対応部分） (10)＞(15)、YES なら(10)−(15)、NO なら0	17	0	その他資本剰余金の増加又は、負ののれん（注）
	吸収型再編対価簿価 （の内、中間子会社持分に対応する額）	18	55	旧計規2③三十八（存続会社株式以外の対価の帳簿価額）
	のれん（中間子会社対応部分） (18)＞0かつ(18)＞(11) YES なら(18)−(11)、NO なら0	19	15	旧計規14④、旧計規13（YES の場合で、対価の一部が株式＆(11)＜0のときは、のれんの額は(18)となる）
	負ののれん（中間子会社対応部分） 対価に存続会社株式がなく、(11)＞(18) YES なら(11)−(18)、NO なら0	20		旧計規14④
株主資本	吸収型再編株主資本変動額 (12)+(11)+(19)−(20)−(18)	21	55	旧計規58②三（＝計規35①「株主資本等変動額」）
	代用自己株式の帳簿価額	22	50	
	株主払込資本変動額 (21)＞0、YES なら(21)−(22)、NO なら−(22)	23	5	旧計規58①一ロ

	項目	No.	金額	備考
特別損益	抱合せ株式の帳簿価額 (24)	24	200	
	特別利益 (9)＞(24)、YES なら(9)−(24)、NO なら0	25	100	旧計規14⑤
	特別損失 (24)＞(9)、YES なら(24)−(9)、NO なら0	26	0	旧計規14⑤
借方	資産 (1)	27	900	
	のれん (16)＋(19)	28	15	（注）
	その他資本剰余金 0＞(23) YES なら(16)−(17)−(23)、NO なら(16)−(17)	29	10	（注）
	その他利益剰余金 0＞(21)、YES なら(21)の絶対値、NO なら0	30	0	旧計規58①五
	特別損失 (26)	31	0	
貸方	負債 (2)	32	400	
	負ののれん (17)＋(20)	33	0	原則として特別利益に計上（結合指針78）（注）
	払込資本 (23)＞0、YES なら(23)、NO なら0	34	5	旧計規58①一〜三（払込資本とは、資本金・資本準備金・その他資本剰余金のこと）
	評価・換算差額等 (3)	35	100	
	自己株式 (22)	36	50	
	抱合せ株式 (24)	37	200	
	現金等 (13)＋(18)	38	70	
	特別利益 (25)	39	100	

（注）　平成25年改正適用指針により、非支配株主持分相当額と、非支配株主に交付した存続会社株式の時価との差額をその他資本剰余金で処理することとした（結合指針206。従来は、借方差額について「のれん」で処理）。

　　　なお、対価が現金等の場合の借方（貸方）差額は、のれん（負ののれん）で処理するものと思われる。

　　　数値例では、対価として存続会社株式と現金等の両方を交付するケースを想定している。取扱いは明らかでないが、現金等対価額を優先的に非支配株主持分相当額に充当し、借方差額10は全額、存続会社株式対価額との差額とみなして、その他資本剰余金を減少させると考えた。

　　　このように、28・29・33欄の計算は機械的に行えないので注意していただきたい。

【表3】吸収合併の会計処理（子孫の場合）

項　目		金額	メ　モ
資産負債等	受入資産の引継額（帳簿価額） ①	900	
	受入負債の引継額（帳簿価額） ②	400	吸収合併消滅会社が発行していた新株予約権の帳簿価額を含む。
	評価・換算差額等の引継額（帳簿価額） ③	100	
	吸収型再編簿価株主資本額 ④ ⑴－⑵－⑶	400	
持株割合	親会社持株割合 ⑤	75%	
	非支配株主持株割合 ⑥	15%	
	中間子会社持株割合 ⑦	10%	
	⑸＋⑹＋⑺ ⑧	100%	100％になることを確認！
持分相当額	親会社持分相当額 ⑨ ⑷×⑸	300	
	非支配株主持分相当額 ⑩ ⑷×⑹	60	
	中間子会社持分相当額 ⑪ ⑷－⑼－⑽	40	
のれん	吸収型再編対価簿価 （の内、非支配株主持分に対応する額） ⑫	70	旧計規2③三十八（存続会社株式以外の対価の帳簿価額）
	のれん（非支配株主対応部分） ⑿＞0かつ⑿＞⑽ ⑬ YESなら⑿－⑽、NOなら0	10	旧計規14③、旧計規13（YESの場合で、対価の一部が株式＆⑽＜0のときは、のれんの額は⑿となる）
	負ののれん（非支配株主対応部分） 対価に存続会社株式がなく、⑽＞⑿ ⑭ YESなら⑽－⑿、NOなら0		
	吸収型再編対価簿価 （の内、中間子会社持分に対応する額） ⑮	55	旧計規2③三十八（存続会社株式以外の対価の帳簿価額）
	のれん（中間子会社対応部分） ⒂＞0かつ⒂＞⑾ ⑯ YESなら⒂－⑾、NOなら0	15	旧計規14④、旧計規13（YESの場合で、対価の一部が株式＆⑾＜0のときは、のれんの額は⒂となる）
	負ののれん（中間子会社対応部分） 対価に存続会社株式がなく、⑾＞⒂ ⑰ YESなら⑾－⒂、NOなら0		旧計規14④
株主資本	吸収型再編株主資本変動額 ⑱ ⑽＋⒀－⒁－⑿＋⑾＋⒃－⒄－⒂	0	旧計規58②四（＝計規35①「株主資本等変動額」）
	代用自己株式の帳簿価額 ⑲	50	
	株主払込資本変動額 ⑳ ⒅＞0 YESなら⒅－⒆、NOなら－⒆	-50	旧計規58①一ロ

特別損益	抱合せ株式の帳簿価額	21	200	
	特別利益 (9)＞(21)、YES なら(9)−(21)、NO なら0	22	100	旧計規14⑤
	特別損失 (21)＞(9)、YES なら(21)−(9)、NO なら0	23	0	旧計規14⑤
借方	資産 (1)	24	900	
	のれん (13)＋(16)	25	25	
	その他資本剰余金 0＞(20)、YES なら(20)の絶対値、NO なら0	26	50	旧計規58①三
	その他利益剰余金 0＞(18)、YES なら(18)の絶対値、NO なら0	27	0	旧計規58①五
	特別損失 (23)	28	0	
貸方	負債 (2)	29	400	
	負ののれん (14)＋(17)	30	0	原則として特別利益に計上（結合指針78）
	払込資本 (20)＞0、YES なら(20)、NO なら0	31	0	旧計規58①一〜三（払込資本とは、資本金・資本準備金・その他資本剰余金のこと）
	評価・換算差額等 (3)	32	100	
	自己株式 (19)	33	50	
	抱合せ株式 (21)	34	200	
	現金等 (12)＋(15)	35	125	
	特別利益 (22)	36	100	

【表 4 】吸収合併の会計処理（兄弟、子親の場合）

	項　　目		金　額	メ　モ
資産負債等	受入資産の引継額（帳簿価額）	1	900	
	受入負債の引継額（帳簿価額）	2	400	吸収合併消滅会社が発行していた新株予約権の帳簿価額を含む。
	評価・換算差額等の引継額（帳簿価額）	3	100	
	吸収型再編簿価株主資本額 (1)－(2)－(3)	4	400	
のれん	抱合せ株式の帳簿価額	5	0	
	(4)－(5)	6	400	
	吸収型再編対価簿価	7	500	旧計規2③三十八（存続会社株式以外の対価の帳簿価額）
	のれん (7)＞0かつ(7)＞(6) YES なら(7)－(6)、NO なら0	8	100	旧計規13①一（YES の場合で、対価の一部が株式＆(6)＜0のときは、のれんの額は(7)となる）
	負ののれん 対価に存続会社株式がなく、(6)＞(7) YES なら(6)－(7)、NO なら0	9		旧計規13①二
株主資本	吸収型再編株主資本変動額 (4)＋(8)－(9)－(5)－(7)	10	0	旧計規58②二（＝計規35①「株主資本等変動額」）
	代用自己株式の帳簿価額	11	100	
	株主払込資本変動額 (10)＞0 YES なら(10)－(11)、NO なら－(11)	12	－100	旧計規58①一ロ
借方	資産 (1)	13	900	
	のれん (8)	14	100	
	その他資本剰余金 0＞(12)、YES なら(12)の絶対値、NO なら0	15	100	旧計規58①三
	その他利益剰余金 0＞(10)、YES なら(10)の絶対値、NO なら0	16	0	旧計規58①五
貸方	負債 (2)	17	400	
	負ののれん (9)	18	0	原則として特別利益に計上（結合指針78）
	払込資本 (12)＞0、YES なら(12)、NO なら0	19	0	旧計規58①一～三（払込資本とは、資本金・資本準備金・その他資本剰余金のこと）
	評価・換算差額等 (3)	20	100	
	自己株式 (11)	21	100	

	項　目		金　額	メ　モ
	抱合せ株式 (5)	22	0	
	現金等 (7)	23	500	

【表5】吸収合併の会計処理（その他の場合）

	項　目		金　額	メ　モ
資産負債等	受入資産の引継額（帳簿価額）	1	900	
	受入負債の引継額（帳簿価額）	2	400	吸収合併消滅会社が発行していた新株予約権の帳簿価額を含む。
	評価・換算差額等の引継額（帳簿価額）	3	100	
	吸収型再編簿価株主資本額 (1)-(2)-(3)	4	400	
株主資本	抱合せ株式の帳簿価額	5	100	旧計規58②二
	吸収型再編株主資本変動額 (4)-(5)	6	300	旧計規58②五（＝計規35①「株主資本等変動額」）
	代用自己株式の帳簿価額	7	100	
	株主払込資本変動額 (6)>0 YESなら(6)-(7)、NOなら-(7)	8	200	旧計規58①一ロ
借方	資産 (1)	9	900	
	その他資本剰余金 0>(8)、YESなら(8)の絶対値、NOなら0	10	0	旧計規58①三
	その他利益剰余金 0>(6)、YESなら(6)の絶対値、NOなら0	11	0	旧計規58①五
貸方	負債 (2)	12	400	
	払込資本 (8)>0、YESなら(8)、NOなら0	13	200	旧計規58①一～三（払込資本とは、資本金・資本準備金・その他資本剰余金のこと）
	評価・換算差額等 (3)	14	100	
	自己株式 (7)	15	100	
	抱合せ株式 (5)	16	100	

(2)　消滅会社の自己株式

　会社計算規則36条(旧59条)により、消滅会社の株主資本の内訳をそのまま引き継ぐことが可能なケースにおいても、消滅会社の自己株式を引き継ぐことはできません。なぜなら、消滅会社の自己株式に合併対価を交付することができないため(会749①三かっこ書)、消滅会社の自己株式は消滅してしまうからです。

　そこで、消滅会社の自己株式の帳簿価額だけ、その他資本剰余金を減少させる処理を行います(計規36①・2③四十三(旧計規59①三ニ))。

【仕訳例】

　◆消滅会社の合併直前の貸借対照表

貸借対照表

資　産	1,000	負　債	100
		資本金	300
		資本準備金	300
		その他資本剰余金	200
		その他利益剰余金	150
		自己株式	▲50
	1,000		1,000

　◆会社計算規則36条(旧59条)に基づく吸収合併の会計処理

(借方)(消滅会社の)資産	1,000	(貸方)(消滅会社の)負債	100
		資本金	300
		資本準備金	300
		その他資本剰余金	150
		その他利益剰余金	150

※その他資本剰余金増加額150＝(消滅会社の)その他資本剰余金200−(消滅会社の)自己株式50

(3)　消滅会社が保有する存続会社株式

　消滅会社が保有する存続会社株式は、存続会社が消滅会社から受け入れる財産を構成します。消滅会社から受け入れた直後に代用自己株式として使用する場合には、存続会社の自己株式を代用自己株式として使用する場合と同様の処

理となります。一方、消滅会社から受け入れ、そのまま保有する場合には、存続会社の自己株式として株主資本のマイナスとして表示されます。

【仕訳例】

◆消滅会社から存続会社株式を受入れ

　　　（借方）（消滅会社の）資産　　　90　　　　（貸方）（消滅会社の）負債　　　40
　　　　　　　（消滅会社の）存続会社株式 10　　　　　　　株　主　資　本　　　60

＋

◆代用自己株式として使用する場合（旧計規58条適用のケース）

　　　（借方）払　込　資　本　　　10　　　　（貸方）（消滅会社の）存続会社株式 10

◆代用自己株式として使用する場合（旧計規59条適用のケース）

　　　（借方）その他資本剰余金　　　10　　　　（貸方）（消滅会社の）存続会社株式 10

◆そのまま保有する場合

　　　（借方）自　己　株　式　　　10　　　　（貸方）（消滅会社の）存続会社株式 10

3　合併時の税務処理

(1)　代用自己株式を使用した場合の税務処理

　資本金等の額の増加額は、合併新株を発行した場合と変わりありません。合併における存続会社の資本金等の額の増加額は以下のとおりです（法令8①五）。

【適格合併】

（消滅会社の解散事業年度末における）

　消滅会社の資本金等の額

【非適格合併】

　合併対価として消滅会社の株主に支払われた財産の時価の合計額

※平成30年度税制改正により、無対価非適格組織再編成の課税関係が明確化され、株式交付省略型の

無対価非適格合併（法令4の3②ニロ）については、移転を受けた資産の時価から移転を受けた負債の額を控除した金額とされました。

⑵ 消滅会社の自己株式

平成18年度税制改正以前は、消滅会社の自己株式に存続会社株式を交付しなかった場合でも（旧商法では、存続会社株式を交付することも可能でした）、存続会社株式が交付されたとみなしたうえで、存続会社が自己株式として取得し、その直後に消却したものとして、消滅会社の自己株式の帳簿価額を資本積立金から減算する処理を行っていました（旧法法24②・61の2④・2十七ム）。

会社法が消滅会社の自己株式に合併対価を交付することはできないと規定したことを受け、平成18年度税制改正にて、消滅会社の自己株式に合併対価を交付したものとみなす規定が削除されました。そのため、税務処理は不要となりました（法法24②）。

⑶ 消滅会社が保有する存続会社株式

消滅会社が保有する存続会社株式を存続会社が受け入れることにより自己株式を取得することになります。自己株式を取得することにより、適格合併の場合には、消滅会社の合併直前の帳簿価額に相当する金額だけ資本金等の額が減少します（法令8①二十一ロ）。

一方、非適格合併の場合には、自己株式の取得対価額（時価）に相当する金額だけ資本金等の額が減少します（法令8①二十一イ）。

Q-69 現物出資財産の会計上の取得価額を算定する場合の注意点について教えてください。

A　ストック・オプション等会計基準及び企業結合会計基準・事業分離等会計基準では、時価取引として処理する場合のその時価について、①対価である自己株式の時価と②現物出資財産の時価のうち、いずれか高い信頼性をもって測定可能な評価額で算定するとしています。例えば、上場株式が対価となる場合には、募集事項決定時における上場株式の株価（信頼性の高い測定額）で現物出資財産の取得価額を算定すべきということになります。

　また、現物出資財産の時価は100から120ぐらいの幅の中で決定されるのが合理的という場合において、株価11に対して時価発行を意図して10株交付すると決定したならば、現物出資財産の取得価額は、100でも120でもなく、110（株価11×10株）となります（企業会計原則第3・5・D参照）。

　自己株式処分の仕訳は、払込期日に計上しますが（自己株式指針5）、発行会社における現物出資財産の取得価額は募集事項決定時の株価で算定した価額110となります。払込期日における自己株式の株価が15であったとしても、150（株価15×10株）を取得価額とすることはありません（ストック・オプション基準50参照）。

　ただし、現物出資財産自体の価格の変動性が高く、募集事項決定時の現物出資財産の時価が110であったのに、払込期日の現物出資財産の時価が200であったという状況においては、現物出資財産の取得価額を200とする必要があります（計規14⑤）。現物出資財産の価格の変動性が高い場合と、対価である自己株式の価格の変動性が高い場合とで取扱いが異なります。

　なお、企業結合会計基準が適用される場合には、時価を考慮せずに、現物出資法人の帳簿価額を引き継ぐケースがあります（Q-70参照）。

Q-70 現物出資に伴い自己株式を処分した場合における発行会社の会計・税務について教えてください。

A　　**1　会計処理**

　　ストック・オプション等会計基準又は企業結合会計基準に基づく会計処理を検討する必要があります。

⑴　ストック・オプション等会計基準と企業結合会計基準の関係

　企業結合会計基準等、他の会計基準が適用される取引には、ストック・オプション等会計基準は適用されません（ストック・オプション基準 3 ）。

⑵　ストック・オプション等会計基準に基づく会計処理

　財貨の対価として自社の株式を用いる取引（新株発行・自己株式処分どちらも該当）は、ストック・オプション等に関する会計基準の適用対象になっています。

　ストック・オプション等会計基準では、現物出資財産の取得価額（取引時価）を①対価である自己株式の時価と②現物出資財産の時価のうち、いずれか高い信頼性をもって測定可能な評価額で算定するとしています（ストック・オプション基準15）。

　現物出資財産の取得価額（取引時価）と処分した自己株式の帳簿価額との差額をもって、自己株式処分差損益を計算します。

＜会計上の仕訳＞

（借方）土　　　　　地	100	（貸方）借　　入　　金	20
		自　己　株　式	50
		その他資本剰余金	30

　　　※土地の時価100、借入金の時価20、処分する自己株式の簿価50

⑶　企業結合会計基準の適用の有無と会計処理

①　個人から現物出資を受ける場合

　個人からの現物出資は、企業結合に該当しないことから企業結合会計基準の適用はありません（企業結合会計基準 5 　「企業結合」の定義参照）。したがっ

て、ストック・オプション等会計基準に基づいて会計処理を行うこととなります。

② 法人から現物出資を受ける場合

個別財産の現物出資であるか、事業の現物出資であるかにより会計処理が異なります。個別財産の現物出資は、企業結合に該当しないことから企業結合会計基準の適用はありません。したがって、個人から現物出資を受ける場合と同じ処理となります（個別財産であっても、事業用資産（ex. 工場の建物や機械）の現物出資には、企業結合会計基準を適用すべきとの見解もあります）。

事業の現物出資は、企業結合に該当することから企業結合会計基準が適用されます。企業結合会計基準が適用される場合には、「共通支配下の取引」「共同支配企業の形成」「取得」「逆取得」のどの種類に該当するかを判断します。

a） 共通支配下の取引

企業集団内で行われる事業の現物出資は、「共通支配下の取引」と判断されます。企業結合会計においては、個人に支配される企業同士の取引も企業集団内の取引としています（企業結合指針201）。

「共通支配下の取引」と判断される場合には、資産・負債及び評価・換算差額等を適正な帳簿価額で引き継ぎます（企業結合指針227参照）。また、移転事業に係る株主資本相当額と処分した自己株式の帳簿価額との差額をもって、自己株式処分差損益を計算します（計規14②一）。株主資本相当額とは、引き継いだ資産・負債の帳簿価額から計算される簿価純資産額から引き継いだ評価・換算差額等の帳簿価額を控除した額のことです（企業結合指針226、87参照）。

なお、共通支配下の取引では、対価に株式以外の財産が含まれる場合には、のれんを計上する余地があります。

＜会計上の仕訳＞

　　　（借方）事　業　資　産　　　25　　　（貸方）事　業　負　債　　　20
　　　　　　　その他資本剰余金　　45　　　　　　　自　己　株　式　　　50

※事業資産の簿価25、事業負債の簿価20、処分する自己株式の簿価50

ｂ）　共同支配企業の形成

　複数の独立した企業が、共同事業を行うための契約等に基づき、共同で支配する企業を形成する事業の現物出資は、「共同支配企業の形成」と判断されます。

　「共同支配企業の形成」と判断される場合には、資産・負債及び評価・換算差額等を適正な帳簿価額で引き継ぎます（企業結合指針192参照）。また、移転事業に係る株主資本相当額と処分した自己株式の帳簿価額との差額をもって、自己株式処分差損益を計算します（計規14②一）。

　「共通支配下の取引」「共同支配企業の形成」のいずれにも該当しない場合には、「取得」か「逆取得」のいずれかに識別されます。

ｃ）　取得・逆取得

　現物出資した結果、被現物出資法人が現物出資法人に支配されることなく、従来の被現物出資法人の株主が引き続き被現物出資法人を支配する事業の現物出資は、「取得」と判断されます。一方、被現物出資法人が現物出資法人の子会社になるような場合は、被現物出資法人が現物出資法人に支配されることになるため「逆取得」と判断されます。

　「取得」と判断される場合には、パーチェス法が適用されます。パーチェス法では、まず取得原価（取引時価）を算定します。現物出資に際して交付された自己株式の時価を取得原価とするのが原則です。その取得原価（取引時価）と処分した自己株式の帳簿価額との差額をもって、自己株式処分差損益を計算します。

　なお、現物出資財産は時価で受入れ、取得原価と現物出資財産の時価総額との差額はのれんで処理します（企業結合指針30）。

　企業結合会計基準では、取得原価（取引時価）を①対価である自己株式の時価と②現物出資財産の時価のうち、いずれか高い信頼性をもって測定可能な評価額で算定することになります（企業結合指針37）。

　閉鎖会社においては、自己株式の時価よりも現物出資財産の時価のほうがより高い信頼性をもって測定されることが多いと思われます。現物出資財産の時価を取得原価とした場合、のれんは計上されません。

＜会計上の仕訳＞

（借方）事 業 資 産	75	（貸方）事 業 負 債	20
の れ ん	25	自 己 株 式	50
		その他資本剰余金	30

※事業資産の時価75、事業負債の時価20、処分する自己株式の簿価50、処分する自己株式の時価80
※のれん＝取得原価80－（事業資産75－事業負債20）＝25

　一方、「逆取得」と判断される場合には、資産・負債及び評価・換算差額等を適正な帳簿価額で引き継ぎます（企業結合指針87）。また、株主資本相当額と処分した自己株式の帳簿価額との差額をもって、自己株式処分差損益を計算します。

　なお、逆取得においては、のれんは計上されません（旧計規15）。

＜会計上の仕訳＞

（借方）事 業 資 産	25	（貸方）事 業 負 債	20
その他資本剰余金	45	自 己 株 式	50

※事業資産の簿価25、事業負債の簿価20、処分する自己株式の簿価50

2　税務処理

(1)　個人から現物出資を受ける場合

　現物出資は、原則として現物出資財産の時価譲渡・譲受として処理します。個人からの現物出資は、組織再編税制の対象にならないことから適格現物出資・非適格現物出資という区分がなく、原則処理が適用されます。具体的には、現物出資財産を時価で受入れると共に、現物出資財産の計上額（時価純資産額）に相当する金額を資本金等の額の増加として処理します（法令8①一）。

＜税務上の仕訳＞

（借方）土　　　　地	100	（貸方）借　入　金	20
		資 本 金 等	80

※土地の時価100、借入金の時価20

　会計上の仕訳と申告調整仕訳を示すと以下のとおりです。

＜会計上の仕訳＞

（借方）土　　　　　　地	100	（貸方）借　　入　　金	20
		自　己　株　式	50
		その他資本剰余金	30

※土地の時価100、借入金の時価20、処分する自己株式の簿価50

＜申告調整仕訳＞

| （借方）資　本　金　等
（自　己　株　式） | 50 | （貸方）資　本　金　等 | 80 |
| 資　本　金　等
(その他資本剰余金) | 30 | | |

よって、

　　　　仕訳なし（借方と貸方が同じ科目であるため相殺されてしまう）

別表五(一) II	資本金等の額の計算に関する明細書				
区　　　分		期首現在 利益積立金額	当期の増減		差引翌期首現在 利益積立金額 ①－②＋③
			減	増	
		①	②	③	④
資本金又は出資金	32	1,000	円	円	円 1,000
資本準備金	33				
その他資本剰余金				①30	30
自己株式		▲100		①50	▲50
利益積立金		60			60
差引合計額	36	960		80	1,040

※① 　自己株式の会計上の帳簿価額50の減少と、その他資本剰余金の会計上の帳簿価額30の増加を記載する。
※② 　申告調整仕訳なし。

⑵　法人から現物出資を受ける場合

　法人からの現物出資は、組織再編税制の対象になることから適格現物出資と非適格現物出資のどちらに該当するかを判断する必要があります。

①　適格現物出資と非適格現物出資の区分

　適格要件のすべてを満たす現物出資を適格現物出資と判断し、それ以外の現物出資を非適格現物出資と判断します。適格現物出資は３つのタイプに分けられ、それぞれ適格要件が異なります。

　なお、外国法人から国外資産等の現物出資を受けるなど一定の場合には、以下の要件を検討するまでもなく、適格現物出資に該当しません（法法２十二の十四、法令４の３⑩⑪⑫）。

適格要件	タイプ		
	100％グループ（※１）	50％超グループ（※２）	共同事業（※３）
□ 対価要件	○（被現物出資株式のみ交付。法法２十二の十四）		
□ 組織再編前支配要件	△（※４） 法令４の３⑬	△（※４） 法令４の３⑭	―
□ 支配関係継続要件	○（※５） 法令４の３⑬	○ 法令４の３⑭	―
□ 主要資産負債移転要件	―	○ 法法２十二の十四ロ(1)	○ 法令４の３⑮三
□ 従業者引継要件（80％以上）	―	○ 法法２十二の十四ロ(2)	○ 法令４の３⑮四
□ 事業継続要件	―	○ 法法２十二の十四ロ(3)	○ 法令４の３⑮五
□ 事業関連性要件	―	―	○ 法令４の３⑮一
□ 事業規模要件 （売上数・従業員５倍以内） もしくは □ 特定役員引継要件	―	―	○ 法令４の３⑮二
□ 株式継続保有要件	―	―	法令４の３⑮六

※１　100％グループ内の現物出資（法法２十二の十四イ）
※２　50％超グループ内の現物出資（法法２十二の十四ロ）
※３　共同事業を営むための現物出資（法法２十二の十四ハ）
※４　単独新設現物出資の場合には、不要な要件
※５　単独新設現物出資＋適格株式分配によるスピンオフの場合は、適格株式分配直前まで完全支配関係が継続すれば良い。

②　適格現物出資における税務処理

　現物出資財産を適正な帳簿価額で受入れると共に、現物出資財産の計上額（簿価純資産額）に相当する金額を資本金等の額の増加として処理します（法令8①八、123の5）。

＜税務上の仕訳＞

　　　　（借方）土　　　　　　地　　　80　　　（貸方）借　入　　金　　20

　　　　　　　　　　　　　　　　　　　　　　　　　資　本　金　等　　60

　　　　　　※現物出資法人における現物出資直前の簿価（土地の簿価80、借入金の簿価20）

　会計上の仕訳と申告調整仕訳を示すと以下のとおりです。

＜会計上の仕訳＞

　　　　（借方）土　　　　　　地　　100　　　（貸方）借　入　　金　　20

　　　　　　　　　　　　　　　　　　　　　　　　　自　己　株　式　　50

　　　　　　　　　　　　　　　　　　　　　　　　　その他資本剰余金　30

　　　　　　※土地の時価100、借入金の時価20、処分する自己株式の簿価50

＜申告調整仕訳＞

　　　　（借方）資　本　金　等　　50　　　（貸方）土　　　　　　地　　20

　　　　　　　　（自　己　株　式）

　　　　　　　　資　本　金　等　　30　　　　　　　資　本　金　等　　60

　　　　　　　　（その他資本剰余金）

よって、

　　　　（借方）利益積立金（※）　　20　　　（貸方）土　　　　　　地　　20

　　　　（借方）資　本　金　等　　20　　　（貸方）利　益　積　立　金　　20

　　　　　　※将来の土地売却損益の申告調整を見込み、利益積立金であえて調整

別表五(一) I		利益積立金額の計算に関する明細書			
区　　分		期首現在利益積立金額	当期の増減		差引翌期首現在利益積立金額 ①－②＋③
			減	増	
		①	②	③	④
利益準備金	1				
積立金	2				
資本金等	3	▲60		②20	▲40
土地			②20		▲20
繰越欠損金（損は赤）	26	1,600		500	2,100
差引合計額	31	1,540	20	520	2,040

別表五(一) II		資本金等の額の計算に関する明細書			
区　　分		期首現在利益積立金額	当期の増減		差引翌期首現在利益積立金額 ①－②＋③
			減	増	
		①	②	③	④
資本金又は出資金	32	1,000	円	円	円 1,000
資本準備金	33				
その他資本剰余金				①30	30
自己株式		▲100		①50	▲50
利益積立金		60	②20		40
差引合計額	36	960	20	80	1,020

※① 　自己株式の会計上の帳簿価額50の減少と、その他資本剰余金の会計上の帳簿価額30の増加を記載する。
※② 　申告調整仕訳を反映させる。

③ 　非適格現物出資における税務処理

　非適格現物出資についてはさらに、個別財産の現物出資と事業の現物出資のどちらに該当するかを判断する必要があります。

a) 　個別財産の現物出資と事業の現物出資の区分

　次の2つの要件いずれも満たす現物出資を事業の現物出資と判断し、それ以外の現物出資を個別財産の現物出資と判断します（法令123の10①）。したがっ

て、会計上の個別財産の現物出資と事業の現物出資の区分とは必ずしも一致しません。

［1］　現物出資法人が現物出資の直前に営んでいた事業が出資される。
［2］　出資された事業に係る主要な資産・負債のおおむね全部が被現物出資法人に移転する。

b）　個別財産の現物出資

　現物出資の原則処理が適用されます。現物出資の原則処理の詳細は、「(1)個人から現物出資を受ける場合」を参照ください。

c）　事業の現物出資

　現物出資された事業に係る資産・負債を時価で受入れると共に、現物出資に伴い交付した株式の時価に相当する金額を資本金等の額の増加として処理します（法令8①九）。現物出資財産の計上額（時価純資産額）と交付株式時価に差額が生じる場合には、「資産調整勘定」又は「差額負債調整勘定」を認識します（法法62の8）。

　具体的には、次の手順によります。

［1］　受入事業に係る個別財産を時価で受入れます。なお、営業権については、独立した資産として取引される慣習のあるものに限り計上できます（法令123の10③）。
［2］　受入事業に携わる従業員の退職給付債務を引き継いだ場合には、「退職給与負債調整勘定」を計上します。
［3］　受入事業に携わる将来債務（退職給付債務以外）を引き継いだ場合には、「短期重要負債調整勘定」を計上します。
［4］　受入事業の時価純資産額を算定します。
　　　　（例）　時価純資産額＝事業資産（営業権以外）65＋営業権5
　　　　　　　　　　　　　－（事業負債20＋退職給与負債調整勘定15
　　　　　　　　　　　　　　＋短期重要負債調整勘定15）＝20

［5］　交付した株式等の時価（非適格合併等対価額）の金額だけ資本金等の額を増加させます。

［6］　「資産調整勘定」又は「差額負債調整勘定」を認識します。

　　　受入事業の時価純資産額＜対価額の場合

　　　　資産調整勘定＝対価額－受入事業の時価純資産額

　　　受入事業の時価純資産額＞対価額の場合

　　　　差額負債調整勘定＝受入事業の時価純資産額－対価額

　なお、発行会社と現物出資をした株主との間に完全支配関係（**Q-81**）があるか否かにかかわらず、上記の処理となります。

NOTE　非適格合併等対価額（法法62の8①）

　事業の現物出資における非適格合併等対価額とは、現物出資を受けた事業の対価として交付した株式等の時価（交付時の時価）のことです。非適格合併等対価額には、現物出資法人から受けた寄附金相当額を含み、現物出資法人に対する寄附金相当額を控除するとされています。つまり、有利発行でも不利発行でも、受入事業の価値に見合う適正な対価の額をもって非適格合併等対価額とします。

NOTE　資産調整勘定（法法62の8①④⑤、法令123の10④）

　企業結合会計により、資産・負債・資本の計上額を個別に決定した結果生じる借方差額としての「のれん」、貸方差額としての「負ののれん」という概念が導入されました。これに対応する税務上の借方差額が資産調整勘定であり、貸方差額が差額負債調整勘定です。

　資産調整勘定は、5年月割均等償却により強制的に損金算入されるため、無制限に資産調整勘定を計上することは認めていません。借方差額のうち、損金算入が認められない額を「資産等超過差額」とし、その残りを資産調整勘定として計上します。

> **NOTE**　資産等超過差額（法令123の10④、法規27の16）

　現物出資の対価である株式等の交付時の時価が、現物出資を取り決めた時の時価の 2 倍を超える場合には、①非適格合併等対価額（対価である株式の交付時の時価）から DCF 法等により算定される受入事業に係る事業価値を控除した額、もしくは②非適格合併等対価額から現物出資を取り決めた時の対価額を控除した額を資産等超過差額とします。

　①の事業価値との差額を資産等超過差額とする場合には、事業価値の算定根拠・算定の基礎とした事項等を記載した書類を保存しておく必要があります。

> **NOTE**　差額負債調整勘定（法法62の 8 ③⑦⑧）

　非適格合併等対価額が現物出資法人から移転を受けた資産及び負債の時価純資産価額（退職給与負債調整勘定、短期重要負債調整勘定を考慮した上での時価純資産価額）に満たない額が差額負債調整勘定となります。

　差額負債調整勘定は、 5 年月割均等償却により強制的に益金算入されます。

> **NOTE**　退職給与負債調整勘定（法法62の 8 ②⑥、法令123の10⑦⑩⑫）

　事業の現物出資により受入れた従業員について、現物出資法人での在職期間に対応する退職給付債務を、被現物出資法人が引き受ける場合があります。この場合、退職給付に係る会計基準に基づいて算定される退職給付引当金の額を退職給与負債調整勘定として計上します。退職給与負債調整勘定は、受入れた従業員の退職に応じて益金算入されるため、 5 年間で強制的に益金算入される差額負債調整勘定より納税者に有利な取扱いとなります。退職給与負債調整勘定を計上しなければ、その分、資産調整勘定が減少するか差額負債調整勘定が増加するだけです。そのため、退職給与負債調整勘定の計上は強制されず、別表16（11）に記載して申告書に添付しない限り、計上は認められません。

> **NOTE**　短期重要負債調整勘定（法法62の 8 ②⑥、法令123の10⑧）

　受入事業に係る将来債務（退職給付債務を除く）の発生が見込まれている場合、当該債務を被現物出資法人が引受けることを前提に、現物出資法人に支払

う対価額を決定することがあります。当該債務額が、受入事業に係る事業資産の取得価額の20％を超える場合には、当該債務額を短期重要負債調整勘定に計上します。短期重要負債調整勘定は３年以内に強制的に益金算入されるため、５年間で強制的に益金算入される差額負債調整勘定より納税者に不利な取扱いとなります。そのため、短期重要負債調整勘定の計上は強制されています。

NOTE　時価純資産額がマイナスの場合（法法62の8①）

　法人税法62条の8第1項では、「当該資産の取得価額の合計額が当該負債の額の合計額に満たない場合には、その満たない部分の金額を加算した金額」をもって借方差額（非適格合併等対価額＞受入事業の時価純資産額）を算定するよう規定しています。つまり、時価純資産額がマイナスである場合には、時価純資産額をゼロとして借方差額を計算するということです。

　そもそも時価純資産額がマイナスである現物出資が認められるのかという問題があります。個別財産の現物出資において時価純資産額がマイナスのケースというのは常識的に想定しえません。その一方で、時価債務超過の合併が認められる（と会社法の立法担当者が解説している）こととの整合性を考えると、時価債務超過の事業の現物出資は認められると考えられますし、認められることを前提に法人税法62条の8第1項の借方差額の規定ができているようにも思えます。

　マイナスの時価純資産額は借方差額に含まれませんので、当該マイナス額を何かしらの科目で借方に計上する必要があります。寄附金で処理することになるのでしょうか。

＜税務上の仕訳＞

（借方）事業資産（その他）	65	（貸方）事　業　負　債	20
事業資産（営業権）	5	退職給与負債調整勘定	15
資　産　調　整　勘　定	20	短期重要負債調整勘定	15
資　産　等　超　過　差　額	5	資　本　金　等	45

※時価純資産額20、非適格合併等対価額45、受入事業に係る事業価値40という前提
※短期重要負債調整勘定：将来債務額15が事業資産計上額70の20％相当額14を超えるため計上
※資産等超過差額：現物出資の対価である株式の現物出資を取り決めた時の時価（約定時価額）が、時価純資産額と一致する20であったと仮定。非適格合併等対価額（交付時価額）45が約定時価額20の２倍を越えているため計上
※資産等超過差額5＝非適格合併等対価額45－受入事業に係る事業価値40
※資産調整勘定20＝非適格合併等対価額45－時価純資産額20－資産等超過差額5

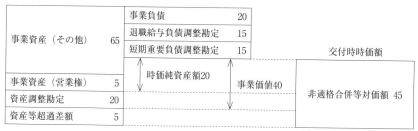

（※約定時価額の２倍超）

　会計上の仕訳と申告調整仕訳を示すと以下のとおりです。

＜会計上の仕訳＞

（借方）事　業　資　産	70	（貸方）事　業　負　債	20
		自　己　株　式	40
		その他資本剰余金	10

※パーチェス法の適用を仮定。
※事業資産の時価70、事業負債の時価20、処分する自己株式の簿価40、処分する自己株式の時価50

＜申告調整仕訳＞

| （借方）資　本　金　等 | 40 | （貸方）退職給与負債調整勘定 | 15 |

（自　己　株　式）

短期重要負債調整勘定 15

資　本　金　等 10

（その他資本剰余金）

資　本　金　等 45

資　産　調　整　勘　定 20

資産等超過差額 5

よって、

（借方）利益積立金（※） 5　　（貸方）退職給与負債調整勘定 15

資　産　調　整　勘　定 20　　短期重要負債調整勘定 15

資産等超過差額 5

（借方）資　本　金　等 5　　（貸方）利　益　積　立　金 5

※将来の資産調整勘定等の申告調整を見込み、利益積立金であえて調整

別表五（一）I　利益積立金額の計算に関する明細書

区　　分		期首現在利益積立金額	当期の増減		差引翌期首現在利益積立金額 ①－②＋③
			減	増	
		①	②	③	④
利益準備金	1				
積立金	2				
資本金等	3	▲60		②5	▲55
資産調整勘定				②20	20
資産等超過差額				②5	5
退職給与負債調整勘定			②15		▲15
短期重要負債調整勘定			②15		▲15
繰越欠損金（損は赤）	26	1,600		500	2,100
差引合計額	31	1,540	30	530	2,040

別表五（一）Ⅱ	資本金等の額の計算に関する明細書

区　　分		期首現在 利益積立金額	当期の増減		差引翌期首現在 利益積立金額 ①－②＋③
			減	増	
		①	②	③	④
資本金又は出資金	32	1,000	円	円	円 1,000
資本準備金	33				
その他資本剰余金				①10	10
自己株式		▲100		①40	▲60
利益積立金		60	②5		55
差引合計額	36	960	5	50	1,005

※① 　自己株式の会計上の帳簿価額40の減少と、その他資本剰余金の会計上の帳簿価額10の増加を記載する。
※② 　申告調整仕訳を反映させる。

非適格合併等に係る調整勘定の計算の明細書

事業年度又は連結事業年度	・ ・	法人名	（　　　　　）

非 適 格 合 併 等 の 日	・ ・	被合併法人等の名称	

非 適 格 合 併 等 の 別	非適格合併・非適格分割・非適格現物出資・事業の譲受け

資産調整勘定の金額の明細	資産調整勘定の金額の当初計上額 (25)又は(33)	1	20,000,000 円
	期首資産調整勘定の金額	2	0
	当期損金算入額 $((1)\times\dfrac{当期の月数}{60})$又は(2)	3	2,000,000
	翌期首資産調整勘定の金額 ((1)又は(2))－(3)	4	18,000,000
差額負債調整勘定の金額の明細	差額負債調整勘定の金額の当初計上額 (26)又は(34)	5	0
	期首差額負債調整勘定の金額	6	0 円
	当期益金算入額 $((5)\times\dfrac{当期の月数}{60})$又は(6)	7	0
	翌期首差額負債調整勘定の金額 ((5)又は(6))－(7)	8	0

退職給与負債調整勘定の金額の明細	退職給与負債調整勘定の金額の当初計上額	9	15,000,000 円
	退職給与引受従業者の数	10	500 人
	期首退職給与負債調整勘定の金額	11	0 円
	当期益金算入額 $((\dfrac{(9)}{(10)}×減額対象従業者数)$又は個別計算による金額)	12	0
	適格分割又は適格現物出資により引継ぎをした退職給与負債調整勘定の金額 $((\dfrac{(9)}{(10)}×引継者数)$又は個別計算による金額)	13	0
	翌期首退職給与負債調整勘定の金額 ((9)又は(11))－(12)－(13)	14	15,000,000
短期重要負債調整勘定の金額の明細	短期重要負債調整勘定の金額の当初計上額	15	15,000,000
	期首短期重要負債調整勘定の金額	16	0
	当期益金算入額 (短期重要負債調整勘定の金額のうち当期に生じた損失に相当する金額)又は(16)	17	0
	適格分割又は適格現物出資により引継ぎをした短期重要負債調整勘定の金額	18	0
	非適格合併等の日から3年が経過したことにより益金算入される金額 (16)－(17)－(18)	19	0
	翌期首短期重要負債調整勘定の金額 ((15)又は(16))－(17)－(18)－(19)	20	15,000,000

資産調整勘定の金額又は差額負債調整勘定の金額の当初計上額の計算

非適格合併等対価額がある場合又は令第123条の10第16項各号に該当しない場合				非適格合併等対価額がない場合で令第123条の10第16項第1号に該当する場合		
非 適 格 合 併 等 対 価 額	21	45,000,000 円		移転を受けた資産の取得価額	27	円
時 価 純 資 産 価 額	22	20,000,000		独立取引営業権以外の営業権で移転を受けた事業に係るものの資産評定による価額	28	
非適格合併等対価額が時価純資産価額を超えるときのその超える部分の金額 (21)－(22)	23	25,000,000		移 転 を 受 け た 負 債 の 額	29	
資 産 等 超 過 差 額	24	5,000,000		退職給与負債調整勘定の金額の当初計上額 (9)	30	
資産調整勘定の金額の当初計上額 (23)－(24)	25	20,000,000		短期重要負債調整勘定の金額の当初計上額 (15)	31	
差額負債調整勘定の金額の当初計上額 (22)－(21)	26	0		そ の 他 未 確 定 債 務 の 額	32	
				資産調整勘定の金額の当初計上額 (28)－(32) （((27)+(28))＜((29)+(30)+(31)+(32))の場合は0）	33	
				差額負債調整勘定の金額の当初計上額 (32)－(28) （((27)+(28))＜((29)+(30)+(31)+(32))の場合は0）	34	

⑶　現物出資時の消費税

　現物出資は、消費税法上の資産の譲渡等に該当します（消法2①八、消令2①二）。現物出資により受入れた資産の課税仕入額は、対価として交付した株式の時価（交付時の時価）を基に計算します（消基通11-4-1）。

　なお、各資産の課税仕入額は、交付した株式の時価を各資産の時価で按分することにより求めます。

　したがって、例えば、適格現物出資のように受入財産の計上額が時価でない場合や、受入財産の時価総額と交付する株式の時価が異なるような場合には、資産の計上額をもって課税仕入額とすることができませんので注意が必要です。

　［設例］　適格現物出資における課税仕入額の算定

　　＜税務上の仕訳＞

（借方）機　　　　械	80	（貸方）借　　入　　金	20
土　　　　地	100	資　本　金　等	160

　　　※機械（簿価80、時価60）、土地（簿価100、時価60）、処分する自己株式の時価（対価時価）100
　　　※この場合、機械の計上額は80となりますが、課税仕入額は50となります。
　　　　対価時価100×機械時価60÷（機械時価60＋土地時価60）=50
　　　　国税庁HP質疑応答事例「現物出資の場合の課税標準」参照。

　　現物出資の合意条件に消費税相当額を考慮するのであれば、より多くの株式が交付されるべきです。消費税相当額を現金で精算した場合、適格現物出資の要件を満たさない可能性があります。

（借方）仮　払　消　費　税	6	（貸方）資　本　金　等	6

　　　※仮払消費税4=機械に係る課税仕入額60×10%
　　　（小数点未満切り捨て）

⑷　現物出資時の不動産取得税

　現物出資により不動産を取得した場合には、一定の要件を満たす会社設立に伴う法人株主による現物出資を除き、不動産取得税が課されます（地法73の7二の二、地令37の14の2）。

Q-71 現物出資に伴い自己株式を引き受けた場合における法人株主の会計・税務について教えてください。

A

1 会計処理

事業分離等会計基準に基づく会計処理を検討する必要があります。

事業分離等会計基準は、事業分離（ある企業を構成する事業を他の企業に移転すること）に該当する事業の現物出資だけでなく、事業分離に該当しない個別財産の現物出資についても適用されます（事業分離基準9(2)・31・64）。

事業分離等会計基準では、事業を移転した企業の株主からみて、移転した事業又は個別財産に対する投資が、清算されたか、継続しているかにより会計処理が異なります。

現物出資（対価が株式のみの場合）における投資の清算・継続の判断は、以下のとおりです。

子会社・関連会社に現物出資する場合	継続
子会社・関連会社以外に現物出資する場合	
現物出資後、被現物出資会社（発行会社）が現物出資会社（法人株主）の子会社・関連会社となる場合	継続
現物出資後、被現物出資会社（発行会社）が現物出資会社（法人株主）の子会社・関連会社とならない場合	清算

清算されたとみる場合には、現物出資に際して取得した株式の時価を事業等の移転対価額とするのが原則です。その移転対価額と移転財産の帳簿価額との差額をもって、移転損益を計算します。移転損益は、原則として、特別損益に計上します（事業分離基準27）。

なお、移転対価額をもって当該株式の取得価額とします（事業分離基準23）。

事業分離等会計基準では、移転対価額を①対価である自己株式の時価と②現物出資財産の時価のうち、いずれか高い信頼性をもって測定可能な評価額で算定することになります（事業分離基準12・23）。

＜会計上の仕訳＞

　　（借方）有 価 証 券　　　100　　　　（貸方）移 転 資 産　　　70
　　　　　　移 転 負 債　　　 30　　　　　　　　移 転 損 益　　　60

　　　　　　※取得した株式の時価100、移転資産の簿価70、移転負債の簿価30

　一方、継続しているとみる場合には、移転損益を認識せず、株主資本相当額をもって対価として取得した株式の取得価額とします（事業分離基準17～22）。株主資本相当額とは、移転した資産・負債の帳簿価額から計算される簿価純資産額から移転した評価・換算差額等の帳簿価額を控除した額のことです（事業分離基準10）。

＜会計上の仕訳＞

　　（借方）有 価 証 券　　　 40　　　　（貸方）移 転 資 産　　　70
　　　　　　移 転 負 債　　　 30

　　　　　　※取得した株式の時価100、移転資産の簿価70、移転負債の簿価30

　株主資本相当額がマイナスとなってしまう場合には、まず、現物出資前から保有している被現物出資会社（発行会社）の株式の帳簿価額に充当し、充当し切れなかったマイナスの金額を「組織再編により生じた株式の特別勘定」等、適切な科目をもって負債に計上します（企業結合指針99、旧計規35）。

＜会計上の仕訳＞

　　（借方）移 転 負 債　　　 90　　　　（貸方）移 転 資 産　　　70
　　　　　　　　　　　　　　　　　　　　　　　　有 価 証 券　　　15
　　　　　　　　　　　　　　　　　　　　　　　　特 別 勘 定　　　 5

　　　　　　※取得した株式の時価100、移転資産の簿価70、移転負債の簿価90、現物出資前に保有していた被現物出資会社株式の簿価15

　なお、「組織再編により生じた株式の特別勘定」については、現物出資後に被現物出資会社（発行会社）の株式を処分した場合には、損益に振り替えます（企業結合指針394）。

＜会計上の仕訳＞

|（借方）現　預　金|100|（貸方）有価証券売却益|105|
|特　別　勘　定|5|||

※売却により得た現金100

　また、現物出資に伴う支出は、発生時の費用として処理します（事業分離基準79）。

2　税務処理

　法人株主が行う現物出資は、組織再編成に該当することから適格現物出資と非適格現物出資のどちらに該当するかを判断する必要があります。

⑴　適格現物出資と非適格現物出資の区分

　適格要件のすべてを満たす現物出資を適格現物出資と判断し、それ以外の現物出資を非適格現物出資と判断します。適格要件については、**Q-70**を参照ください。

⑵　適格現物出資における税務処理

　現物出資は、原則として現物出資財産の時価譲渡として処理します。適格現物出資では、例外的に、簿価で譲渡したものと取り扱われるため、譲渡損益は認識されません（法法62の4）。

　現物出資により発行会社（被現物出資法人）に移転した資産の帳簿価額から移転した負債の帳簿価額を減算した金額を有価証券の取得価額とします。なお、付随費用は取得価額に加算します（法令119①七）。簿価債務超過の現物出資を実行した場合には、有価証券の取得価額をマイナスとするものと思われます（法令119①七、「減算した金額」）。

＜税務上の仕訳＞

|（借方）借　入　金|20|（貸方）土　　地|80|
|有　価　証　券|60|||

※法人株主における現物出資直前の簿価（土地の簿価80、借入金の簿価20）

　会計上の仕訳と申告調整仕訳を示すと以下のとおりです。

＜会計上の仕訳＞

　　　（借方）借　入　金　　　20　　　（貸方）土　　　　　地　　　80
　　　　　　　有　価　証　券　　60
　　　　　　　※投資が継続していると判断されたと仮定

＜申告調整仕訳＞

　　　　　仕訳なし

(3)　非適格現物出資における税務処理

　発行会社（被現物出資法人）においては、非適格現物出資をさらに、個別財産の現物出資と事業の現物出資に区分する必要がありましたが、法人株主（現物出資法人）においては、区分の必要がありません。

①　発行会社と法人株主との間に完全支配関係がない場合

　非適格現物出資では、現物出資の原則処理が適用されるので、時価譲渡として処理します。

　現物出資により発行会社（被現物出資法人）に移転した資産・負債の時価（時価純資産額）に相当する金額を有価証券の取得価額とします。なお、付随費用は取得価額に加算します（法令119①二）。

＜税務上の仕訳＞

　　　（借方）借　入　金　　　20　　　（貸方）土　　　　　地　　　80
　　　　　　　有　価　証　券　　100　　　　　　土　地　売　却　益　　40
　　　　　　　※法人株主における現物出資直前の時価（土地の時価120、借入金の時価20）

　会計上の仕訳と申告調整仕訳を示すと以下のとおりです。

＜会計上の仕訳＞

　　　（借方）借　入　金　　　20　　　（貸方）土　　　　　地　　　80
　　　　　　　有　価　証　券　　100　　　　　　土　地　売　却　益　　40
　　　　　　　※投資が清算されていると判断されたと仮定

＜申告調整仕訳＞

　　　　　　仕訳なし

②　発行会社と法人株主との間に完全支配関係がある場合

　現物出資の原則処理が適用されますが、発行会社と法人株主との間に完全支配関係（**Q-81**）があり、かつ、発行会社と法人株主の両方が内国法人である場合、グループ法人税制の適用要件を満たすため、出資財産が譲渡損益調整資産に該当するのであれば、譲渡損益を繰り延べます（法法61の13①）。

＜税務上の仕訳＞

（借方）	借　入　金	20	（貸方）	土　　　地	80
	有　価　証　券	100		土　地　売　却　益	40
	譲渡損益調整損	40		譲渡損益調整勘定	40

※法人株主における現物出資直前の時価（土地の時価120、借入金20）
※土地が譲渡損益調整資産に該当した前提で、土地売却益40を繰り延べるために、譲渡損益調整損40を計上している。

　会計上の仕訳と申告調整仕訳を示すと以下のとおりです。

＜会計上の仕訳＞

（借方）	借　入　金	20	（貸方）	土　　　地	80
	有　価　証　券	60			

※投資が継続していると判断されたと仮定

＜申告調整仕訳＞

（借方）	有　価　証　券	40	（貸方）	土　地　売　却　益	40
	譲渡損益調整損	40		譲渡損益調整勘定	40

よって、

（借方）	有　価　証　券	40	（貸方）	譲渡損益調整勘定	40

| 別表五(一) I | 利益積立金額の計算に関する明細書 |

区　　　分		期首現在 利益積立金額	当期の増減		差引翌期首現在 利益積立金額 ①－②＋③
			減	増	
		①	②	③	④
利益準備金	1				
積立金	2				
有価証券	3			①40	40
譲渡損益調整勘定	4		①40		▲40
繰越欠損金（損は赤）	26	1,500		100	1,600
差引合計額	31	1,500	40	140	1,600

※①　申告調整仕訳を反映させます。

(4)　現物出資時の消費税

　現物出資は、消費税法上の資産の譲渡等に該当します（消法2①八、消令2①二）。現物出資により譲渡した資産の課税売上額は、対価として取得した株式の時価（取得時の時価）を基に計算します（消令45②三）。

　なお、各資産の課税売上額は、交付した株式の時価を各資産の時価で按分することにより求めます。

　したがって、例えば、適格現物出資のように簿価譲渡とされる場合や、譲渡財産の時価総額と取得株式の時価が異なる場合には、法人税法上の資産の譲渡価額をもって課税売上額とすることができませんので注意が必要です。

[設例]　適格現物出資における課税仕入額の算定

＜税務上の仕訳＞

（借方）借 入 金	20	（貸方）機 械	80
有 価 証 券	160	土 地	100

※機械（簿価80、時価60）、土地（簿価100、時価60）、取得する株式の時価100
※この場合、機械の譲渡額は80となりますが、機械に係る課税売上額は60となります。
　（株式時価100＋借入金20）×機械時価60÷（機械時価60＋土地時価60）＝60

　消費税相当額も含めて株式の交付を受けた場合には、次のような処理となります（265頁参照）。

| （借方）有　価　証　券 | 6 | （貸方）仮 受 消 費 税 | 6 |

※仮受消費税 4 ＝機械に係る課税売上額60×10%
（小数点未満切り捨て）

Q-72 現物出資に伴い自己株式を引き受けた場合における個人株主の会計・税務について教えてください。

A 　現物出資の場合には、現物出資に際して取得した株式の時価（払込期日における時価）を現物出資財産の譲渡価額とし、発行会社と個人株主との間に完全支配関係（**Q-81**）があるか否かにかかわらず、譲渡価額（収入金額）と現物出資財産の取得費・譲渡費用との差額は譲渡所得として課税されます。

　なお、取得した株式の時価をもって当該株式の取得価額とします（所令109①六）。付随費用の取扱いについては、金銭出資の場合と同様に取得価額に加算するものと思われます（所令109①一参照）。

　現物出資時の消費税の取扱いについては、**Q-71**を参照ください。

Q-73　発行会社が自己株式を時価より低額・高額で処分した場合の会計・税務について教えてください。

1　会計処理

処分する自己株式の帳簿価額と払込金額の差額について、その他資本剰余金を増減させます（計規14②一、自己株式基準9・10）。

払込金額とは、実際に払い込まれた金銭の額及び実際に給付を受けた財産の時価のことです。したがって、自己株式を時価より低額・高額で処分した場合でも、時価で処分した場合と会計処理が異なることはなく、払込金額と処分した自己株式の時価との差額を寄附金や受贈益として認識することはありません。

なお、企業結合会計基準が適用される場合には、時価を考慮せずに、現物出資法人の帳簿価額を引き継ぐケースがあります（**Q-70**参照）。

2　税務処理

自己株式を処分する場合には、「払い込まれた金銭の額及び給付を受けた金銭以外の資産の価額その他の対価の額に相当する金額」について資本金等の額を増加させます（法令8①一）。したがって、自己株式を時価より低額・高額で処分した場合でも、時価で処分した場合と税務処理が異なることはありません。つまり、払込金額と処分した自己株式の時価との差額を寄附金や受贈益として認識しないので、発行会社において何ら課税関係は生じないと規定されています。

ただし、この規定を逆手にとって、意図的に利益移転するような取引についてまで受贈益課税がなされない保証はありません。

Q-74 法人株主が自己株式を時価より低額・高額で引き受けた場合の会計・税務について教えてください。

A

1 会計処理

　　贈与その他無償で取得した資産については、公正な評価額をもって取得原価とします（企業会計原則第3・5・F）。無償取得・低額取得の場合には、取得資産の時価と支払額の差額は受贈益で処理されます。

　一方、時価よりも高額で取得した場合の規定はありませんが、適正な損益計算という観点からは、取得時の時価で資産を計上し、時価と支払額の差額は寄附金で処理するのが妥当と思われます。

　なお、法人株主が行う現物出資については、事業分離会計基準が適用され、投資が継続していると判断された場合には、時価を考慮せずに、現物出資財産の帳簿価額に基づいて株式の取得価額を算定します（**Q-71**参照）。

2 税務処理

(1) 受贈益・寄附金とされる額

　受入資産の取得価額をもって収益額が測定されるため、受入資産の取得価額と移転資産の時価が異なる場合には、その差額について受贈益又は寄附金が認識されます。受贈益・寄附金と譲渡損益の関係は次のように整理できます（法法22②・37⑦⑧参照）。

　受入資産の時価をもって受入資産の取得価額とするのが原則です。時価取引とは、受入資産の時価と移転資産の時価が一致する取引のことをいいます。

⑵　有利発行（時価より低額引受）の判断基準

　有利発行（時価より低額引受）か否かについては、払込金額等を決定する時における取得株式の価額（判定の時価）と引受金額との差額が当該株式の時価のおおむね10%相当額以上であるかどうかにより判定するものとされています（法令119①四、法基通2-3-7）。

　この「判定の時価」は「計算の時価（法基通2-3-9）」と異なり、具体的な算定方法が示されていません。有利発行課税制度の創設時（昭和48年）においては、有利発行に該当するか否かは個別の事情を考慮して慎重に判定すべきであり、画一的な算定方法を定めて機械的に判断すべきではないということで、あえて算定方法を定めなかったようです。

　一方、有利発行該当性が争われた神鋼商事事件（東京高判平28年3月24日判決、最高裁による上告不受理決定により確定）では、「判定の時価」の算定方法が規定されていないのであれば、「計算の時価」を定める通達を準用するのが相当と判示されています。

　純粋な第三者間の合意に基づく場合には、その引受金額が尊重されると思いますが、親会社が子会社の増資を引き受けるような場面では、法基通2-3-9に定める価額（時価純資産価額など）と引受金額との差額が法基通2-3-9に定める価額のおおむね10%相当額以上であれば、有利発行課税を受けるリスクを意識する必要がありそうです。

　ただし、株主割当ての場合で、かつ、他の種類株主との間においても経済的な衡平が維持される場合には有利発行に該当しないとされています（法基通2-3-8）。

　複数種類の株式を発行している会社における株主割当てとは、ある種類の株式の割当てを受ける権利をその種類の株式を有する株主にのみ与えることをいいますので（会202①一かっこ書）、種類の異なる株主間では株式平等が保証されていません。そこで、種類の異なる株主間の経済的衡平も有利発行の判断基準とされていると思われます。

　複数種類の株式を発行している会社が株主割当てにより株式の募集を行う際に、ある種類の種類株主に損害を及ぼすおそれがある場合には、当該種類株主

を構成員とする種類株主総会の決議が必要とされています（会322①四）。種類の異なる株主間で経済的衡平が維持されているか否かの判断については、この種類株主総会の決議があったか否かのみで判断するのではなく、各種類株式の内容等を総合的に判断する必要があるとされています（法基通2-3-8注）。

⑶　自己株式を時価より低額（有利な価額）で引受けた場合

①　金銭出資及び非適格現物出資

　有利発行と判断される場合、受入資産（有価証券）の取得価額は、株式を取得する時における当該株式の価額（計算の時価）となります（法令119①四、法基通2-3-9）。

　この「計算の時価（受入資産の取得価額)」と引受金額（移転資産の時価）との差額は受贈益とされます。

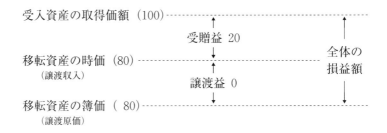

＜税務上の仕訳＞

　　（借方）有　価　証　券　　　100　　　（貸方）現　　預　　金　　　80
　　　　　　　　　　　　　　　　　　　　　　　　受　　贈　　益　　　20

　なお、株式引受人側で受贈益が認識されたとしても、発行会社側では資本取引であるため寄附金は認識されません。

②　適格現物出資

　適格現物出資においては、受入資産（有価証券）の取得価額は、移転資産・負債の簿価（簿価純資産額）となります（法令119①四・七）。

　また、移転資産・負債は簿価で譲渡されたものとされ（法法62の4）、譲渡損益は生じないことになります。

⑷　自己株式を時価より高額（不利な価額）で引き受けた場合

①　金銭出資及び非適格現物出資

　有価証券の取得価額の規定上は、不利発行に関する取扱いはないため、実際の引受金額（移転資産の時価）が受入資産（有価証券）の取得価額となります（法令119①二）。

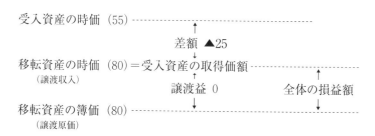

＜税務上の仕訳＞

　　　　（借方）有　価　証　券　　　80　　　　（貸方）現　　預　　金　　　80

　ただし、贈与の意図が明らかであれば、自己株式処分直後の有価証券の時価と引受金額（移転資産の時価）の差額は、寄附金とされ、その分だけ取得する有価証券の帳簿価額が低くなることも理屈の上では考えられます。ちなみに、不当に高額で買い入れた固定資産については、時価を取得原価とする取扱いがあります（法基通7‐3‐1）。

＜税務上の仕訳＞

　　　　（借方）有　価　証　券　　　55　　　　（貸方）現　　預　　金　　　80
　　　　　　　　寄　　付　　金　　　25

　なお、会社の支配権を獲得することを目的としている場合には、当該引受金額が受入資産（有価証券）の適正な時価であると判断される場合もあります（法基通4‐1‐7）。

②　適格現物出資

　適格現物出資においては、受入資産（有価証券）の取得価額は、移転資産・負債の簿価（簿価純資産額）となります（法令119①四・七）。

また、移転資産・負債は簿価で譲渡されたものとされ（法法62の4）、譲渡損益は生じないことになります。

(5) 寄附金・受贈益の全額損金・益金不算入制度の適用について

発行会社と法人株主との間に「法人による完全支配関係（**Q-81**）」があり、かつ、発行法人と法人株主の両方が内国法人である場合、寄附金・受贈益の全額損金・益金不算入制度（法法25の2・37②）が適用される余地があります。

ただし、この制度が適用されるのは、法人株主が寄附金（又は受贈益）として計上した金額について、発行会社が受贈益（又は寄附金）を計上した場合に限られています。

寄附金・受贈益の全額損金・益金不算入制度の適用可能性については、**Q-44**も参照ください。

Q-75 個人株主が自己株式を時価より低額・高額で引き受けた場合の会計・税務について教えてください。

A

1 経済的利益の額

受入資産の取得価額をもって収益額が測定されるため、受入資産の取得価額と移転資産の時価が異なる場合には、その差額について経済的利益の額が認識されます。経済的利益の額と譲渡損益の関係は次のように整理できます。（所法36①②、所基通36-15参照）。

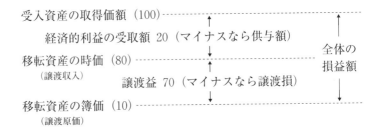

受入資産の時価をもって受入資産の取得価額とするのが原則です。時価取引

とは、受入資産の時価と移転資産の時価が一致する取引のことをいいます。

2　有利発行（時価より低額引受）の判断基準

　有利発行（時価より低額引受）か否かについては、払込金額等を決定する時における取得株式の価額（判定の時価）と引受金額との差額が当該株式の時価のおおむね10％相当額以上であるかどうかにより判定するものとされています（所令84③三、所基通23〜35共-7）。

　この「判定の時価」は「計算の時価（所基通23〜35共-9）」と異なり、具体的な算定方法が示されていません。有利発行課税制度の創設時（昭和48年）においては、有利発行に該当するか否かは個別の事情を考慮して慎重に判定すべきであり、画一的な算定方法を定めて機械的に判断すべきではないということで、あえて算定方法を定めなかったようです。

　一方、有利発行該当性が争われた神鋼商事事件（東京高判平28年3月24日判決、最高裁による上告不受理決定により確定）では、「判定の時価」の算定方法が規定されていないのであれば、「計算の時価」を定める通達を準用するのが相当と判示されています。

　純粋な第三者間の合意に基づく場合には、その引受金額が尊重されると思いますが、同族株主である個人が同族会社の増資を引き受けるような場面では、所基通23〜35共-9に定める価額（時価純資産価額など）と引受金額との差額が所基通23〜35共-9に定める価額のおおむね10％相当額以上であれば、有利発行課税を受けるリスクを意識する必要がありそうです。

　ただし、株主割当ての場合で、かつ、他の種類株主との間においても経済的な衡平が維持される場合には有利発行に該当しないとされています（所基通23〜35共-8）。

　複数種類の株式を発行している会社における株主割当てとは、ある種類の株式の割当てを受ける権利をその種類の株式を有する株主にのみ与えることをいいますので（会202①一かっこ書）、種類の異なる株主間では株式平等が保証されていません。そこで、種類の異なる株主間の経済的衡平も有利発行の判断基準とされていると思われます。

　複数種類の株式を発行している会社が株主割当てにより募集株式の募集を行

う際に、ある種類の種類株主に損害を及ぼすおそれがある場合には、当該種類株主を構成員とする種類株主総会の決議が必要とされています（会322①四）。種類の異なる株主間で経済的衡平が維持されているか否かの判断については、この種類株主総会の決議があったか否かのみで判断するのではなく、各種類株式の内容等を総合的に判断する必要があるとされています（所基通23～35共-8注）。

3　自己株式を時価より低額（有利な価額）で引き受けた場合

　有利発行と判断される場合、受入資産（有価証券）の取得価額は、株式を取得する時における当該株式の価額（計算の時価）となります（所令84③三・109①三、所基通23～35共-9）。

　この「計算の時価（受入資産の取得価額）」と引受金額（移転資産の時価）との差額は受贈額とされます。受贈額は、次頁のフローチャートのように課税されます。

＜税務上の仕訳＞

　　（借方）有　価　証　券　　　100　　　　（貸方）現　　預　　金　　　80
　　　　　　　　　　　　　　　　　　　　　　　　　受　　贈　　額　　　20

【課税関係フローチャート】

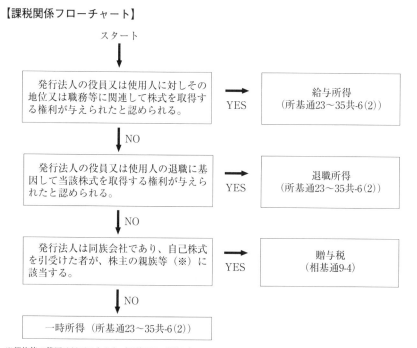

スタート

発行法人の役員又は使用人に対しその地位又は職務等に関連して株式を取得する権利が与えられたと認められる。　YES　→　給与所得（所基通23〜35共-6（2））

↓ NO

発行法人の役員又は使用人の退職に基因して当該株式を取得する権利が与えられたと認められる。　YES　→　退職所得（所基通23〜35共-6（2））

↓ NO

発行法人は同族会社であり、自己株式を引受けた者が、株主の親族等（※）に該当する。　YES　→　贈与税（相基通9-4）

↓ NO

一時所得（所基通23〜35共-6（2））

※親族等の範囲は以下のとおり（民法725、相令31）。
［1］　6親等内の血族
［2］　配偶者
［3］　3親等内の姻族（配偶者の血族又は血族の配偶者）
［4］　株主と内縁関係にある者及びその者の親族でその者と生計を一にしているもの（相令31①一）。
［5］　株主たる個人の使用人及び使用人以外の者で当該個人から受ける金銭その他の財産によって生計を維持しているもの並びにこれらの者の親族でこれらの者と生計を一にしているもの（相令31①二）。

　なお、株式引受人側で受贈益が認識されたとしても、発行会社側では資本取引であるため、役員賞与・寄附金等は認識されません。

　ただし、発行会社が同族会社に該当する場合において、株式引受権が時価よりも低い価額で株式引受人（同族会社の株主の親族等に限る）に与えられ、株式引受権に基づき株式を取得したときは、給与所得又は退職所得として所得税の課税対象となる場合を除き、株式引受人が同族会社の株主から贈与によって取得したものとして取り扱われます（相法9、相基通9-4）。

4 自己株式を時価より高額（不利な価額）で引受けた場合

　有価証券の取得価額の規定上は、不利発行に関する取扱いはないため、実際の引受金額（移転資産の時価）が受入資産（有価証券）の取得価額となります（所令109①一）。

受入資産の時価（55）‥‥‥‥‥‥‥‥‥‥‥‥‥‥‥‥‥‥‥‥‥‥
　　　　　　　　　　　　　　差額 25
移転資産の時価（80）＝受入資産の取得価額‥‥‥‥‥‥‥‥‥‥‥‥
　　（譲渡収入）
　　　　　　　　　　　　　　譲渡益 0　　　　　全体の損益額
移転資産の簿価（80）‥‥‥‥‥‥‥‥‥‥‥‥‥‥‥‥‥‥‥‥‥‥
　　（譲渡原価）

＜税務上の仕訳＞

　　（借方）有　価　証　券　　　80　　　（貸方）現　預　金　　　80

　ただし、贈与の意図が明らかであれば、自己株式処分直後の有価証券の時価と引受金額（移転資産の時価）の差額は、贈与額とされ、その分だけ取得する有価証券の帳簿価額が低くなることも理屈の上では考えられます。

＜税務上の仕訳＞

　　（借方）有　価　証　券　　　55　　　（貸方）現　預　金　　　80
　　　　　　贈　与　額　　　　　25

Q-76 株主割当てにより自己株式の処分を行ったところ失権株が生じました。この場合の株主の税務について教えてください。

A　株主割当てにより自己株式処分を行ったとしても、それは募集株式を引受ける権利を株主に平等に与えただけにすぎず、募集株式を引受けるか否かは株主の自由です。一般的に、ある株主が募集株式を引受け

なかった状況を「失権株が生じた」と表現します。

　一方、時価より低額で自己株式を処分する場合でも、株主割当ての場合で、かつ、他の種類株主との間においても経済的な衡平が維持される場合には有利発行に該当しないとされています（法基通2-3-8、所基通23〜35共-8）。

　時価以下発行であれば、法人税法上・所得税法上、有利発行に該当しなくても、失権株が生じた場合には、募集株式を引受けなかった株主から募集株式を引受けた株主に価値が移転します。しかし、株主に機会が平等に与えられる場合には、結果が平等でなくても原則的には課税関係は生じないと思われます。

　ただし、同族会社が自己株式処分を行う場合、失権株が生じることにより親族株主間で価値の移転が認められる場合には、法人税法上・所得税法上、有利発行に該当するか否かにかかわらず、募集株式を引き受けなかった親族株主から募集株式を引き受けた親族株主に贈与が行われたものとしてみなし贈与課税がなされます（相基通9-7）。

　なお、失権株を他の株主が引き受けるという行為は、旧商法でも会社法でも認められていません。株主割当てによる募集手続とは別の手続として、第三者割当てによる募集手続を追加で行えば、実質的に失権株を他の株主が引き受けることが可能となりますが、有利発行であれば、当該他の株主にみなし贈与課税が課されます（相基通9-4、**Q**-75参照）。

Q-77　自己株式の処分時の消費税の処理について教えてください。

A　自己株式の処分による株式の引渡しは、資産の譲渡等に該当しないとされています（消基通5-2-9）。したがって、発行会社においても株主においても消費税法上不課税取引として処理します。

　現物出資財産の給付に係る消費税の処理は、**Q**-70（発行会社）及び**Q**-71（株主）を参照ください。

5 その他 Q&A

Q-78 資本取引に関する申告調整の考え方について教えてください。

A 別表四と別表五(一)の書き方（申告調整の方法）に決まりはありません。結果として、課税所得の金額と利益積立金・資本金等の残高が正しく表示されていれば、実務上問題になることはないわけです。

しかし、資本取引に関する申告調整の方法については、頭を悩ませることが多いと思います。

平成18年度税制改正により、自己株式が有価証券から資本金等の額の減少項目へと改正され、税務上も自己株式の取得を資本取引として扱うことになりました。そこで、どのような資本取引にも適用できる申告調整の考え方を示しておきたいと思います。

1 別表四の基礎知識

別表四は税務上の損益計算書に相当するといわれています。別表四の加算・減算処理は、会計上の利益と税務上の所得との差を調整するものなので、損益取引に係る申告調整のみが、その対象となります。

2 別表五(一)の基礎知識

別表五(一)は税務上の貸借対照表に相当するといわれていますが、税務上の資産・負債の残高は表示されていませんし、貸借がバランスした表になっているわけでもありません。しかし、よくできていて、税務上の貸借対照表を会計上の貸借対照表との差額だけで表現すると共に、その差額を純資産の部に集約して表現しています。

会計上の B/S				税務上の B/S			
土地	100	資本金	50	土地	120	資本金	50
		繰越利益	50			繰越利益	70

別表五(一)

利益積立金額	
土地	20
繰越利益	50
	70
資本金等の額	
資本金	50
	50

　ここで1つ押さえておくべきことがあります。それは、別表五(一)は、会計上の貸借対照表の純資産の部の残高を出発点として（上図の網掛け部分）、資産・負債の会計上の帳簿価額と税務上の帳簿価額との差額を加味した表であるということです。

　自己株式は、有価証券から資本金等の額の減少項目へと改正されたわけですから、従来のように資産・負債の会計上の帳簿価額と税務上の帳簿価額との差額として表現することは適切ではなく、純資産の部の一項目として会計上の自己株式の残高を出発点として調整が行われるべきといえます。

3　申告調整仕訳の基礎知識

　申告調整仕訳は、会計上の仕訳を税務上の仕訳に変換するための仕訳です。自己株式の取得を例にとると、会計上と税務上の仕訳の相違から以下のような申告調整仕訳が導かれます。

＜会計上の仕訳＞

　　　(借方) 自　己　株　式　　100　　　　(貸方) 現　預　金　　100

＜税務上の仕訳＞

　　　(借方) 資　本　金　等　　40　　　　(貸方) 現　預　金　　100

　　　　　　利　益　積　立　金　　60

＜申告調整仕訳＞

　　　(借方) 資　本　金　等　　40　　　　(貸方) 資本金等(自己株式) 100

　　　　　　利　益　積　立　金　　60

よって、

(借方) 利 益 積 立 金　　　60　　　　(貸方) 資 本 金 等　　　60

　また、申告調整仕訳は、別表四と別表五(一)の書き方（申告調整の方法）を示す仕訳であるとも言えます。

$$
\begin{array}{l}
\text{会計上のB/S} \cdots\cdots\cdots\cdots\cdots\cdots\text{①} \\
\text{+）申告調整仕訳} \cdots\cdots\cdots\cdots\cdots\cdots\text{②} \\
\hline
\text{税務上のB/S＝別表五(一)} \cdots\cdots\text{③}
\end{array}
$$

　損益取引の申告調整は、申告調整仕訳（②）だけを別表に反映させれば申告調整が完了します。一方、資本取引の場合には、会計上の貸借対照表の純資産の部の残高（①）自体に変更が生じます。別表五(一)は、会計上の貸借対照表の純資産の部の残高（①）を出発点として、資産・負債の会計上の帳簿価額と税務上の帳簿価額との差額を加味した表ですから、①の金額に変更が生じれば、それに対応した申告調整も必要となります。

　この申告調整の考え方に基づき、上記の自己株式の取得の仕訳例に係る申告調整を示すと以下のようになります。

別表四

区　　分		総　額	処　分		
			留　保	社外流出	
		①	②	③	
当期利益又は当期欠損の額	1	100	40	配当	60
				その他	
加算					
減算					
所得金額又は欠損金額	48				

　自己株式の取得を資本取引と扱うことになったため、別表四の調整項目ではなくなりました。しかし、みなし配当に伴う留保利益の減少を表現する必要が

ありますので、通常の配当（通常の配当も資本取引です）と同様に、当期利益又は当期欠損の額［1］の配当欄にみなし配当額を記載します。

別表五（一）Ⅰ		利益積立金額の計算に関する明細書			
区　　分		期首現在 利益積立金額	当期の増減		差引翌期首現在 利益積立金額 ①－②＋③
			減	増	
		①	②	③	④
利益準備金	1				
積立金	2				
資本金等	3		②60		▲60
繰越欠損金（損は赤）	26	1,500		40	1,540
差引合計額	31	1,500	60	40	1,480

別表五（一）Ⅱ		資本金等の額の計算に関する明細書			
区　　分		期首現在 利益積立金額	当期の増減		差引翌期首現在 利益積立金額 ①－②＋③
			減	増	
		①	②	③	④
資本金又は出資金	32	1,000			1,000
資本準備金	33				
自己株式			①100		▲100
利益積立金				②60	60
差引合計額	36	1,000	100	60	960

　①まずは、会計上の自己株式計上額（帳簿価額）100を資本金等から減少することからスタートします。

　②その上で、申告調整仕訳を反映させます。

Q-79 会社計算規則と企業会計基準の関係について教えてください。

A 会計処理の根拠として、会社計算規則と企業会計基準の両方を示す場合があります。基本的に両者の内容に差異はありません。会社法431条では、「株式会社の会計は、一般に公正妥当と認められる企業会計の慣行に従うものとする。」とし、独自の会計処理は規定しないという方針をとっているからです。

そうであるならば、重複する部分は会社計算規則から削除して欲しいところですが、株主資本の各項目の増減については、分配可能利益に影響するため会社計算規則に規定が置かれています。

例えば、合併時の会計処理は、企業会計結合基準に規定されています。

合併時の会計処理（仕訳）は、①消滅会社の財産を受入れる処理と②合併対価に関する処理からなります。現金合併であれば消滅会社から受入れる資産・負債を計上すると共に合併対価である現金を減少させます。

（借方）（消滅会社の）資産　　100　　　（貸方）（消滅会社の）負債　　40
　　　　　　　　　　　　　　　　　　　　　　　現金（合併対価）　　60

合併対価が株式であるときは、株主資本を増減させることになります。

（借方）（消滅会社の）資産　　100　　　（貸方）（消滅会社の）負債　　40
　　　　　　　　　　　　　　　　　　　　　　　株　主　資　本　　60

企業結合会計基準では、「取得」「共通支配下の取引」などの企業結合の種類ごとに①消滅会社の財産を受入れる処理と②合併対価に関する処理を規定していますが、合併対価が株式である場合に、株主資本のどの科目を増減させるかについては、会社計算規則に委ねています。

株主資本の内訳項目の増減の方法は、大きく2つに分かれます。1つは、消滅会社の株主資本の内訳をそのまま引き継ぐ方法。もう1つは、消滅会社の財産の受入額を基礎として株主資本等変動額を算定し、株主資本等変動額の範囲

内で株主資本の各内訳項目を任意に増加させる方法です。

　会社計算規則では、合併について、消滅会社の株主資本の内訳をそのまま引き継ぐ方法を36条で規定し、株主資本等変動額の算定方法を35条で規定しています。

　このように、会社計算規則と企業会計基準の両方を確認しないと合併時の会計処理は行えないのが、現状です。

Q-80　株主総会のみなし決議について教えてください。

Ⓐ　　株主全員の同意を得られるのであれば、同意書をもって株主総会決議に代えることも可能です（会319①）。同意書により行う株主総会を一般に「みなし総会」などといいます。みなし総会により、株主総会の招集手続や株主総会の開催を省略し、スケジュールの短縮が可能となります。

　まず、株主総会での決議事項（議案）を決定する取締役会において、みなし総会で行う旨を決議します。

【取締役会議事録記載例】

　第　　号議案　　臨時株主総会招集の件
　　第1号議案及び第2号議案についての株主総会の開催については、代表取締役○○○○を提案者として、いわゆる、みなし総会で行う。

　次に、株主にみなし総会の提案書を送付します。提案書に同意書を添付し、株主に同意書を返送してもらいます。

令和　　年　　月　　日

株主：　　　　　御中

（提案者）　株式会社○○○○

代表取締役　　○○○○

臨時株主総会に関するご提案書

拝啓　ますますご清栄のこととお慶び申し上げます。

さて、臨時株主総会につき、下記のとおり、会社法第319条に従い、株主総会の目的である事項についてご提案いたします。つきましては、下記につきご検討いただき、添付の同意書にご記入ご捺印の上、令和　　年　　月　　日までにご返送くださいますようお願いいたします。

記

（以下、略）

株主総会決議事項についての会社提案に対する同意書

令和　　年　　月　　日

株式会社○○○○　御中

株主氏名（　　　　　　　㊞）

第1号議案の議決権：あり（　　　）個　なし

第2号議案の議決権：あり（　　　）個　なし

私は、会社法第319条の規定に基づき、令和　　年　　月　　日付貴社「臨時株主総会に関するご提案書」により提案を受けた下記の事項について、同意します。なお、ご提案の議案に関する私の議決権の状況は上記のとおりです。

記

（以下、略）

　なお、旧商法では、総株主の同意によりみなし決議が行われた場合には、議事録の作成は不要とされていました（旧商法253）。一方、会社法では、みなし決議が行われた場合においても議事録の作成が義務付けられていますので注意が必要です（会規72④一）。

株式会社○○○○臨時株主総会議事録

　会社法第319条第1項による株式会社○○○○の株主総会の決議があったので、以下のとおり議事録を作成する。

イ．株主総会の決議事項の内容
　次の議案につき、議決権を有する株主全員の同意があった。
　第1号議案
　　　（略）
　第2号議案
　　　（略）
ロ．上記提案者
　代表取締役　　○○○○
ハ．株主総会の決議があった日

議　　案	議決権を有する株式数	最後の同意書受領日時
第1号議案	株	令和　　年　　月　　日
第2号議案	株	令和　　年　　月　　日

　下記の結果、令和　　年　　月　　日となる。
ニ．議事録の作成に係る職務を行った取締役の氏名
　　　　　　議事録作成者　　代表取締役　　○○○○　　㊞

Q-81 完全支配関係について教えてください。

 グループ法人税制が適用されるか否かを判断するためには、完全
支配関係の概念を正しく理解する必要があります。

1 完全支配関係

　完全支配関係とは、一の者が法人の発行済株式の全部を直接・間接に保有する関係、または、一の者に発行済株式の全部を直接・間接に保有される法人相互の関係をいいます（法法2十二の七の六、法基通1-3の2-1・1-3の2-2）。

　一の者には、内国法人だけでなく個人や外国法人も含まれます。一の者が個人である場合には、その個人の親族等（法令4①）も含みます。

　また、発行済株式の全部を保有しているか否かについては、以下を除いて判定します（法令4の2②、法基通1-3の2-3・1-3の2-4）。

① 自己株式

② 従業員持株会が所有する株式数と新株予約権の行使により役員等が所有する株式数の合計が、自己株式を除いた発行済株式総数の5%未満である場合の当該株式

　さらに、間接支配に関しては完全支配関係が続いていることが必要です。

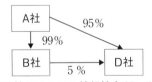
※B社には1%の外部株主がいる。

　A社は実質的にD社を完全支配しているわけですが、法人税法上はA社とB社との間に完全支配関係が認められないため、A社グループでD社株式の100%を保有していたとしても、A社とD社との間、B社とD社との間には完全支配関係がないと判断されます。

　さて、自己株式取引では、発行会社と法人株主との間に完全支配関係があり、かつ、発行会社と法人株主の両方が内国法人である場合にグループ法人税制が適用されます。グループ法人税制が適用される自己株式取引は、具体的にどのような資本関係の下で行われるのかみていきましょう。

＜ケース1＞

※A社、B社、C社は内国法人

　A社とB社との間、個人グループとC社との間には、いずれも完全支配関係があると判断できます。

　A社（法人株主）が、B社（発行会社）にB社株式を譲渡した場合には、グループ法人税制が適用されます。

　次に、個人グループとC社についてはどうでしょうか。個人グループが経営者一族と遠い親戚で構成されている状況で、C社が遠い親戚から自社株式（C社株式）を買い戻すというのは自己株式取引の典型例ですが、これは個人株主（遠い親戚）と発行会社（C社）の取引であるため、グループ法人税制は適用されません。相続税の納税資金対策として、後継者などの相続人がC社にC社株式を譲渡するケースも同様にグループ法人税制は適用されません。

＜ケース2＞

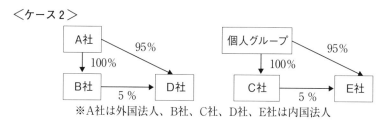

※A社は外国法人、B社、C社、D社、E社は内国法人

　A社とB社との間、A社とD社との間、B社とD社との間、個人グループとC社との間、個人グループとE社との間、C社とE社との間には、いずれも完全支配関係があると判断できます。このように、1つの企業グループに複数の

完全支配関係が認められるということが、完全支配関係概念の特徴といえます。

B社（法人株主）が、D社（発行会社）にD社株式を譲渡した場合には、グループ法人税制が適用されます。A社が外国法人であっても、B社とD社は内国法人であることから、この自己株式取引は内国法人間取引であるからです。C社（法人株主）が、E社（発行会社）にE社株式を譲渡した場合も同様に、グループ法人税制が適用されます。

＜ケース3＞

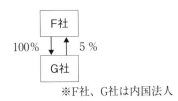

※F社、G社は内国法人

F社とG社との間には、完全支配関係があると判断できます。

G社（法人株主）が、F社（発行会社）にF社株式を譲渡した場合には、グループ法人税制が適用されます。このような持合解消やケース2のようなグループ内の株式保有関係の整理のために自己株式取引を利用するケースでは、グループ法人税制の適用に留意する必要があるといえます。

2　法人による完全支配関係

「法人による完全支配関係」という概念は、寄附金・受贈益の全額損金・益金不算入制度（法法25の2・37②）や中小企業向け特例の不適用措置の一つである大法人規制（法法66②⑥・52①・57⑪・67①、措法42の3の2①・57の9・61の4②・66の12）に出てきます。

「法人による完全支配関係」の有無を判断するには、1つの企業グループに複数の完全支配関係が認められることと、その完全支配関係における「一の者」は誰かということに注意が必要です。

※中小企業向け特例の不適用措置には、①大法人規制、②大規模法人規制、③平均所得規制（適用除外事業者）の3つがあります。

＜ケース1＞

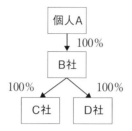

　C社とD社との間には、個人Aによる完全支配関係があるものの、「法人（B社）による完全支配関係」もあります。したがって、C社とD社との間で寄付取引を行えば、寄付金・受贈益の全額損金・益金不算入制度が適用されますし（法基通9-4-2の5）、B社が資本金5億円以上の法人（以下、大法人）であれば、C社とD社に大法人規制が適用されます（法基通16-5-1）。

＜ケース2＞

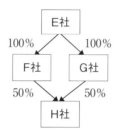

　H社はE社・F社・G社のそれぞれと完全支配関係がありますが、この完全支配関係における「一の者」は誰かといえば、F社でもG社でもなくE社ということになります。「一の者」とは、文字どおり、1つの個人・1つの法人と解釈されるからです。

　したがって、F社とG社は大法人であるものの、E社は大法人でないという場合、H社は大法人であるF社とG社に株式の100％を保有されているものの、大法人でないE社による完全支配関係にあることから、大法人規制は適用されないということになります。

＜著者紹介＞

有田　賢臣（ありた　まさおみ）／公認会計士
平成11年　公認会計士登録
有田賢臣公認会計士事務所（東京都千代田区）
http://seesaawiki.jp/w/aritax/

金子　登志雄（かねこ　としお）／司法書士
平成8年　司法書士登録
司法書士金子登志雄事務所（東京都千代田区）
http://www.esg-hp.com/

高橋　昭彦（たかはし　あきひこ）／税理士
平成12年　税理士登録
高橋昭彦税理士事務所（東京都千代田区）
株式会社ガーディアン・コンサルティング
http://www.tatax.jp/

よくわかる
自己株式の実務処理 Q&A（第5版）
──法務・会計・税務の急所と対策

2007年11月15日	第1版第1刷発行
2009年7月5日	第1版第7刷発行
2010年9月30日	第2版第1刷発行
2013年1月25日	第2版第5刷発行
2015年8月25日	第3版第1刷発行
2017年4月20日	第3版第6刷発行
2017年12月10日	第4版第1刷発行
2020年9月5日	第4版第6刷発行
2021年11月15日	第5版第1刷発行
2024年7月30日	第5版第4刷発行

著　者　　有　田　賢　臣
　　　　　金　子　登志雄
　　　　　高　橋　昭　彦
発行者　　山　本　　　継
発行所　　㈱中央経済社
発売元　　㈱中央経済グループ
　　　　　パブリッシング

〒101-0051　東京都千代田区神田神保町1-35
電　話　03（3293）3371（編集代表）
　　　　03（3293）3381（営業代表）
https://www.chuokeizai.co.jp
印　刷／東光整版印刷㈱
製　本／㈲井上製本所

© 2021
Printed in Japan

＊頁の「欠落」や「順序違い」などがありましたらお取り替えいた
しますので発売元までご送付ください。（送料小社負担）

ISBN 978-4-502-41251-6　C3034